KB251483

나도,
프레젠테이션
잘 하고 싶다
이가은 · 최윤정 · 염제명 · 한동한 저
DIGITAL BOOKS
www.digitalbooks.co.kr
디·지·털·세·상·의·안·내·자

나도, 프레젠테이션 잘 하고 싶다

| 만든 사람들 |

기획 IT · CG 기획부 | **진행** 양종엽, 신지나 | **집필** 이가은 최윤정 염제명 한동한
편집 디자인 studio Y | **표지 디자인** 김진 | **표지/삽화** 정원호

| 책 내용 문의 |

도서 내용에 대해 궁금한 사항이 있으시면
저자의 홈페이지나 디지털북스 홈페이지의 게시판을 통해서 해결하실 수 있습니다.

디지털북스 홈페이지 www.digitalbooks.co.kr
디지털북스 페이스북 www.facebook.com/ithinkbook
디지털북스 카페 cafe.naver.com/digitalbooks1999
디지털북스 이메일 digital@digitalbooks.co.kr
저자 이메일 이가은(storygaeun@gmail.com) 최윤정(pomme0607@gmail.com)
　　　　　　　염제명(yumspresso@daum.net) 한동한(dhmotion@naver.com)
저자 카페 www.univpt.com

| 각종 문의 |

영업관련 hi@digitalbooks.co.kr
기획관련 digital@digitalbooks.co.kr 또는 dgbookplan@digitalbooks.co.kr
전화번호 02-447-3157~8

나도,
프레젠테이션
잘 하고 싶다

학교에서도 과제, 팀플, 발표의 연속. 회사에서도 프로젝트의 끝은 언제나 프레젠테이션. 프레젠테이션을 잘 하고 싶긴 하지만 어렵게만 느껴지는 분들이 조금이라도 쉽게 프레젠테이션과 가까워질 수 있길 바라는 마음으로 기획되었습니다. 본 책은 대학생 프레젠테이션 스터디 모임 UnivPT의 네 명이 함께 쓴 책입니다.

저희 역시 프레젠테이션을 처음 접했을 때 잘하고 싶다는 욕심과 큰 두려움이 함께 있었어요. 그때의 고민들을 나누는 이야기로 책은 시작됩니다.

1. 네 명의 친구들이 유피맨과 함께 프레젠테이션에 대한 고민을 나누고 성장해

2. 그들이 직접 [프레젠테이션? 고백하라!]라는 메세지로 솔루션을 제공합니다.

3. 그 이론에 그치지 않고 주제, 대회 규모, 심사방식이 달랐던 실제 케이스들을 모아 기획, 디자인, 발표, 그 후 피드백까지의 분석을 담았습니다. 앞의 이론들이 어떻게 적용되었는지 살펴보며 보다 자신의 것으로 만들 수 있길 바랍니다.

4. 또한 슬라이드 제작에 어려움이 많은 친구들을 위해 파워포인트의 제작 팁을 추가로 기획했습니다.

5. 마지막으로 이러한 과정을 통해 실제로 성장한 유피인 세 명의 스토리를 담은 솔직한 인터뷰로 책은 마무리 됩니다.

거창하게 이 책 한 권이면 프레젠테이션 아무 걱정 없다고 단언할 순 없지만, 적어도 막막했던 그 길에 한 줄기 작은 빛이 될 수 있으리라 기대합니다. 좋은 기회를 제안해 주시고 수고스러운 부분을 도맡아 주셨던 이종석 편집장님, 양종엽 과장님, 편집부 신지나님, 그 외 출판사 관계자 모든 분들께 감사의 말씀 드립니다.

'그들처럼'이 아니라 '나'로 부터 출발하는 프레젠테이션
작년 프레젠테이션 특강에서 유난히 눈빛을 반짝이던 대학생 친구들이 모여서 책을 쓰고 있다는 소식에 내심 반가웠다. 그들의 책 속에는 선배들을 따라가지 않으려고 노력하는 젊은 피들의 신선한 이야기가 있기 때문이다. 앞으로도 나이와 경험을 떠나 사람을 향하는 설득의 본질을 추구하는 모습을 유지해주길, 그리고 이 시대의 젊은이들이 좀 더 '나'다운 프레젠테이션을 완성해주기를 바라는 마음이 간절하다. **우석진** 〈ONE PAGE 인포그래픽스〉, 〈제안력〉저자, 샌들코어 대표이사

이 책을 읽고 나면 먼저 해야 하는 일, 바로 행동으로 옮기는 것입니다. 프레젠테이션에 대한 대학생들의 열정이 담긴 이 책을 통해 새로운 변화를 경험하길 바랍니다. **조재천** ㈜인키움 대표이사

남들 앞에 서는 게 자신 없고, 발표의 'ㅂ'자만 들어도 울렁증 생기는, 그래서 벌써부터 대학생활이 걱정되는 새내기들에게 권하고 싶은 책입니다. 같은 고민을 했던 내 친구와 선배들이 자신의 경험을 바탕으로 토론도 하고 연구도 하며 이런저런 시행착오 끝에 내놓은 책이니까요. 말만 잘하는 말쟁이가 아니라 소통을 잘하는 이야기꾼이기를 원하는 유피의 바람이 많은 분들에게 전해지기 바랍니다. **이금희** 방송인

미국의 타임지에 따르면, 전 세계 하루 약 3,000만건의 프레젠테이션이 진행되고 있다고 한다. 세계는 프레젠테이션 전쟁 중이다. 그래서인지 대학생들에게 프레젠테이션은 지겹고 부담스러운 것이 되어버린 요즘 각기 다른 색깔을 내는 네 명의 친구가 모여 즐겁고 유쾌한 프레젠테이션 사례와 함께 써내려간 책. 항상 프레젠테이션에 목말랐던 대학생들의 기대를 충족시켜줄 수 있는 커다란 해결책이 되길 기대해본다. **김봉정** Microsoft PowerPoint MVP, 파워포인트전문가클럽 대표이사

이 책은 대학생 프레젠테이션 분야의 히어로들이 프레젠테이션을 잘 하고 싶은 후배들에게 들려주는 진솔한 이야기가 잘 담겨있는 책이다. 이 책의 가장 큰 장점은 프레젠테이션 전문가들의 전문적인 용어가 아닌 그들이 직접 겪어보고 실패를 거듭하며 터득한 프레젠테이션의 알짜배기 지식을 대학생들의 시각에서 대학생의 목소리로 대학생들을 위해 아주 쉽게 서술했다는 점이다. 대학교 조별과제의 팀플에서 스트레스를 느껴본 적이 있는 대학생이라면, 나의 멋진 프레젠테이션으로 A+를 받아보고 싶은 대학생이라면, 꼭 읽어 보길 권한다. 남들 앞에서 떨리는 발표가 두려운가? 이 책을 통한다면 그 떨림을 즐기게 될 것이다.
김지훈 Microsoft PowerPoint MVP. 네이버 파워포인트전문가클럽 카페매니저

contents

chapter 1　23가지 "파워포인트 도구 사용법"　**226**

프.롤.로.그

UnivPT 온라인 커뮤니티 네이버 카페 www.univpt.com

안녕하세요. 대학생들의 프레젠테이션 스터디 모임, UnivPT입니다. 흔히들 저를 유니브피티 또는 유피라고 부르지요. 여러분과는 스터디나 온라인 커뮤니티 혹은 PT영상으로 만났었는데, 이렇게 글로 인사하자니 감회가 색다릅니다. 유피의 이야기를 듣기 위해 책 한 장을 펼치신 당신께 감사하다는 말씀을 드리면서 소개를 먼저 하겠습니다.

2010년 어느 날, 단순히 말만 잘하는 사람이 아니라 청중의 마음을 훔칠 수 있는 뛰어난 프레젠터가 되고 싶었던 사람이 있었습니다. 그러기 위해선 꾸준한 학습과 연습이 필요하다고 생각했지요.

당시 우리나라 프레젠테이션 교육은 대학생보단 직장인을 대상으로 한 강의들이 많았는데요. 조금은 딱딱했고 무엇보다 대학생인 그에게 크게 와 닿지 않았던 겁니다. 또한 시중에 출판된 프레젠테이션 관련 서적들은 스티브 잡스의 프레젠테이션을 PT의 정석으로 말하는 것 같았고 대학생이 그 스킬을 흉내 내기엔 다소 빅찬 부분이 있다고 생각했습니다. 그는 대학생만을 위한 프레젠테이션 모임이 존재하길 바랐고, 온라인 커뮤니티에서 프레젠테이션 스터디원을 모집하게 되었습니다. 이 때 모인 열아홉 명의 친구들이 유피의 1기가 된 거지요. 그렇게 모인 유피는 2013년 현재 온라인 커뮤니티 회원 약 14,200명과 오프라인 184명의 회원으로 구성되어 있고 연합유피 8기가 활동중에 있습니다. 연합유피 외에 경희대 수원캠퍼스에는 경희UP도 함께 하고 있습니다.

말만 잘하는 말쟁이가 아니라 소통하는 이야기꾼이 되자.

유피는 말을 잘하는 말쟁이가 아니라 소통하는 이야기꾼이 되기를 바랍니다. '프레젠테이션을 잘하는 사람'하면 단순히 말을 잘하는 사람이라고 생각하기 쉽지만 유피는 조금 더 먼 곳을 바라봅니다. 때문에 프레젠테이션 기획부터 디자인, 발표까지 함께 이야기하고 공부하며 고민하지요. 유피가 추구하는 PT는 3C, Creative, Colorful, Crazy입니다. 이를 위해서는 단순히 말만 잘해서는 부족한 부분이 있습니다. 때문에 유피 안에서 만큼은 PT는 이래야 한다는 형식에 얽매이기보다 어설프더라도 자신의 이야기를 마음껏 표현하고 있습니다. 많은 시행착오를 거치다보면 자신만의 PT스타일을 찾게 될 것이고, 유피에 미치고 PT에 미쳐 더 고민하고 경험하면 정말 깊이 있는 이야기꾼이 될 수 있다고 믿기 때문입니다.

연합유피 스터디

토요일의 아름다운 美친 짓

유피에서 토요일은 일명 '욮데이'로 불립니다. 매주 토요일은 주말이나 쉬는 날이 아니라 프레젠테이션 스터디를 하는 유피의 날인 것이지요. 평균 4시간 이상의 스터디를 하는데요. 두 시간은 프레젠테이션 강의를 하고 두 시간은 개인 PT를 진행하고 있습니다. 경쟁PT나 세미나, 외부 대회 등의 큰 행사를 준비할 때는 스터디가 8시간 이상 진행되기도 하고요. '프레젠테이션에 대한 이야기를 8시간 동안?' 궁금하지 않으신가요?(완전 신나겠다~ 우와!) 유피의 모토는 '소통'과 '나눔'이기 때문에 모든 스터디는 참관이 가능합니다. 유피멤버가 아니더라도 언제든지 유피와 함께 토요일의 아름다운 美친 짓을 즐길 수 있습니다. 또한 유피가 필요한 곳이라면 직접 찾아가기도 한답니다. 대학생에게 프레젠테이션 길잡이가 되고자 유피 스터디 말고도 여러 대학에 프레젠테이션 강의를 하고 있지요. 프레젠테이션에 대한 이야기를 하고 싶다는 모든 분들! 유피의 아름답게 美친 짓! 언제든 환영합니다.

출강 모습

또 다른 출강 모습

제 1회 R.UP.T. 연합 프레젠테이션 특강

우연히 들렀다 가족이 되는 곳
UnivPT

유피라면 다들 이야기 하지요. 유피는 우연히 들렀다 가족이 되는 곳이라고요. 스터디 뿐 아니라 워크샵, 봉사활동, 소모임, 크리스마스 파티 등 많은 추억들을 나누면서 가족 같은 애정을 자랑한답니다. 프레젠테이션을 잘하고 싶은 사람은 그 이유가 각자 다르다고 할지라도 하나의 공통점이 있는 것 같습니다. 바로 사람에 대한 관심이 깊다는 점이지요. 프레젠테이션의 성패는 결국 청중과의 소통에 있고, 소통을 잘 하기 위해서는 그만큼 상대에 대한 관심이 있어야 하기 때문이 아닐까 합니다. 프레젠테이션이라는 같은 꿈을 가진 친구들이 만나 서로에게 관심을 가지고, 다시 같은 꿈에 대한 이야기를 하니 가족 같은 마음이 생기는 것은 자연스러운 일이겠지요. 마찬가지로 당신이 우연히 펼친 이 책으로 인해 프레젠테이션과 한 걸음 더 가까워지고, 유피와 한 걸음 더 가까워질 수 있다면 무척이나 감사할 것 같습니다.

UnivPT 기수별 워크샵 단체샷 모음!

다 함께 윷

소통하는 이야기꾼들이 모이는 곳
아름다운 美친 짓에 빠질 수 있는 곳
우연히 들렀다 가족이 되는 곳

그리고

세상 모든 단어가 최고의 이야기가 되는 곳

안녕하세요, UnivPT입니다.

프레젠테이션을 잘 하고 싶은 네 명의 친구가 모였습니다.
그들의 고민은 과연 무엇일까요?
당신이 프레젠테이션을 잘 하고 싶은 이유는 무엇인가요?

프레젠테이션을 잘 하고 싶은 네 명의 친구가 모였습니다.

01 등장인물 "네 명의 친구를 소개합니다."

02 이게 어려웠어! "우릴 힘들게 하는 15가지 프레젠테이션 고민거리!"

프레젠테이션?
이야기 하나, 어.떡. 하.지?

대학교 발표시간

으으..
발표야 ㅠㅠ
어떻게하지
너무 떨린다
울고싶어
ㅠㅠ

헉! 발..표!
엄청 잘해!!

쟤 도대체
정체가 뭐야?
얘~
너 몰랐니?
쟤 UnivPT 래~
UnivPT ??

우리들의 이야기를 듣고 싶다면
당신의 이야기를 들려주고 싶다면

네 명의 친구를 소개합니다.

이름 : 약 파는 속눈썹

소속 : 경제학과 1학년

"매번 내성적이었던 나, 이제 변하고 싶어!"

선천적으로 내성적인 성격으로 인해 발표 기피증이 있던 나. 남들 앞에서 발표를 잘하는 사람들 보면 부럽긴 하지만 나는 할 수 없다는 생각만 해왔어. 그런데 대학교에 들어오니 엄청난 발표 과제 때문에 스트레스가 이만저만이 아닌 상황이야. 학점을 위해서라도 프레젠테이션은 필수, 더 이상 피할 수만 없어! 내성적인 성격도 바꿀 수 있다면 더 좋겠어!

이름 : 슈퍼맨응가

소속 : 정보방송학과 3학년

"스포트라이트는 나의 것이야! 더 많은 사람들 앞에 서고 싶어."

평소 쾌활하고 활동적이라는 이야기를 많이 듣는 나. 남들 앞에 서는 것은 언제나 즐거워. 그래서 학교수업도 발표가 있는 것 위주로 찾아 듣고 있지. 항상 발표는 내가 하고 싶은데, 매번 부족함을 느껴. 도대체 문제가 뭘까? 더 멋진 발표를 하고 싶어!

이름 : 엽스프레소

소속 : 화학과 2학년

"공모전 입상 제발 좀 해보자!"

학교생활뿐만 아니라 여러 대외활동과 공모전에 많은 관심 있는
나. 학교, 집, 과제, 학교, 집, 과제 이런 틀에 박힌 일상에서 벗어나
고 싶어 여러 대외활동과 공모전에 도전하고 있지. 하지만 이게 웬
걸! 대외활동 좀 해보자니 면접 때문에 '멘붕', 공모전을 나가도 경
쟁PT에 '멘붕'. 공모전에 나가 당당하게 수상을 하는 내 모습, 더 이
상 상상만 하긴 싫다!

이름 : 동동이

소속 : 응용미술학과 4학년

"PT면접이 중요하다는데 어.떡.하.지"

이제 졸업을 앞두고 있는 나. 멋진 직장인의 모습을 상상하며 열심
히 취업 준비를 하고 있는 중이야. 하지만 모의 토론과 모의 PT면접
등을 연습하는데 있어 나의 PT실력이 부족함을 뼈.저.리.게. 느끼고
있어. 내가 원하는 기업에 합격하기 위해, 더 멋진 사회인이 되려면
프레젠테이션이 꼭 필요해!

이름 : 유피맨

소속 : UnivPT

프레젠테이션으로 고민하고 있는 대한민국 모든 대학생들에게 나
눔의 미학을 실천하고 있는 프레젠테이션의 고수. 난 말 잘하는 사
람이 아닌 다른 이의 마음을 움직일 수 있는 이야기꾼이 되고 싶어.
평소 사람들이 프레젠테이션에 대해 궁금해 하는 것들과 내가 쌓아
온 노하우들을 함께 이야기 해보자.

chapter 2

우릴 힘들게 하는 15가지 프레젠테이션 고민거리!

PT와 PPT, 같은 단어 아닌가요?

Q PT와 PPT, 뭔 차이래요? 헷갈린다, 헷갈려.

A 먼저 퀴즈를 하나 내 볼게요. 어떤 게 더 자연스러운 표현일까요?

(PT, PPT) 잘 하고 싶어요.

(PT, PPT) 잘 만들고 싶어요.

학생들이 PT와 PPT에 대해서 헷갈려 하고 섞어서 사용합니다. 두 단어의 정확한 개념을 살펴볼게요. PT는 Presentation의 약어입니다. 그런데 외국에서는 사용하지 않지만 대한민국에서는 PT가 Presentation을 뜻하는 관용어로 쓰이고 있습니다. 왜 그럴까요? 우리나라에서는 Presentation을 [프레젠테이션]이라고 발음하는 것보다는 [피티]라고 발음하는 것이 더 편하기 때문이죠. 다섯 글자를 말하는 것보다는 두 글자를 이야기하는 게 간편하잖아요. 그런데 외국에서는 Presentation은 따로 줄여서 발음하지 않습니다.

PPT는 마이크로소프트사의 소프트웨어인 파워포인트 파일의 형식을 말합니다. 키노트, 프레지와 같이 PT를 할 때 쓰이는 도구 중의 하나죠. 따라서 정확한 표현을 찾아보면 PT는 잘 해야 하는 것이고 PPT는 잘 만들어야 하는 것입니다. 이제 헷갈리지 않으시겠죠?

이 책을 읽는 독자분이라면 이 정도 단어는 친구들에게 가르쳐 줄 수 있는 센스~ 기대할게요.

Q 프레젠테이션 과제가 있으면 파워포인트를 켜고 멍하니 바라보다가 시간만 지나가버립니다. '아, 과제해야 하는데..' 이러면서도 뭐부터 해야 할지 모르겠어요.

A 왜 우리는 프레젠테이션 과제가 있다고 하면 파워포인트부터 켤까요?

혹시 우리는

프레젠테이션 과제 = 슬라이드를 만들어서 발표하는 과제

라고 생각하고 있는 건 아닐까요? 그러니 과제를 하기 위해서는 일단 슬라이드를 만들어야 한다고 생각하는 거죠. 슬라이드를 만드는 게 우선이다 보니 당연히 파워포인트 창부터 켜고 빈 공간을 채워줄 글씨와 이미지를 찾습니다. 결국 내 PPT는 자연스럽게 '복붙 모음집'이 됩니다.

여러분! 프레젠테이션은 크게 **기획, 디자인, 발표**의 순서로 구성됩니다. 첫째 과정인 기획은 정보를 찾고 이를 토대로 '무슨 말을 어떻게 전할지'에 대해 고민을 하는 것입니다. 즉 어디로 나아가야 하는지 그 방향을 정하는 과정입니다. 여러분이 바로 파워포인트를 켜서 슬라이드부터 만든다면 이것은 기획의 과정을 뛰어넘어버리고 디자인과 발표만을 하려는 것과 같습니다. 그러면 이때부터 PT가 전체적인 방향을 잃고 흐름도 부자연스럽게 돼 버리죠.

이제부터는 파워포인트를 켜기 전, 먼저 노트와 펜을 꺼내서 적는 것부터 해 볼까요? 무슨 말을 하고 싶은지, 어떤 내용을 담을 건지, 어떻게 이야기 할 것인지에 대해서 먼저 적어봅시다. 기획에 대해서는 [이야기 둘, 고백하라]의 기획 부분에서 자세히 설명해드릴게요.

화려한 피피티 = 좋은 피피티??

Q 저는 PPT를 만들 때 애니메이션의 효과에 푹 빠져버렸습니다. 밤새 화려한 애니메이션 효과를 모든 슬라이드에 적용시켰죠. 하핫
대망의 발표 날! 그러나 예상했던 폭발적인 반응은 없고 청중은 심드렁하더라구요. 정말 당황스러웠어요. 무엇이 문제였을까요?

A 우리는 PPT를 만들 때 욕심을 부립니다. 그래서 화려한 애니메이션으로 도배된 PPT를 만들곤 하죠. 애니메이션 효과가 많이 들어갈수록 왠지 모르게 사람들이 신기해 할 것 같거든요. 그런데! 이렇게 자신 있게 만든 PPT로 막상 발표를 하는 과정에서 곤혹을 치르진 않으셨나요? 애니메이션을 지나치게 많이 사용하면 슬라이드를 볼 때 눈만 어지럽고 PT의 내용보다는 PPT의 애니메이션 효과에만 집중하게 됩니다. 「과유불급(지나친 것은 부족한 것만 못하다)」이라는 말처럼 PPT에서 화려함이 지나치면 하고자 하는 말을 제대로 전달할 수 없게 되는 것이죠. 이는 애니메이션뿐만 아니라 폰트나 색깔 등 전반적인 PPT 제작에 해당하는 내용입니다. 그렇다면 좋은 PPT를 만들기 위해서 필요한 건 뭘까요? 바로 선택과 집중입니다. 이야기하고자 하는 모든 내용을 PPT에 담는 것이 아니라 핵심적인 내용을 뽑아내서 넣는 것입니다. 이에 대한 이야기는 다음 질문에서 조금 더 상세하게 이어질 것 같은데요. 바로 다음 질문 보시죠!

텍스트 다다익선?

Q PPT를 만들다보면 넣고 싶은 내용이 너무 많습니다. 그 내용들을 모두 담다보면 저의 PPT는 어느새 많은 양의 글들로 책처럼 빼곡히 채워지곤 하죠. 이렇게 PPT를 만들어야 마음이 놓여요.

A PPT는 시각적 자료이지만 내용을 시각화해서 보여주는 사람은 별로 없습니다. 대부분 사람들은 준비한 자료들을 PPT에 그냥 그대로 옮겨 적죠. 내용이 적은 것보다는 많은 게 뭔가 있어 보인다는 생각을 하면서요. 하지만 이렇게 발표를 하면 큰 문제가 생깁니다. PT에 텍스트가 많으면 청중들의 눈은 발표자가 아닌 슬라이드로 향하게 되죠. 사람들은 발표자를 보면서 그 발표자의 이야기를 듣는 것이 아니라 슬라이드의 내용을 그냥 읽게 되는 것입니다. 이렇게 발표할 거라면 우리는 왜 청중 앞에 서 있는 것일까요? 차라리 잘 정리된 프린트를 나눠주는 것이 나을지도 모릅니다. 무대의 주인공은 PPT가 아닌 발표자, 당신입니다. 스포트라이트는 당신을 비춰야 합니다.
그렇다면 그 많은 양의 글자들을 어떻게 시각화해야 할까요? 간략하게 소개를 하면 첫째, 텍스트를 이미지로 바꾸기, 둘째, 중요한 문장과 단어만을 PPT에 적기, 셋째, 도형을 이용한 도해화가 있습니다. 그럼 우선 그에 대한 예시를 살펴보겠습니다.

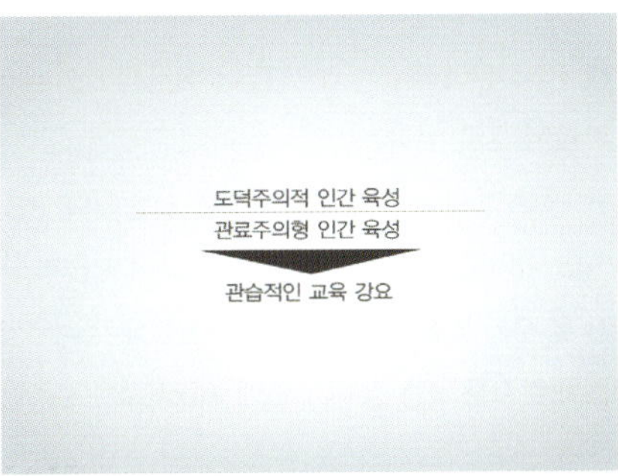

예시1. 텍스트 ▶ 단어

예시2. 텍스트 ▶ 이미지

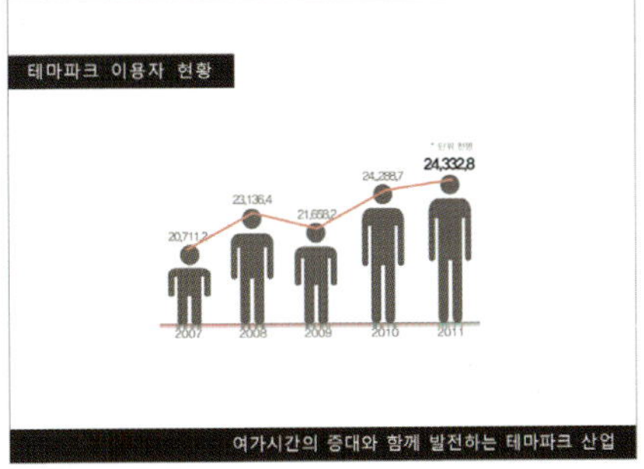

예시3. 텍스트 ▶ 도해화

이런 방법들에 대한 이야기는 [프레젠테이션, 고백하라] 부분에서 더욱 더 자세하게 다루겠습니다.

Q PPT에 이미지가 많이 들어가면 적어도 심심하지는 않겠죠? 글자뿐인 PPT와는 다르게 볼거리들이 많잖아요!

A 글로 가득 차 있는 PPT보다는 낫습니다! PPT를 시각화하는 자료로써 사용하는 것이니까요. 하지만 이미지 역시 주제와 상황에 맞게 사용하지 않으면 오히려 발표를 하는데 있어 마이너스 요소가 될 수가 있습니다. 예를 들어 해상도가 너무 낮은 이미지를 쓴다거나 발표 내용과는 전혀 상관없는 이미지를 넣는 경우가 이에 해당되죠.

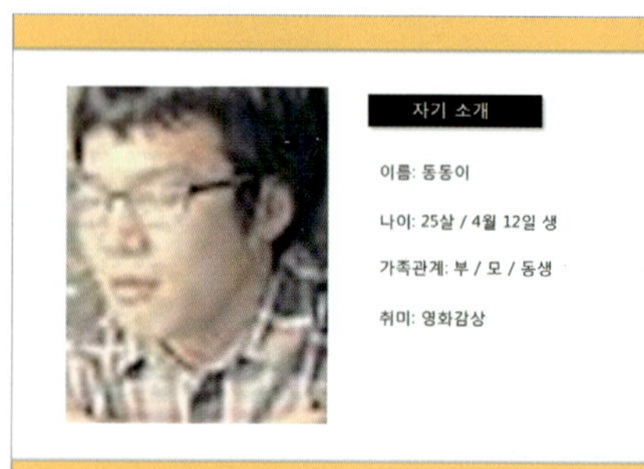

이미지의 화질이 나쁜 경우

발표내용과 무관한 이미지가 들어간 경우

이렇게 가끔 우리들은 자료조사를 하다가 너무 마음에 들지만 화질이 떨어지는 이미지를 발견하기도 하고 반대로 마음에 드는 사진이 없어 억지로 끼워 맞춰 넣을 때도 있습니다. 그렇게 억지로 넣은 이미지는 가독성을 떨어뜨리거나 계획한 이야기를 혼란스럽게 만드는 원인이 됩니다. PPT에 반드시 이미지가 들어가야 하는 것은 아닙니다! 상황에 알맞은 이미지가 없으면 차라리 간단한 단어만 슬라이드에 넣는 것을 추천합니다. 핵심적인 단어만 깔끔하게 들어가는 것이 이미지가 억지로 들어가는 것보다 더 효과적일 때가 많습니다.

템플릿... 템플릿.... 템플릿..... 좀 좋은 거 없어? 맨날 하던 말

Q 템플릿 혹시 좋은 거 좀 갖고 계세요? PPT를 만들려고 하는데 괜찮은 게 없어서요. 좋은 거 있음 좀 나눠주세요!

A 학교 발표시간 나와 같은 템플릿을 쓰는 다른 친구의 발표에 당황하신 적 없으신가요?

'템플릿이 똑같잖아? 아 이런... 내가 먼저 발표했어야 했는데.'

이런 경험이요. 몇 개 되지 않는 템플릿 중에 골라서 쓰다 보니 친구와 같은 템플릿을 적용해 버린 거죠.

당신은 혹시 PPT를 만들 때 당연히 템플릿부터 찾아야 한다고 생각하지 않으신가요? '내 사전에 템플릿이 없는 PPT란 존재할 수 없다.'라는 생각과 함께요. 많은 친구들이 템플릿을 쓰는 이유는 텅 비어있는 내 PPT에 한 줄기 빛이 되어 주기 때문이에요. PPT를 내용으로 채우긴 했는데 다시 보면 너무 허전하고 성의가 없어 보일 때가 있어요. 이 때 내 빈 슬라이드를 채워줄 한 줄기 빛이 바로 템플릿입니다. 템플릿을 넣고 보니 허전했던 내 슬라이드가 자연스레 꽉 차 보입니다. 그러니 템플릿의 늪에서 점점 빠져오지 못하게 되죠. 'PPT를 만들 때는 항상 템플릿이 있어야 해.'라는 생각이 확고해지는 거예요. 만약 당신도 이렇게 생각하고 계시다면 템플릿을 오해하고 있는 겁니다. 템플릿이 PPT를 쉽게 만들 수 있는 길임은 분명합니다. 템플릿은 디자인에 대한 고민 없이 빠르게 적용시키려고 디자이너들이 만든 양식이기 때문이죠. 그렇지만 그 양식을 만든 디자이너들은 정작 템플릿을 쓰지 않는답니다. 왜일까요? 자신이 말하고자 하는 바를 효과적으로 전달하기 힘들기 때문입니다. '여기서 전하고자 하는 메시지는 이거니까 이런 느낌이어야 한다.'라고 했을 때 정확하게 그 느낌을 전달하는 템플릿을 찾기는 힘든 거죠.

예를 들어 "부모님께 잘 합시다!"라는 감성적인 메시지를 전달하는 PT에서 오른쪽과 같은 템플릿을 쓰면 감성적인 느낌을 잘 전달할 수 있을까요? 슬라이드에는 효도를 하라고 적혀있는데 부모님 얼굴이 전혀 떠오르지 않아요. 효도를 하고 싶은 마음이 안 드는 거죠. 오른쪽의 템플릿으로는 감성적인 느낌보다

도시적인 느낌을 전달하는 게 적절해 보입니다. 템플릿은 배경뿐만 아니라 폰트와 색, 글의 배치까지 포함합니다. 그러니 내 PT에 꼭 맞는 템플릿을 찾기도 힘들죠. 템플릿을 제대로 적용하지 못하면 슬라이드가 나의 메시지를 효과적으로 전달하는 도구가 아니라 오히려 가로막는 장애물이 됩니다. 템플릿의 늪에 빠져있던 그대! 이제 그 늪에서 빠져 나오세요. 손수 슬라이드를 만드는 것이 여러분의 메시지를 빛나게 해 줄 확률을 높일 겁니다.

Q 보다 좋은 PT를 하려면 대본을 먼저 쓰는 게 효과적인가요, PPT를 먼저 만드는 게 효과적인가요? 친구들에게 물어보면 보통 피피티를 먼저 만들거나 대본을 아예 안 만들기도 하던데, 어떤 방법이 더 효과적인지 잘 모르겠어요.

A 저는 대본을 먼저 쓰는 것을 권장합니다. 보통 PPT를 먼저 만들고 슬라이드 노트에 할 말을 메모하지요. 그를 토대로 그대로 읽거나 따로 출력해 대본으로 활용하는데요. 이 경우 경험이 많지 않은 친구들은 슬라이드를 위한 발표를 하게 되는 경우가 있습니다. 무슨 말이냐! 앞선 질문에도 이야기가 나왔지만 PPT는 자신의 프레젠테이션을 위한 보조수단으로 기능을 해야 하는데요. 슬라이드를 완성 후 '슬라이드를 보면서' 대본을 쓰게 되면 발표를 할 때도 그 습관이 남아 계속해서 슬라이드를 보게 되는 거예요. '내가 어떤 말을 썼었더라?' 하며 기억해 낼 수 있는 단서를 찾기 위해서요. 발표자의 시선이 슬라이드를 향하므로 청중의 시선 역시 슬라이드로 향하게 됩니다. 그곳에 있는 발표자와 청중 모두, 슬라이드를 위해 존재해버리게 되는 것이지요. 때문에 대본을 먼저 쓰기를 권장합니다.

여기서 중요한 점이 있어요. 바로 쓰는 방법인데요. 대본을 쓸 때는 준비한 이야기나 자료를 모두 '복붙'하시면 아니아니, 아니되오. 대본을 쓴 뒤, 외우겠다고 생각하지 말고 직접 말하면서 써보세요. 내가, 혹은 우리 팀원이 준비한 내용이 나의 언어로 어떻게 표현되는지, 내가 말하기에 어색한 단어나 내용은 없는지 등을 확인하기 위한 것이 대본을 쓰는 목적입니다. 제 경우, 어느 정도 내용의 뼈대가 완성되면 말하면서 대본을 쓰고, 그 후 반복해서 소리 내어 말합니다. 몇 차례 대본 리허설을 하는 셈입니다. 이 과정에서 1. 어떤 키워드가 슬라이드에 있어야겠구나, 2. 이 부분에서는 이런 시각화 자료가 필요하겠구나, 3. 이 단어나 표현은 내 입에 맞지 않구나, 를 알게 됩니다. PPT를 만들기 전 디자인에 대한 개략적인 구상과 보다 '나'다운 프레젠테이션을 준비할 수 있게 되는 것입니다. 자, 정리를 하면요! 대본은 준비한 내용이 내 언어로 어떻게 표현되는지 확인하기 위한 작업이라는 것. 때문에 대본을 먼저 써보고 PPT를 나중에 만들 것. 대본을 쓸 때는 꼭 구어체로 쓰는 것! 잊지 말아요!^^

Q 보통 우리가 하는 PT는 학교 과제 발표잖아요. 교수님도 계시고 앞에 서서 이야기해야 하는 거니까 좀 없더라도 딱딱하게 해야 하지 않나요? 준비 많이 한 것도 보여줘야 하고 신경 쓴 것도 보여줘야 하고 빈틈 있게 보이면 안 되니까... 그래서 좀 어려운 단어나 표현을 일부러 찾게 되기도 하는 것 같아요.

A 바꿔서 질문해볼게요. 당신이 청중이었을 때, 어려운 말로 딱딱하게 프레젠테이션을 하는 다른 친구들을 보면서 어떤 마음이 들었나요? 그 친구의 이야기가 귀에 쏙쏙 들어와 당신의 지식에 정말로 도움이 되었나요? 그 친구의 PT에서 지금까지도 기억하는 내용은 어떤 게 있나요? 혹시 그 친구의 허점을 찾기 위해 분석적으로 바라보거나, 아예 딴 짓을 하지는 않았나요? 어려운 것을 어렵게 이야기하는 것은 어려운 일이 아닙니다(이해되시죠, 이 말?^^). 어려운 것을 쉽게 이야기해주는 것이 발표자의 능력이며 역할입니다. 우리는 모두 어렵고 재미없는 것보다는 재미있고 웃을 수 있는 것

을 좋아하지 않나요? 인간은 유희를 즐기니까 말이에요. 그런데 많은 친구들은 무대 위에 선다는 이유만으로 멋있어 보여야 하고 권위적이어야 하며 똑똑해 보이기 위해 포장하려 드는 경우가 많습니다. 그것을 바라는 사람은 아무도 없는데 말이죠.

학교에서 하는 과제 발표의 목적은 무엇일까요? 물론 성적 산출을 위한 교수님의 기준이기도 하죠. 그래서 우리는 부담스럽고 말이에요(으악!). 하지만 보다 궁극적인 목적은 혼자서는 스터디 하기 어려운 주제에 대해 각자가 나눠서 공부를 하고 그 지식을 공유하는 것 아닐까요? 그러면 내가 열심히 공부한 내용을 친구들이 보다 잘 기억할 수 있도록 PT의 방향을 잡아야 할 겁니다. 청중이 보다 잘 기억할 수 있기 위해서는 '재미'가 있어야 합니다. 꼭 웃기게 해야 한다는 말이 아니에요. 내용이 귀에 쏙쏙 들어오면서 흥미가 생기고 계속해서 듣고 싶게 만드는 요소. 즉 어렵고 지루하지 않은 PT를 해야 한다는 거죠. 그 방법 중 하나가 유머가 될 수도 있겠고요.

일단 청중에게 어려운 말이나 단어는 쓰지 마세요. 보다 쉬운 말로 어떻게 표현할 수 있을지를 고민해보세요. 일상에서 쓰지 않는 한자어나 전문용어는 청중의 귀에 낯설답니다. 그럼 청중은 듣고 있기 힘들어지며 지루해지겠죠. 결과가 이렇다면 이것은 프레젠테이션을 하는 것이 아니라 "나 똑똑해요. 나 똑똑해 미치겠어요. 아놔~ 똑똑해 죽겠네."하는 것과 다를 게 없지 않을까요? 내가 멋있게 보이기보다 청중이 즐거워하는 프레젠테이션을 만드는 사람이야말로 정말로 똑똑한 발표자일 겁니다.

Q 말을 잘하는 사람이 PT를 잘하는 건 당연한 거 아닌가요? 전 원래 말을 잘 못하는 편이라, 말 잘하는 사람이 PT를 할 때 항상 부러워요.

A 말을 잘하면 PT를 잘 한다고 생각하시나요? 처음에 시키면 솔직히 말 잘하는 사람이 발표를 잘하긴 합니다. 말을 예쁘게 포장하는 기술이 있으니까요. 같은 말을 하더라도 귀에 쏙쏙 들어오게 하지요. 그렇지만 말을 잘 하는 건 정말 글자 그대로 말을 하는 것만 잘하는 것뿐입니다. PT는 단순히 말하는 게 전부가 아닙니다. 그러니까 말을 잘하는 것이 곧 PT 실력이 되지는 않는 거지요. 수업시간에 말 잘하는 친구를 본적 있으시죠? 말을 정말 웃기게 잘~하는 친구들이요. 그들은 화려한 말솜씨로 청중들을 한 번에 휘어잡곤 하죠. 그런데 막상 발표가 끝나고 나면 그들이 무슨 말을 했는지 하나도 기억이 나지 않는 경우가 많습니다. 말은 잘하는데 내용이 없었기 때문이죠. 심지어 이따금 자신의 말솜씨를 믿고

무슨 말을 할지 미리 생각을 안 해도 즉석에서 할 수 있어
내용이 좀 부실해도 말로 대충 커버할 수 있어

이러한 생각을 가진 친구들이 있지요. 이러한 친구들에게 화려한 말솜씨는 오히려 독이 됩니다. 이러한 생각들은 말은 번지르르하지만 진심은 담기지 않은 PT를 만들기 때문이죠. 청중들은 처음에 화려한 언변에 보다 귀 기울입니다. 그러나 진심이 없는 PT에 계속해서 귀 기울이지는 않지요. 오히려 표현력이 떨어지더라도 진심이 전해지는 PT를 듣고 싶어 합니다. 선천적으로 말을 잘하는 능력이 PT를 하는데 도움을 줄 수는 있지만, PT를 잘하는 것은 '그 PT를 위해 얼마나 노력하느냐'에 달려있습니다. 혹시 '선천적으로 나는 말을 잘 못한다.'라는 생각에 자꾸 움츠러드신다면! 또는 그들과 비교를 하게 된다면! 이제 그러지 마세요. 당신이 PT를 위해 열심히 준비한 모든 시간들이 든든한 지원군이 돼 단순히 말을 잘 하는 사람보다 매력이 넘치는 프레젠터로 당신을 만들어 줄 것입니다.

왜 우리의 [팀플]은 망할 수밖에 없나?

Q 팀플은 정말 힘들어요. 그런데 매학기 팀플이에요. 모든 과목이 팀플일 때도 있어요. 팀플이 성공적이었던 경우는 진짜 손에 꼽고, 한 두 명씩의 프리라이더는 항상 있죠. 내가 아무리 열심히 해도 성적이 안 나오는 경우도 있고, 이러다보니 팀플이 있는 과목을 점점 피하게 되는 것 같아요. 왜 내가 하는 팀플은 항상 맘에 들지 않을까요?

A 팀플에 대한 고통은 정말 많은 대학생들이 공감할 거예요 너무 잘 알죠. 일단 토닥토닥 해드리고 시작할게요. 고생했어요(토닥토닥). 팀플은 말 그대로 팀플레이잖아요. 팀으로 모여 혼자 했을 때 보다 더 좋은 결과를 얻고자 하는 것이 팀플의 목적이죠. 그러려면 처음부터 끝까지 완벽한 팀워크를 자랑하며 함께 해야 하는 것인데 우리네 팀플은 어떤가요?

'우리 어떻게 할까요?'

'일단 역할부터 나누죠.'

'전 자료조사 할게요.'

'전 정리요.'

'그럼 제가 피피티 만들게요.'

'헐? 제가 발표인가요...?'

공감 가세요? 역할 분담이 나쁜 건 아니죠. 정말로 자신의 역할을 충실히, 정말로 충실히 행해준다면 문제가 적을지도 몰라요. 그러나 조금 과장해서 표현하자면,

[자료 조사하는 A가 관련된 자료를 몇 개 업로드. (간혹 잠수)
정리하는 B가 이를 '복붙'으로 하나로 묶음. 각 자료의 관련성은 전혀 없음. (간혹 잠수)
그림 피피티를 만들기로 한 C가 잠시 딩황 후 대충 민든다. (역시 긴혹 잠수)
발표를 맡은 D는 초'멘붕']

이 과정이 연속 아니던가요? 발표가 오늘인데 오늘 아침에 PPT를 넘겨받는 경우도 있고 말이에요. 시작은 팀플인데 결국은 혼자 하게 되는 일. 과정이 이러니 팀원 서로가 결국 우리가 하고자 하는 말이 공유되지 않고 질의응답 시간이 두렵고요. 때문에 그 과제가 끝나면 '세이 굳바이.' 본 적 없는 사이가 되고 말이죠. 정말 슬픈 현실이에요. 그렇죠?

가장 이상적인 팀플, 모든 과정을 함께 하는 것이라 말씀드리고 싶어요. 자료 조사부터 정리, 피피티 제작 그리고 발표 준비까지 말이에요. 다 함께 하되 각 자가 잘할 수 있는 부분에서 조금 더 주도를 해주는 거죠. 역할 분담은 이런 겁니다. '나는 이것만 하고 다른 건 안 해도 돼.'가 아니라 다 함께 하되 각자가 잘할 수 있는 부분은 이끌어 주는 것 말이에요. 빈틈을 잘 찾는 친구가 조사 중 빠진 자료를 체크해주고 흐름을 잘 잡는 친구가 주도해 틀을 잡고 함께 시각화에 대한 회의를 하세요. 각 슬라이드에서 전할 말이 무엇인지 어떤 키워드를 넣을지 어떤 자료를 넣을지 어떤 시각화가 필요한지, 즉 스토리보드(뒷부분에서 다룰 내용이니 걱정 말아요!)를 함께 공유하세요. 이렇게 하면 제작을 맡은 친구가 빠른 시간에 끝내 발표 리허설의 시간을 확보할 수도 있고 각자 나눠서 슬라이드를 만들더라도 그 사이에서 일어날 수 있는 혼란을 줄일 수 있습니다. 또 PPT 파일을 늦게 받아 발표자가 발표 준비를 아예 하지 못하는 경우도 없겠지요. 어떻게 시각화를 할지 미리 공유가 되었으니 이미지트레이닝이 가능하니까 말이에요.

팀플을 할 때 내 역할만 하면 된다고 생각하는 친구도 있고 다 같이 하면 좋다는 건 알지만 나서면(소위 '총대' 멘다고 하죠?) 괜히 귀찮아질까 봐 안하는 친구도 있죠? 내 역할만 하면 된다고 생각하신 분들은 '공유'의 힘을 느껴 보시길, 총대의 두려움이 있으신 분들은 한번만 메어 보시길 바랍니다. 그 전엔 느끼지 못했던 시너지를 정말 확~ 느낄 수 있을 거예요. (사실 전 팀플의 힘을 확실히 느낀 후 [팀플]수업만 골라 듣는답니다. ^^)

발표 잘하는 사람들은 떨지도 않더라.

Q 저는 발표 울렁증이 있습니다. 사람들 앞에 서면 긴장해서 발표할 내용의 대부분을 생략해 버리거나 필요 없는 말을 주저리주저리 이야기할 때도 있습니다. 한 번 쯤은 사람들 앞에서 떨지 않고 당당하게 이야기하고 싶어요.

A 우리는 김창옥, 스티브 잡스의 발표를 보면서 감동과 동시에 부러움을 느낍니다. 그들의 말솜씨와 청중과의 소통하는 모습을 보면서 나도 한 번쯤은 저렇게 해보고 싶다는 생각을 하게 되죠. 그러나 수업 시간에 발표를 몇 번 하다보면 이상과 현실의 차이를 금방 깨닫게 됩니다.

첫 번째, 학교 수업은 굉장히 딱딱하다는 것.

두 번째, 연습을 해도 실전이 되면 떨리고 실수를 하는 것은 마찬가지라는 것이죠. 그러면 점점 이런 생각을 가지게 됩니다.

'저 사람은 태어날 때부터 잘하는 거야.' '나와는 다른 사람이구나.'

그런데 정말 처음부터 발표를 잘하는 사람이 있을까요?

그런 사람이 과연 몇이나 될까요? 자전거를 처음부터 잘 타는 사람은 없듯이 발표도 마찬가지에요. 누구나 무대에 서면 긴장을 하고 떨림을 느낍니다. 하지만 발표를 잘 하는 사람들이 우리와 다른 점은 그만큼 무대에서의 다양한 경험을 바탕으로 떨림에 대처하는 방식을 알게 된 거죠. 무대에 익숙해졌기 때문입니다. 누구든지 처음에는 실수를 할 수 밖에 없습니다. 무대에 익숙하지 않기 때문입니다. 사람들 앞에서 어떻게 이야기하고 행동해야 하는지 경험해보지 않았기 때문입니다. 떨리는 마음을 어떻게 해야 할지 모르기 때문입니다.

무대에 설 수 있는 기회를 많이 만드세요. 무대가 아니라면 수업 시간에도 손을 들고 질문을 하고 모르는 사람에게도 한 번 말을 걸어보세요. 떨림의 기분을 즐기고 무대를 즐길 수 있을 때가 찾아올 겁니다.

발표, 무조건 많이 한다고 늘까?

Q 발표를 잘하고 싶습니다. 그래서 현재 발표를 할 수 있는 한 최대한 많이 해보려고 합니다. 발표를 많이 하면 발표 실력이 빨리 늘지 않을까요?

A 발표는 무작정 많이 한다고 느는 것은 아닌 것 같습니다. 사실 우리 대학생들은 학교생활을 하며 많은 발표를 합니다. 교양수업에서, 전공수업에서, 다른 다양한 활동들을 통해 한 학기, 적어도 한 번 이상의 발표를 준비를 합니다. 하지만 우리의 발표 실력은 거의 많이 변화하지 않습니다. 여전히 단상 뒤에서 발표를 진행하고, 대본을 바라보며, 사람들의 시선을 부담스러워 합니다. 물론 남들 앞에 서는 경험이 많아질수록 처음의 떨림과 긴장은 많이 해소되지만 그 뿐입니다. 뭐가 문제일까요? 문제는 발표준비의 깊이입니다. 지금까지 해왔던 발표가 아닌 그보다 더 깊이 있는 발표를 준비하는 것입니다. 더 깊이 있는 발표를 하기 위해 당신은 몸을 숨겼던 단상에서 나오게 되고, 손에 쥐고 있던 대본을 놓습니다. 사람들의 시선을 부담스러워 하지 않고 하나하나 맞춥니다. 매번 하루 전날 제작되어 제대로 된 연습을 하지 못하고 발표를 진행했던 때와는 달리 미리 PPT가 완성되고 당신은 하지 못했던 많은 연습을 합니다. 발표는 연습량에 따라 질이 크게 달라집니다. 실력을 확실히 늘릴 수 있는 것은 바로 양이 아닌 질이라는 것입니다. 한번 단 한번 깊이 있는 준비로 훌륭한 발표를 마쳤다면 당신의 발표력은 크게 달려져 있을 것입니다.

Q 저는 경상도 출신입니다. 서울에서 생활할 때 사투리를 써도 아무 지장이 없어서 그냥 지냈는데 발표를 할 때면 제 사투리가 걸리네요. 왠지 표준어를 써야 할 것 같아서요.

A 사투리 때문에 발표를 못 할 거라 생각하지 마세요. 수업 시간에 간혹 사투리로 발표하는 친구들이 있지요. 그런데 이 친구들이 모두 청중에게 같은 반응을 얻었나요? 대답은 당연히 '아니오.'겠죠. 아트스피치의 김미경 원장님이나 천호식품의 김영식 회장님의 발표를 유튜브에서 한 번 찾아서 보세요. 어떤가요? 이 사람의 이야기가 더 듣고 싶어지지 않나요? 우리는 이 사람들이 사투리를 쓰는 것을 보면서 따라하고 즐거워합니다. 이런 사례를 보면 사투리도 하나의 큰 무기가 될 수 있음을 알 수 있습니다. 단 PT의 기획이 제대로 되어 있다는 전제하에서요. 청중과의 공감을 이끌어 낼 수 있는 주제를 선택하고 기획에 대해서 많은 고민을 했다고 한다면 사투리는 많은 사람들 사이에서 자신의 독특한 개성을 알려주는 여러분의 무기가 될 겁니다.

Thank you라고 쓰고 끝이라고 읽는다?

Q 저는 슬라이드의 마지막 장에 **Thank you**를 꼭 넣어요. 이게 없으면 **PPT**를 다 만들지 않은 것 같고, 뭔가 허전한 느낌이 들더라고요.

A 왜 슬라이드의 마지막은 항상 Thank you 아니면 Q&A여야 하는 걸까요? 발표의 마지막은 정말 중요합니다. 처음과 끝이 가장 기억에 남기 때문이죠. 그러니 마지막 순간은 자신의 PT를 인상 깊게 남길 수 있는 소중한 기회입니다. 이 순간에 우리는 발표한 내용의 핵심을 한 번 더 말하거나 제언을 하면서 자신의 메시지를 강하게 전달해야 하죠. 그런데 이 소중한 마지막을 "감사합니다." 또는 Q&A라는 말로 끝내게 되면 이 기회는 사라지게 됩니다. 정말 감사해서 그 마음을 전달하려는 의도라면 마지막 슬라이드를 Thank you로 채워야 하지만, 그냥 하는 의례적 인사라면 소중한 슬라이드를 허비하지 마세요. 청중도 여러분의 Thank you가 진정으로 마음에서 우러나온 감사인사가 아니란 걸 알고 있기 때문입니다. 마지막 슬라이드를 보고 청중은 '아~ 나에게 고맙구나.'가 아니라 '아~ 발표가 끝났구나.'라고 생각합니다. 그리고 이 순간부터 프레젠터가 하는 말에 귀 기울이지 않습니다. 당신이 PT를 끝내지 않았다하더라도 청중은 이미 PT가 끝난 것처럼 행동하는 것이죠. 만약 마지막 슬라이드를 낭비하고 계신다면! 이제부터는 진정 전하고 싶은 메시지를 강조하기 위해 사용하세요. 청중이 당신의 마지막 목소리까지 귀 기울일 수 있도록 말이죠!

당신의 고민은 무엇인가요?

또 다른 고민이 있다면 저와 직접 만나요^^ www.univpt.com에 [무엇이든 물어보세요] 게시판을 활용하시면 된답니다!

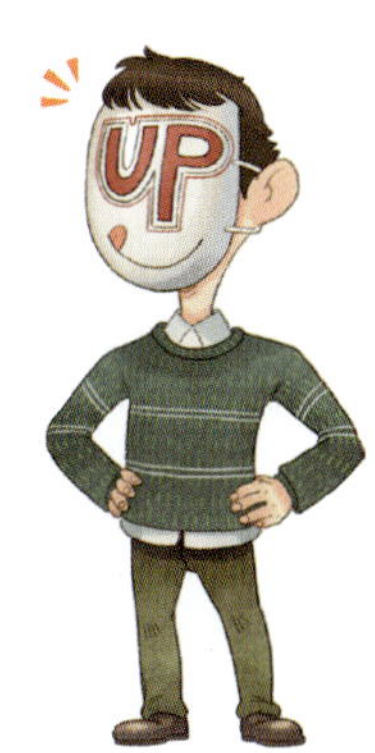

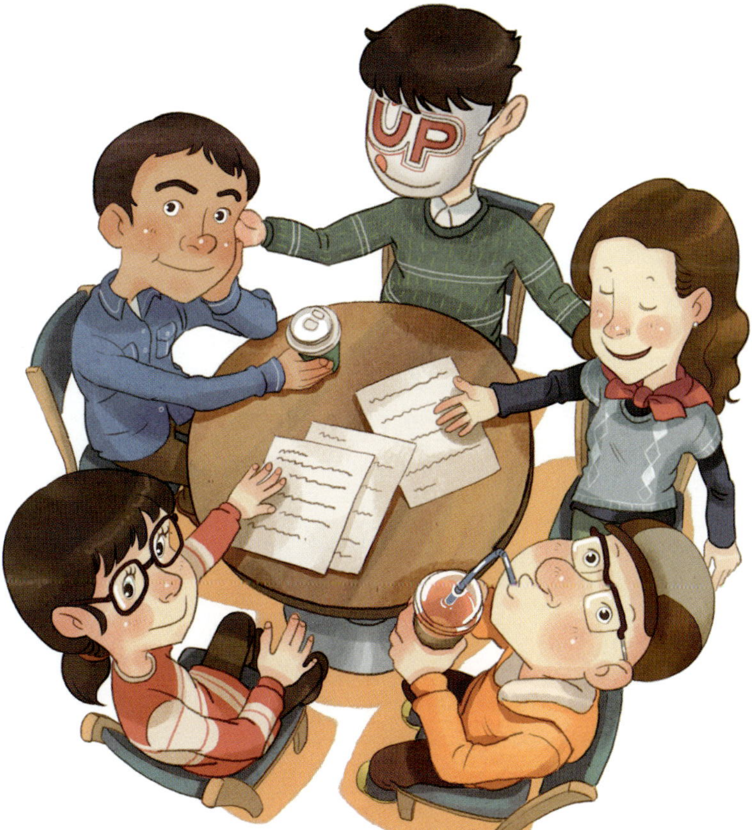

네 명의 친구들은 프레젠테이션이라는 하나의 끌림으로 만나 유피와
함께 많은 이야기를 나누었습니다. 이제 그 시간들을 뒤로하고 여러분
에게 직접 프레젠테이션에 대한 이야기를 한다고 합니다. 슈퍼맨응가,
약파는속눈썹, 동동이, 염스프레소가 전하는 프레젠테이션 이야기.
지금부터 시작합니다.

01 기획 "어떻게 하면 내 고백이 성공할 수 있을까?"

02 디자인 "그 사람만을 위한 선물을 준비해요."

03 발표! "사랑받기 위해 나를 꾸밀 차례, 그리고 고백!"

프레젠테이션?
이야기 둘, 고.백.
하.라!

chapter 1

"어떻게 하면
내 고백이 성공할 수 있을까?"

슈퍼맨 승가가 말하는 프레젠테이션 기획

앞으로 3일 후 프레젠테이션 과제가 있습니다. 지금까지의 우리들이었다면, 무엇부터 했나요? 앞에서도 다뤘던 내용이었죠? 아주 익숙한 요 화면부터 찾을 겁니다. 아주 당연하게, 클릭! 짠!

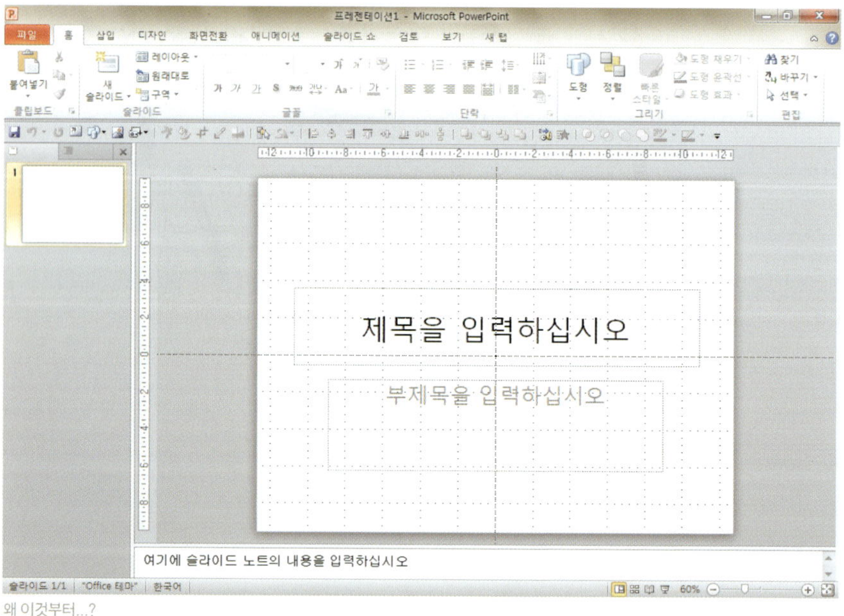

왜 이것부터...?

하하. 나왔다. '이제부터 시작이네? 완전 잘 만들어야지!'라는 생각과 함께 눈에 띄는 저 '제목을 입력하십시오'라는 문구를 보는 순간!

음..뭘 넣는담?

'멘붕'이 오죠? 일단 에라 모르겠다는 마음으로 네이버와 함께 폭풍검색을 시작합니다. 검색과 '복붙'이라는 신공이 가져다 준 결과물이 엄청나게 쌓여있는 걸 알게 되면? 이제 파워포인트 분석하기에 나섭니다. 프로그램 안에 있는 온갖 아이콘들을 하나하나 눌러보죠. 전엔 몰랐던 기능의 다양함에 새삼 놀라면서요.

그렇게 3일 동안 피피티를 만드는 데 열과 성을 다합니다. 정작 발표 당일엔? 내가 너무 자랑스러웠었나요? 어땠나요?

이런 생각을 했었어요. '왜 항상 나는 PT과제면 멘붕이 될까. 분명 밤새도록 열심히 한 것 같은데 PT가 끝나고 나면 왜 내 모습이 자랑스럽지 못했을까? 왜 뿌듯하지 못 했을까…… 이 찝찝한 기분 뭐지?' 이런 생각이요. 정말로 PPT 부터 켜면 실패를 할 수 밖에 없을까? 왜? 왜!!!

프레젠테이션의 구성요소는 기획, 디자인, 발표 이 세 가집니다. 준비할 때 역시 기획, 디자인, 발표 이 순서로 진행해야 합니다. 저를 포함, 많은 친구들이 이 기획에 대한 생각을 하지 않았기 때문에 PT과제가 있다! 하면, 너무나도 자연스럽게 PPT와 네이버를 먼저 켰지요. 즉, 만드는 것에 초점을 맞추면서 준비를 했기 때문에 슬라이드를 보지 않으면 말이 안 트였고 네이버에서 찾은 자료만 죄다 복붙해댔으니 나는 이야기를 하러 온 게 아니라 자료를 '읽으러' 온 사람이 됐던 거고요.

데카르트가 말했습니다. "나는 생각한다. 고로 나는 존재한다." 프레젠테이션에서 발표자로서 존재하려면 생각을 해야 합니다. 이 생각하는 과정이 바로 기획이라는 거죠. '갑자기 뭔 철학자 이야기냐? 그러니까 그 생각을 대체 어떻게 하라는 거냐?' 이런 마음이시죠, 지금? 천천히 가볼게요. 일단 기획은요. 컴퓨터를 켜는 게 아니라 종이와 연필을 먼저 꺼내시는 거예요. '사랑은 연필로 쓰세요.'라는 노래도 있잖아요? (모르신다면... 아주 유명한 그런 말이 있어요...) 프레젠테이션은 고백! 그럼 우리는? 사랑을 고백하는 프레젠터니까! 연필을 먼저 쥐고, 감성 촉촉한 채 이제 시작!

"누구에게 고백할까?"

기획하기에 앞서 가장 먼저 해야 할 것이 바로 3P 분석입니다. 여기서 3P란 People, Place, Purpose를 말하는데요. 내 고백을 들어줄 사람은 누군지, 내가 고백할 장소는 어딘지, 궁극적으로 내가 원하는 건 무엇인지를 먼저 분석하는 겁니다.

3P를 분석해야만 하는 이유는 간단합니다. 장미 알레르기가 있는 사람에게 고백이랍시고 장미꽃을 주는 말도 안 되는 일을 하지 않기 위해서죠. 즉, PT가 이루어지는 장소, PT를 보고 있는 청중, PT를 통해 본인이 원하는 바를 명확하게 알고 그에 알맞은 PT를 준비하기 위해서입니다.

기획의 0단계 : 생각하기, 3P를 분석하라

- **PEOPLE** : 내 고백을 들어주는 사람은 어떤 사람? 좋아하는 게 뭘까?
- **PURPOSE** : 궁극적으로 내가 원하는 건? 나와 사귀어줘? 결혼해줘?
- **PLACE** : 내가 고백하는 자리는 어떤 자리? 혹 활용할 만한 게 있나?

이 중에서도 가장 중요한 요소를 뽑으라면 바로 People, 청중입니다. 내 이야기를 들어줄 사람이 없다면 이야기 하는 것 자체가 의미가 없어지기 때문이죠. 즉, 프레젠테이션 기획 단계에서는 정말 배려심이 깊은 사람이 되어야 합니다. 청중이 좋아하는 것, 청중이 듣고 싶은 것, 청중이 궁금한 것에 대해 계속해서 고민해야 하기 때문에요. 마치 고백을 앞둔 사람이 고백할 사람에 대해 밤낮 가리지 않고 생각하는 것처럼요. 그리고 여기서 한 발 더! 경쟁PT의 상황이라면 '나의 라이벌은 어떻게 고백을 할까'도 생각하는 게 중요합니다. 한 사람을 두고 여러 명이 고백을 하는 상황인 거예요. 심장이 쫄깃쫄깃! 이 경우는 결국 남들과 얼마나 다르게 PT를 하는지가 승패를 결정하기 때문에 더 전략적으로 고백해야 하겠지요?

Purpose의 경우, 궁극적인 건 같다고 말할 수 있어요. 고백을 하는 이유는 '내 마음을 알아줘'인 것처럼 이요. 거기서 세부적으로 나뉠 수 있겠지요. 그냥 내 마음을 알아만 달라는 고백일 수도, 앞으로 나와 사귀자는 고백일 수도, 혹 결혼하자는 고백일 수도 있잖아요. 그러니까 궁극적인 PT의 목적은 자신의 '원 메시지'를 기억시키기 위한 것인데, 그 내용이 정보 전달에서 그치는 것과 행동을 이끌어내야 하는 설득까지 가는 것은 말하는 내용과 방법이 달라질 거예요. 조금 모호하다면, 바로 뒤에 사례가 나오니 걱정 마세요!

Place는 내가 고백을 그 사람의 집 앞에서 할 것인지, 혹은 우리가 잘 가던 카페에서 할 것인지에 따라 뭔가 활용할 만한 게 있을 텐데요. 그것처럼 PT할 장소서도 활용할만한 장치(장소의 크기, 슬라이드의 위치, 청중의 위치, 스피커, 조명 등등)가 어떤지를 보는 겁니다. 여기서 나아가 그 자리가 가지는 의미를 따져볼 수도 있습니다. 사람들이 모임으로써 어떤 의미를 지니는 곳인지를 생각해 보는 것이지요. 전자가 눈에 보이는 장소라면 후자는 눈에 보이지 않는 장소라고 말할 수 있겠네요. 응? 알 듯도 하고~ 말 듯도 하고. 바로 예시 보여드릴게요. 2013년 1월에 제가 했던 PT인데요. 인키움이라는 회사가 주최하는 〈제 11회 달콤한 PT데이〉 행사에서 자유주제로 PT할 기회가 있었어요. 그 때의 3P 분석입니다. 이 때는 청중을 예상할 수가 없어 원 메시지를 잡기가 어려웠어요. 결과로 보면 People로 방향을 잡고 Place로 키워드를 잡은 케이스였습니다.

● **People**

청중은 대학생부터 직장인. 전공 다양, 분야 다양, 소속 다양.

나를 처음 보는 사람도 있고, 몇 번 본 사람도 있고

매 회 참가자를 받기 때문에 누가 올지 모름.

경쟁자는 없음. 혼자 PT 후 청중들과 함께 피드백 공유

▶ 나를 '제대로' 소개해야겠다. 진부하지 않게

● **Place**

한 개의 PT를 함께 본 후, 그 PT에 대해 토론을 하는 자리

▶ 즉, 프레젠테이션을 위한 자리! 아하, '프레젠테이션'으로 키워드를 잡자.

무대는 인키움 안의 세미나 실. 그렇게 넓지 않은 자리.

▶ 무대는 양 옆으로 조금 활용 가능, 스피커 사용 가능, 마이크는 없음.
   청중과 가까우니 청중과 직접 뭔가를 해도 되겠다!

● **Purpose**

나를 처음 보는 사람도 있고 여기에 처음 오는 사람도 있고, 얼굴 정도만 아는 사람도 있고!

프레젠테이션을 배우고 나누는 것이 목적

▶ '프레젠테이션'이라는 소재로 나라는 사람을 소개해야지!

※ 제 11회 달콤한 PT데이 [슈퍼맨응가에게 프레젠테이션이란]
   http://blog.naver.com/lih0115/10157761882

이를 통해 **'슈퍼맨응가에게 프레젠테이션이란'**이라는 타이틀을 뽑고 제가 프레젠테이션을 시작하게 된 이유부터 PT를 통해 경험했던 것들, 그것들이 저에게 가져다 준 변화로 스토리라인을 짰습니다. 이를 통해 '저는 슈퍼맨응가 이가은입니다.' 라는 것을 전달하려고 했었지요. 즉, 저에게 프레젠테이션이 가지는 의미를 소개하면서 저를 기억시킴과 동시에 각자에게는 프레젠테이션이 어떤 의미를 가지고 있는지에 대해 생각해보는 시간을 만들어주고자 했습니다. 약간, 감이 오시나요? 즉, 3P 분석은 더 좋은 PT를 만들기 위한 자신만의 '인사이트'를 찾는 과정입니다. '3P가 이러니까 이런 메시지가 좋겠다. 이런 걸 활용하면 효과적이겠다. 이 부분은 조심해야겠다. 발표를 할 땐 이런 식으로 해야겠

다.' 등등이요.

저는 PT를 할 기회가 생기면 이 세 가지를 표로 만들어 책상에다 붙여놓습니다. 그리고서 자료조사를 하고 다시 3P 분석으로 피드백을 하면서 혹시 새로운 '인사이트'가 없는지 살펴봅니다. 익히 경험해보셨겠지만 조사를 하다보면 자료가 무척 방대해지잖아요. 이 말도 좋은 거 같고 저 말도 좋은 거 같고 말이에요. 특히 포털사이트에는 뛰어난 문장력의 소유자들이 많아서 마치 그들이 써 놓은 이야기가 내가 하고 싶었던 이야기인 것처럼 느껴질 때가 많아요. 좀 좋아 보이는 표현, 멋있어 보이는 말은 일단 다 '복붙'! 못 먹어도 Go! 이런 마음으로요. 그러다 어느 순간부턴 도대체 내가 무슨 말을 하고 싶었던 건지 모를 때가 있지 않았나요? 그럴 때 이 3P 분석표가 역할을 톡톡히 해줍니다. 즉, 내 PT의 청중과 목적에 맞게 방향을 잡을 수 있도록 해주고 자료의 필요성을 논리적으로 따질 수 있도록 해주는 거지요. '아, 이 내용은 빼야겠다.' 혹은 '이 내용은 좀 더 채워야겠구나.' 하고요. 또한 오프닝이나 엔딩, 예시 등의 멘트를 구상할 때도 유용하답니다. 약간 복잡하죠? 그렇지만 3P 분석을 구체적으로 하면 할수록 자신만의 '인사이트'를 찾을 수 있고 그만큼 좋은 PT를 할 수 있는 것이기에, 꼭! 꼭! 하기로 약속!

중요한 것은, 여기서 3P 분석은 한 번 하고 끝! 이게 아니라 기획의 마지막 단계까지 놓지 말아야 한다는 것이에요. 기획 단계에서 들어가는 모든 내용은 다시 3P로 피드백을 해야 합니다. 어떤 아이디어가 나왔을 때도 이것이 꼭 필요한 것인지, 어떤 역할을 할 수 있는지, 즉 그 내용이나 아이디어의 '당위성'을 따져봐야 하는 거지요. 그래야 불필요한 내용이 들어가거나 전달하는 바를 흐리게 되는 퍼포먼스를 하는 일을 줄일 수 있습니다. 처음에 말씀드렸듯, 장미 알레르기가 있는 사람에게 장미꽃이 아닌 다른 좋은 방법으로 고백할 길을 찾을 수 있는 것이지요! 3P 분석을 통해 어떤 메시지가 나왔고 어떤 PT가 완성되었는지에 대한 또 다른 사례들은 뒤에 케이스 스터디에서도 자세하게 다루었으니 아직 잘 모르겠다고 하더라도 너무 걱정하지 말고 천천히 따라오셔요. ('아~ 이런 게 있구나.' 정도면 충분합니다.)

"당신을 사랑합니다."

기획의 0단계인 3P에 대한 분석이 되었다면 지금부터가 진짜 기획입니다. 우리 신입생 때를 한 번 떠올려 봐요. 대학을 막 들어왔을 때 그 가득했던 설렘. 파릇파릇 상큼했던 바로 그때요. 대학 신입생! 하면 미팅이죠. 하하. 미팅을 해 본 적이 없다면 동아리 첫 모임 혹은 신입생 환영회를 떠올려 봐요. 꼭 하는 것 있죠. 자기소개요.

'안녕하세요. 00학교 00과 00학번 000입니다.
저는 000에 살고요. 블라블라블라……'

이렇게 돌아가면서 자기소개 하잖아요. 그리고선 한 10년 절친인 듯 재밌게 놀죠. 그 다음 꼭 한 번 다시 물어요.

"너 이름이 뭐였더라……?"

어떤 자리에 가든 항상 제일 처음에 하게 되는 건 자기소개입니다. 그런데 그 한번으로 나를 기억해 주는 사람은 참 드물어요. 그렇죠? 시간 들여서, 수고스럽게, 돌아가며, 한 사람 한 사람 자기소개를 했는데도 불구하고 우리는 왜 서로를 잘 기억하지 못할까요? 바로 '기획'이라는 과정이 빠졌기 때문입니다. 이런 자기소개는 어떤가요?

안녕하세요, 에스프레소 같은 남자, 염스프레소 염제명입니다.

세상에는 정말 다양한 커피가 있습니다.

아메리카노부터 라떼, 모카, 또는 카라멜 마끼아또.

그 다양한 커피 안에 꼭 들어가는 에스프레소!

그리고 다른 재료와 섞이면 다양한 향과 맛을 내는 에스프레소!

저는 이 에스프레소처럼 기본에 충실한 사람이되

다른 사람들과도 잘 어우러지는 삶을 살아가고 싶습니다.

우유빛깔?

아니죠. 커피빛깔, 염스프레소, 염제명이었습니다.

안녕하세요, 파피용 김용철입니다.

빠삐용, 다들 들어보셨죠? 삼행시로 저를 소개하겠습니다.

파. 파워포인트와

피. 피티를 잘하고 싶은

용. 용철입니다.

지금까지 파피용, 김용철이었습니다.

안녕하세요, 슈퍼맨을 꿈꾸는 아이, 슈퍼맨응가 이가은입니다.

슈퍼맨의 가슴에 항상 커다란 'S'가 새겨져 있듯

제 가슴 속에도 언제나 스펙보다 '스토리'를 품고 살아가고 싶습니다.

스토리가 가득한 스페셜리스트, 슈퍼맨응가 이가은이었습니다.

자기소개는 자신을 기억시키는 것이 목적(3P 중 Purpose)입니다. 그러면 학교, 학과, 학번이라는 동일한 정보보다는 남들과 다른 '원 메시지'로 나를 기억시킬 수 있어야 좋은 자기소개가 되지 않을까요?

프레젠테이션에서 기획이 필요한 이유는 나의 PT를 보다 잘 기억하게 만들기 위해서입니다. 즉, 기획은 나의 이야기를 보다 잘 기억시키기 위해 무슨 말(what to say)을 어떻게(how to say) 할 건지에 대해 고민하는 것이지요. 저는 기획을 '잘라내고 연결하는 과정'이라고도 이야기하는데요. 즉 무슨 말을 할지를 명확히 하기 위해 필요 없는 부분을 '잘라내고', 그것을 효과적으로 전달하기 위해 '연결하는' 과정을 통해 결국 **하나로 꿰어내는 것**이 바로 기획이라는 겁니다. 아주 쉽게 말이죠. 우리가 좋아하는 여자남자 이야기를 해볼게요. 이 파트의 제목 기억나시죠? 프레젠테이션은? 고백이다! 자, 여러분이 좋아하는 사람한테 고백을 한다고 생각해 봅시다. 어떤 말을 할 건가요?

안녕하세요, 제가 집은 어디구요, 장남이구요.

그래서 우리가 만약 만나다가 결혼하면 네가 맏며느리라 좀 힘들 수도 있어요.

음, 그리고 제가 차는 뭐가 있는데요.

사실 이건 아빠 차라서 내 마음대로 끌고 다니진 못 해요...

그래도 해달라고 하면 한 번씩은 몰래몰래 가져 나올 순 있는데..

확실하진 않고요...

이럴 건가요? 당신이 이런 고백을 들었다면 어떤 생각을 할까요?

'야, 뭐래니?'

이러겠죠? '아니, 그래도 좋아요. 뭐든 좋아요.' 이러면 아니 되옵니다. 여러분. 끄덕이시는 분들은 정말 없으리라. 믿어 의심치 않아요. 이런 이상한 주절주절 말 다 치우고 진심을 가득 담아서!

"당신을 사랑합니다."

이 한마디를 하겠죠? 이 한 문장이면 끝납니다. 왜? 결국 내가 하고 싶은 말이 이거니까 말이에요! 이건 누구나 알고 있는 거 같아요. 그런데 PT를 하려고 하면요. 이것도 말하고 싶고 저것도 말하고 싶고 말이에요. 내가 아는 거, 모르는 거, 이해 안 돼도 조사한 건 죄다 말해야 한다고 생각하게 되는 것 같아요. 마치 자기소개에서 학과 학번 등등 이런 정보 나열하는 것처럼요. 이건 프레젠테이션을 하는 게 아니라 '저 아는 거 많아요. 조사 진짜 많이 했거든요. 저 진짜 열심히 했는데……' 하고 앙탈부리는 게 되는 겁니다. 때문에 기획이 필요한 것이지요. 무슨 말을 할 것인지 명확하게 정하고 청중이 그 메시지를 보다 잘 기억할 수 있도록 하기 위해서 말입니다. **기획은 하나로 꿰어내는 것**이니까요.

기획이라는 단어 자체의 의미만 봐도요. 꾀할 기, 그을 획이라는 한자인데, '그을 획'이라는 글자는 '글을 자르다'라는 글자로 구성되어 있습니다. 즉, 기획이라는 말 안에 이미 '자르다, 버리다'라는 의미가 포함되어 있는 것이죠. 자료조사보다 중요한 것이 그 방대한 자료들을 잘라내는 겁니다. 명확한 '원 메시지'를 만들기 위해서요. 자기소개에서 학교, 학과, 학번 다 자르고 에스프레소나 파피용, 슈퍼맨응가라는 '원 메시지'를 정한 것처럼이요. 고백할 때 집이 어디고, 형제가 몇이고, 차가 뭐고, 이런 것 다 자르고 '당신을 사랑합니다.'라는 이 '원 메시지'를 정한 것처럼 말이에요. 즉 '원 메시지'는 '그래서 결국 내가 하고 싶은 말이 한.마.디.로 뭐지?'에 대한 대답이 되는 겁니다. 여기서 잘라내는 기준이 바로 우리가 앞에 했던 3P가 될 수 있겠죠.

물론 이런 경우도 있습니다. 아무리 자르고 잘라도 말해야 할 이야기가 너무 많은 경우요. 30분짜리 PT나 한 시간짜리 PT, 이럴 때 말이에요. 그럴 때는 그 모두를 묶어낼 수 있는 '원 메시지'를 찾는 것도 방법입니다. 자르고 잘라냈음에도 불구하고 더 이상 잘라낼 것이 없다면 반대로 그것을 모두 묶어낼 수 있는 큰 틀을 찾는 것이죠. 이렇게 원 메시지를 정해야 프레젠테이션의 기획이 된 거고 그래야 청중이 기억할 수 있습니다. 그 하나를 찾지 못했다면? 정보 나열 밖에 되지 않아요. 그럼 잘 된 PT라고 할 수가 없겠지요. 청중이 기억할 수 없으니까요. 프레젠테이션이 고백이리면, 내가 용기내서 고백했는데 그 친구가 뒤돌아서자마자 내가 고백했단 사실조차 까맣게 잊는다고 생각해보세요. 얼마나, 얼마나, 얼마나!! 가슴이 아파요. 즉, 프레젠테이션을 할 때 기획이 필요한 이유는? 청중이 잘 기억할 수 있도록 하기 위해서! 그렇다면 **기획의 1단계는? '당신을 사랑합니다.'라는 원 메시지 정하기! 원 메시지란? 결국 하고 싶은 말이 한마디로 무엇인지에 대한 대답! 어렵지 않죠?**

잠깐! 원 메시지와 카피의 차이!
'원 메시지 = 하나의 문장' 이라고 생각하면 어려울 수 있습니다. 원 메시지는 그 PT를 통해 결국 내가 말 하고자 하는 바를 말하는 것이지 한 문장이나 짧은 문구를 의미하는 것이 아닙니다. 다만 그것이 짧고 명확할수록 청중이 기억하기에 쉬운 것이지요. 때문에 원 메시지가 잘 드러나는 카피를 따로 만들기도 합니다. 자신의 '원 메시지'를 보다 잘 전달할 수 있는 비유적인 카피를 활용하는 것이지요. 예를 들어 앞에 말씀 드렸던 자기소개를 다시 한 번 보세요. 엽스프레소의 경우 원 메시지는 '저는 기본에 충실한 사람이되 다른 사람들과도 잘 어우러지는 삶을 살아가고 싶은 사람입니다.'예요. 이를 청중들이 보다 쉽고 한 번에 받아들일 수 있도록 '엽스프레소'라는 카피를 사용한 것이죠. 파피용의 경우, 슈퍼맨응가의 경우도 마찬가지입니다.

"어떻게 전달할까?"

앞에서 기획은 무슨 말을 어떻게 할 건지에 대한 것이라고 말씀드렸습니다. 이는 '잘라내기'와 '연결하기'를 통해 **하나로 꿰어져야** 하지요. '원 메시지'를 명확히 하기 위해 '잘라내기'를 했다면 이제 그 메시지를 가장 효과적으로 전달하기 위한 '연결하기'를 할 차례입니다. 바로 스토리라인을 만들 차례! 이런 거예요. 고백하기로 마음을 먹었지요. '널 사랑한다.'는 하나의 메시지를 전달할 겁니다. 이를 어떻게 잘 전달할 수 있을까요?

CASE 1.

넌 내 생각 하루에 몇 번이나 해,,,?

난 하루에 네 생각 딱 한번 해.

하루 종일. 그렇게 한 번.

사랑해.

CASE 2.

오늘 말이야.

지하철을 탔는데 어떤 할아버지가 할머니 손을 꼭 붙잡고 계신거야.

사랑하는 여자가 할머니가 되었는데도 그렇게 예뻐 보이나 봐.

얼굴 한번 손 한번, 그렇게 쳐다보시더라고.

나도 널 그렇게 봐주고 싶어.

CASE. 3

나 너 사랑해

나 너 사랑한다니까.

나 너 사랑한다고.

내가 고백할 사람이 어떤 스타일을 좋아하는지에 따라 말하는 방법이 달라지지 않겠어요? 이건 비밀인데, 전 개인적으로 CASE 2가 좋네요. (흐흐흐 좋아라.) 이게 바로 스토리텔링의 한 방법입니다. CASE 1도 마찬가지구요. 어라? '스토리텔링? 들어는 봤는데……' 하시나요? 스토리텔링에 대해서는 바로 뒤에서 아주 자세히 다루고 있습니다.

다시 돌아와서! 어떻게 전달할 것인지에 대해 고민하는 단계가 기획의 '연결하기', 즉 스토리라인을 잡는 단계라는 겁니다. 기본적인 틀은 우리 모두가 한번은 들어본 것! 서론 – 본론 – 결론이지요. 오프닝에서 화제제시, 본론에서 핵심내용, 클로징에서 정리. 이게 가장 기본적인 틀이 될 텐데요. 여기서는 제가 잘 활용하는 방법 4가지를 소개해드릴 거예요. 스토리라인을 만드는 과정에서 슈퍼맨응가가 자주 쓰는 방법! 짜잔!

[반복하기, 내 이야기하기, 대본 먼저 만들기, 똘똘 말기]

1) 먼저 반복, 반복, 반복! 친절한 응가씨? 친절한 발표자!

내가 말할 것. 내가 말하고 있는 것, 내가 말한 것에 대해 계속해서 반복해 주는 것. 특히나 어려운 내용이나 많은 내용을 다룰 때는 PT의 흐름이 어떻게 진행되고 있는지 여기서 꼭 기억해야할 부분은 무엇인지 등을 청중이 잊지 않도록 잘 안내해주기 위함입니다. 즉, 청중이 잘 기억할 수 있도록 계속해서 단서를 던져주는 것이죠. 지금 제가 중간 중간 '고백'이라는 키워드를 반복하는 이유를 아시겠지요?

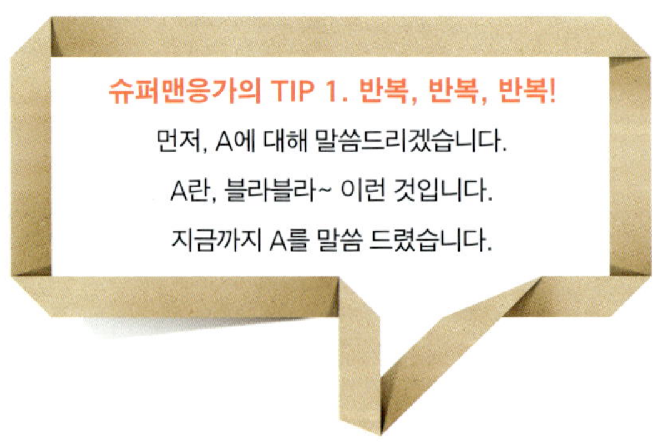

2) 내 이야기하기. 나만 할 수 있는 PT를 만들자!

두번째는 오프닝이든 사례 제시든 나의 경험담, 즉 일상의 이야기를 활용하는 겁니다. 특히 사례분석과 같은 정보만을 전달하는 PT의 경우, 사실만을 전달하게 되면 청중들은 점점 팔짱을 낀 채 바라보게 됩니다. 내 이야기를 진심으로 듣는 게 아니라 내 이야기를 하나하나 분석하려 드는 거죠. 그 주제가 너무 어렵고 딱딱해 재미가 없다면 아예 듣지 않는 청중도 있을 겁니다. 당신이 청중이었을 때 '이걸 왜 듣고 있어야 하지?'라는 생각 분명 해본 적 있지 않나요? 쉽게 말해 발표자인 나와 청중과의 관계가 '죽어도 같이 앉아 있기 싫은 소개팅 남녀'가 되는 거예요. 소개팅을 할 때 상대가 의자 뒷받침에 기대있으면 나에게 관심이 없다는 뜻이라고 하잖아요. 거기에 팔짱까지 끼고 있는 것을 상상해 보세요. 마치 더 이상 다가오지 말라는 메시지를 보내는 것 같죠. 내 PT를 보고 있는 청중이 그런 모습일 수 있다는 겁니다. 이럴 때 일상의 경험담, 즉 우리에게 친숙한 이야기를 활용하는 것이 발표자와 청중 사이의 딱딱한 분위기를 보다 부드럽고 가깝게 만들어 줄 수 있습니다. 즉, 청중이 '맞아 맞아, 그래, 나도 그런 적 있지.'라는 반응이 나올 수 있을만한 나의 사례, 혹은 우리가 일상에서 쉽게 느낄 수 있는 어떤 것 등을 중간 중간에 넣어주는 겁니다. 처음엔 어려운 주제일 거라 생각했던 청중도 본인과 익숙한 이야기가 들리기 시작하면 조금씩 흥미를 가지고 재미를 느끼고 발표자인 나에게 친근감을 느끼고 내 이야기에 공감할 수 있겠지요. 나아가 그 부분이 당신이 말하고자 하는 '원 메시지'와 연결되는 것이라면 더더욱 좋겠지요. 또한 그 이야기가 나의 경험에서 우러나온 이야기라면 진부한 주제일지라도 나만이 할 수 있는 하나의 이야기가 되겠지요. 때문에 저는 어떤 주제가 정해지면 그와 관련했던 경험들을 죽 리스트를 만들어 활용하기도 한답니다.

3) 대본 먼저! 꼭 말하면서 쓰세요.

앞에서도 잠깐 언급했는데, 대략적인 스토리라인이 구상되었다면 대본을 먼저 만듭니다. 제작에 앞서 대본을 먼저 만드는 이유는 툴을 툴로써만 활용하기 위해서 입니다. 즉, 내 이야기를 위한 PPT를 만들기 위함이죠. 앞에서 우리가 시행착오를 겪었던 것처럼! 슬라이드를 먼저 만들고 PT를 하려고 하면 내가 하려 했던 이야기를 상기시켜 주는 단서를 슬라이드에서 찾으려고 하게 됩니다. 때문에 슬라이드를 보지 않으면 말이 잘 안 나오는 것이죠. 거기다 재미없어 죽겠다는 표정의 청중이 한 명 한 명 눈에 띄면 나름 충만했던 자신감까지도 사라지게 됩니다. 말 그대로 '어.떡.하.지?'가 되는 거죠. 즉, 제작 단계로 넘어가기 전에 대본을 만드는 것은 '슬라이드 없이 PT하기'를 연습할 수 있는 겁니다. 지금까지 준비한 것들이 내 언어로는 어떻게 말하고 있는지 내 몸은 어떻게 표현하고 있는지 계속해서 소리 내어 말하며 그것을 글로 남겨놓는 작업이지요. 다시 한 번 강조하지만 대본은 내가 그것을 외우기 위해 글로 써놓은 것이 아니라 내 입으로 어떻게 표현되는지를 확인하기 위해 만들어진 것이어야 합니다. 이를 위해서는 몇 번이고 소리 내어 말해야 하기 때문에 몇 차례 수정을 하게 되는데요. 이 과정에서 먼저 분석해 놓았던 3P에 알맞지 않는 단어나 표현은 고쳐야 하고, 내 입에 맞지 않는 단어나 표현 역시 보다 말하기 편하고 듣기 쉬운 것으로 바꿔야 합니다. 논리적으로 빈약한 부분이나 과한 부분도 보다 잘 찾을 수 있습니다. 뼈대만 구성했을 때는 문제가 없을 것 같았던 내용이 다시 말로 풀어내면 연결 고리가 약하거나 없어도 될 내용이 들어가 있는 경우가 종종 있기 때문입니다. 또한 이 이야기를 할 때는 슬라이드에 어떤 키워드와 자료가 있어야 할지를 알 수 있기 때문에 슬라이드를 만들 때도 보다 쉽게 만들 수 있어요.

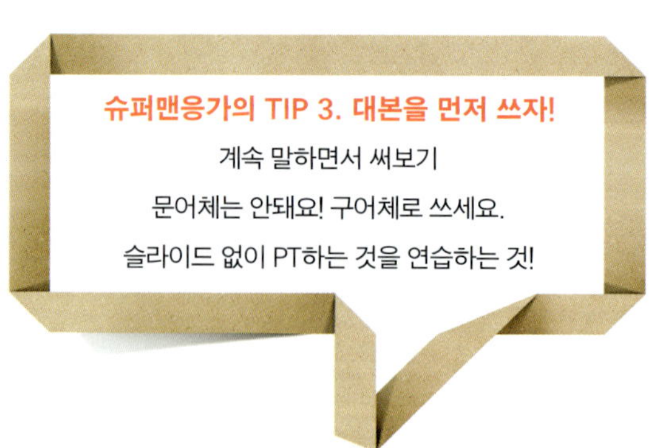

4) 마지막! 김밥 말 듯 똘똘 말아라!

제가 지금까지 했던 PPT들을 쭉 보면요, 대부분이 첫 슬라이드와 마지막 슬라이드가 같습니다. 그리고 오프닝과 엔딩에 같은 키워드를 사용했지요. 앞에 자기소개도 마찬가집니다.

안녕하세요. 슈퍼맨응가 이가은입니다.

블라블라블라.

지금까지 슈퍼맨응가, 이가은이었습니다.

김밥을 말 듯 똘똘 마는 거예요. 김밥도 속은 자기의 입맛 따라 채우고 처음과 마지막은 김으로 마무리가 되잖아요. 어려운 말로 '수미상관'이라고도 하는데요. 예~전에 문학 시간 때 배운 것, 기억나시나요? 수미상관의 효과는

- ✓ 반복되는 표현으로 운율을 형성
- ✓ 같은 내용의 반복으로 주제가 강조
- ✓ 시적 안정감과 균형감 형성
- ✓ 시적 감동과 여운의 지속

이라고 우리는 배웠....습니다. 분명 배웠을 거예요. 기억 안 나셔도 되요. 하하. 대충 제가 왜 이 방법을 쓰는지는 아시겠지요? 그럼 앞, 뒤에 무슨 내용을 넣느냐! 전하고자 하는 '원 메시지'를 감성적인 카피로 만들어서 앞과 뒤 슬라이드에 넣고 오프닝과 엔딩을 꾸미는 거예요. 예를 들면, 제가 한 기업의 온라인 커뮤니케이션 기획안 PT에서 했던 건데요. 저희가 제안했던 기획의 컨셉이 '만남의 길'이었습니다. 이것을

이라는 감성적인 카피로 만들었고 짧은 영상으로 만들어 오프닝과 엔딩을 꾸 몄었지요. 특히 커뮤니케이션 기획안의 경우 들어가는 내용이 무척 많고 복잡 합니다. 때문에 자칫 그 기획안의 컨셉이 잘 기억에 남지 않는 경우가 종종 있 지요. 그럴 때 이렇게 '똘똘 말아' 전달하면 우리의 고백은 보다 강력해질 수 있 습니다.

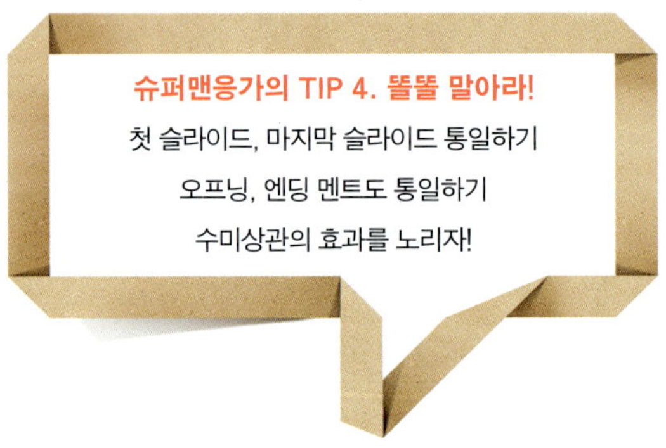

자, 지금까지 스토리라인을 구상하는 단계에서 활용할 수 있는 슈퍼맨응가의 네 가지 팁!

[반복하기, 내 이야기하기, 대본 먼저 만들기, 똘똘 말기]

을 말씀드렸습니다. 그럼 이제 본격적으로 스토리라인을 만드는 방법 중 하나 인 스토리텔링! 정말 많이 들리죠? 유피가 가장 중요하게 생각하고 항상 고민 하는 이 '스토리텔링'! 여기에 대해서는 약파는 속눈썹이 이야기를 이어 나가 겠습니다.

약파는 속눈썹이 말하는 스토리텔링

고백의 순간! 나의 마음을 그녀가 또는 그가 더 잘
알 수 있도록 말을 잘해야 할 텐데요. 그럼 어떻게
고백해야 할지, 스토리라인을 잘 잡아야겠죠? 그럼
지금부터 스토리라인을 잡는 방법 중 하나인 스토
리텔링에 대해서 얘기해볼까요?~

1) 스토리텔링이란?

PT는 하나의 이야기이다.

'스토리텔링'에서 앞 세 글자! 스토리는 우리가 이미 모두 아는 것처럼 이야기를 뜻합니다. 그러니까 스토리텔링이란 글자 그대로 '이야기를 해라'라는 뜻이 되지요. 그런데 이야기를 하라는 말이 간혹 오해를 불러오기도 합니다. '이야기'라는 단어를 보면서 어린 시절 국어 교과서에 배운 인물, 사건, 배경이 등장하는 '소설 속 이야기'를 떠올리는 분들이 계시기 때문이에요. 그렇지만, 여기서 제가 전해드리고 싶은 스토리는 인물과 사건이 나와 극이 전개되는 이야기가 아닙니다! 여기서 스토리란?

원 메시지를 담아서 여러 정보를 나의 말로 풀어낸 것!

여러분! 그냥 인터넷에 있는 또는 기억 속 정보를 모아서 그대로 나열하기만 한다면 정보가 각각의 의미를 갖지 못하고 각 단어 하나로써 존재하게 됩니다. 정말 단어의 나열 그 이하, 그 이상도 아닌 것이죠. 그렇지만 정보들이 내가 전달하고자 하는 원 메시지를 향해 짜임새 있게 배열되면 정보들은 하나로 모여져 이야기가 됩니다. 각각의 정보는 내가 원하는 의미를 나타내게 되는 것이죠. 즉, 여러 가지 정보가 나의 메시지가 담긴 나의 말로 풀어질 때에 PT는 그 자체로 하나의 이야기가 되고, 처음부터 끝까지 나의 메시지를 전달하는 하나의 흐름이 됩니다. 그리고 이렇게 이야기를 만들어서 PT를 하는 것이 스토리텔링이 되죠. 그리고 이 과정에서 인물, 사건, 배경이 등장하는 소설 속 이야기를 이용할 수도 있습니다. 소설 속 이야기를 통해서 여러 가지 정보를 풀어낼 수 있고 그게 원 메시지를 전달한다면 말이지요. 그렇지만 나의 말로 풀어내는 과정이 꼭 소설 속 이야기일 필요는 없겠죠.

나의 말로 풀어내는 과정 ≠ 소설 속 이야기

이제 오해가 풀리셨죠?

2) 스토리가 있는 PT, 스토리가 없는 PT

앞에서 나왔던 수줍은 고백 기억하시나요? 'CASE 1'에서는 '상대방에 대한 생각을 하는 시간'이라는 정보에 '상대방에 대한 사랑'이라는 의미가 부여되면서 스토리가 이루어졌습니다. 그래서 "난 하루에 네 생각 딱 한번 해. 하루 종일. 그렇게 한 번."이라는 고백이 만들어졌죠. 'CASE 2'에서는 '지하철 속 손을 잡고 있던 노부부'라는 정보가 '서로를 사랑하는 부부'라는 의미를 담습니다. 그래서 "지하철을 탔는데 어떤 할아버지가 할머니 손을 꼭 붙잡고 계신거야. 사랑하는 여자가 할머니가 되었는데도 그렇게 예뻐 보이나 봐. 나도 널 그렇게 봐주고 싶어."라는 스토리가 만들어졌죠. 이렇게 "사랑해."라는 같은 메시지를 전하더라도 나의 말로 풀어내는 과정이 다르면 서로 다른 스토리를 만들게 됩니다. 한편 'CASE 3'에서는 스토리가 없이 사랑한다는 말을 반복할 뿐입니다. 어떤 고백이 상대방에게 더 매력적으로 들릴지는 3P 분석을 통해 결정되겠죠? 하하. 그럼 이제 같은 메시지를 담고 있는 PT를 비교해보면서 스토리가 있는 PT와 없는 PT의 차이를 살펴보아요!

●예제로 보는 스토리텔링 : 중남미 축제 소개하기

이번에 살펴볼 PT의 주제는 '중남미 축제 소개하기'입니다. 먼저, 스토리가 없는 PT를 소개해드릴게요.

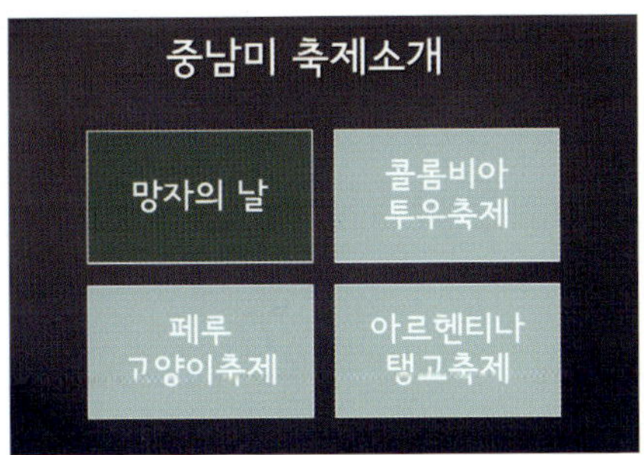

"저는 중남미 축제소개를 발표할 OOO입니다. 중남미에는 다양한 축제가 있는데, 그 중에서 오늘 제가 전달하고자 하는 축제는 아르헨티나 탱고축제, 콜롬비아 투우축제, 페루의 고양이축제 그리고 중남미의 많은 국가에서 하는 망자의 날이라는 축제입니다. 그럼 차례대로 발표를 진행하겠습니다."

같은 내용을 담은 스토리가 있는 PT입니다.

"지금부터 저의 중남미 여행기를 들려드리겠습니다. 저는 중남미의 여러 국가를 여행하면서 정말 다양한 축제를 경험했어요. 그 중에서도 가장 제게 인상 깊었던 축제들을 얘기해드릴게요. 바로, 중남미의 많은 국가에서 볼 수 있던 망자의 날이라는 축제, 정열적이었던 아르헨티나의 탱고 축제, 신기했던 콜롬비아 투우축제, 충격적인 페루의 고양이축제입니다. 먼저, 망자의 날을 경험했던 브라질로 가볼까요?"

똑같은 축제를 소개하고 있는 두 가지 PT의 도입부였습니다. 두 가지 PT의 차이가 명확히 보이시나요? 같은 축제를 소개하는 PT이지만, 스토리가 없는 PT는 단순한 열거를 한 뒤 축제를 설명하려고 합니다. 그리고 스토리가 있는 PT는 축제의 소개를 여행기라고 바꿔서 전달합니다. 여러분이 평소에 접한 대부분의 PT는 첫 번째의 형식과 같은 방법으로 진행되지 되지 않았나요? 사실, 우리가 자주 듣고 익숙한 PT는 스토리가 없는 PT이죠.

3) 스토리텔링이 필요한 이유

●첫 번째, 기억에 남는 발표를 만드는 스토리.

그럼 다들 그냥 PT를 하는데 왜 굳이 스토리텔링으로 말하라고 하느냐고요? 여러분은 이제껏 참 많은 PT를 해왔습니다. 학교 과제로, 사람들 앞에서 자기 소개를 하면서 등등 여러 이유에서 말이죠. 그리고 여러분은 여러분이 PT를 한 횟수만큼, 아니 그 보다 더 많은 PT를 들으셨습니다. 그런데 이 수 많은 PT 들 중 여러분의 기억 속에 남는 PT는 몇 개나 되나요? 다른 친구들이 하는 PT 를 정말 많이 들었는데, 막상 생각나는 것은 별로 없죠. 왜 우리는 그들의 PT를 잊어버리게 된 걸까요?

기억력이 안 좋은 내 잘못인가? 발표에 집중하지 못한 내 잘못인가?

아닙니다. 만약, 당신이 들었음에도 기억하지 못했다는 것은 그만큼 PT가 인상적이지 않았다는 것이고, PT에 집중하지 못했다면 프레젠터가 당신을 사로잡지 못한 것이죠. 청중이 PT를 기억하지 못하는 것, 그 책임은 프레젠터에 있죠. 그럼 반대로, 그들의 기억 속에 당신의 PT는 다른 사람의 기억 속에 오래도록 남을 수 있었을까요? 아마 그렇지 않다면 그건 여러분의 PT도 다른 친구들의 PT처럼 매력적이지 못했던 거겠죠. 그 원인은

첫 번째, 내용이 제대로 선정되지 않아서 메시지 자체가 별로였다.
두 번째, 전달하는 방법이 재미가 없었다.

이렇게 두 가지로 나눌 수 있습니다. 첫 번째 문제는 앞서 제시했듯이 3P 분석에 맞추어 보다 적절한 내용과 메시지를 선정함으로써 해결될 수 있지요. 그리고 두 번째 문제인 전달 방법에 대한 열쇠가 바로 스토리입니다. 같은 이야기도 더 인상 깊게 전달하는 것이 스토리의 힘이기 때문이죠.

●**두 번째, 나만의 PT를 만들어주는 스토리.**

이러한 식으로 진행되는 PT! 익숙하시죠? 대부분 학교 과제발표로 듣는 PT는 이렇게 사전, 신문, 학술지 등을 통해서 얻는 정보의 나열과 다를 바가 없는 것이죠. 이처럼 정보를 그대로 나열만 한다면 PT가 왜 필요할까요? PT 속 정보가 사전, 신문, 학술지 등을 통해서 얻는 정보와 같다면, 굳이 당신은 이를 토대로 PT를 하지 않아도 됩니다. 기존의 매체를 통해서 쉽게 똑같은 정보를 얻을 수 있기 때문이죠. 그러므로 단순한 정보의 나열이 아닌 당신의 PT가 필요한 이유가 있어야 합니다. 바로 당신만의 스토리요! 이게 당신이 PT를 하는 이유가 됩니다. 스토리는 나의 말로 풀어진 나만의 이야기를 만들어줍니다. 그러므로 스토리텔링을 통해서 우리는 다른 사람은 할 수 없고 나만이 할 수 있는 PT를 만들 수 있는 것이죠.

●**세 번째, 재미있는 PT를 만드는 스토리.**

대부분의 발표상황! PT를 듣기 전 청중들은 자신이 들을 주제에 대해 알고 있습니다. 그러니 앞으로 자신이 듣게 될 PT에 대한 어느 정도 예상을 하고 있겠죠. 앞에서 제시된 '중남미 축제 소개하기' PT를 들으려고 한다면, 청중들은

이렇게 시작되는 정보의 나열을 예상하고 있겠죠. 지금까지 들어왔던 많은 PT들이 이렇게 진행됐으니까요! 그러므로 청중의 이러한 예상에서 벗어난 새로운 접근의 PT는 매우 신선하다는 생각을 갖게 합니다. 인트로 부분만 새롭게 여행기라고 접근을 하고 본내용은 그대로 가도 첫 눈에 청중들의 관심을 사로잡을 수 있죠. 그리고 이러한 새로운 접근은 다른 사람들의 PT 속에서 당신의 PT를 빛나게 하는 힘이 되어줍니다. PT는 이렇게 재미있어야 합니다. 여기서 재미란 단순한 웃음코드가 아닙니다. 새로운 발상을 통한 표현, 참신한 정보의

전달, 공감이 가는 웃음 요소, 생각지 못한 반전 요소, 가슴 찡한 감동요소 등이 모두 재미있는 PT의 요소들입니다. PT를 듣고 싶게 만드는 것이죠. 그리고 이렇게 재미있는 PT는 청중의 귀를 열고 당신의 말에 보다 집중할 수 있도록 합니다. 그리고 스토리는 지루함을 막고 재미를 줄 수 있는 가장 쉬운 방법입니다. 같은 정보를 전달하더라도 스토리를 통해서 PT는 보다 재미있어지기 때문이죠. 정보 자체에서 웃음, 반전, 감동의 요소를 주기는 힘듭니다. 그런데 스토리를 삽입하고 그 이야기에 웃음요소가 있거나 반전, 감동요소가 있다면 어떨까요? 그 스토리를 통해서 내가 원하던 효과를 얻을 수 있게 되죠. 이렇게 쉽게 재미있는 PT가 만들어질 수 있습니다.

●네 번째, 공감을 이끌어 마음을 움직이는 스토리.

대부분의 PT는 설득이라는 목적을 가집니다. 제시한 해결책으로 문제를 해결하자는 설득, 이 상품이 좋으니 쓰자는 설득, 실제 현상은 이러하니 기존의 생각을 바꾸라는 설득 등이죠. 이렇게 PT는 청중의 행동이나 생각들을 바꾸고자 합니다. 그리고 이러한 설득은 타당한 논리적 근거가 있어야 가능합니다. 이와 더불어 청중의 마음을 돌리는 감성의 자극도 필요하죠. 논리는 이성적으로 여러분의 메시지를 받아들이게 하고 감성자극은 마음을 움직이니까요. 여기서 감성자극을 쉽게 해줄 수 있는 것이 스토리입니다. 자신의 경험담, 또는 비유적 표현을 통한 전달은 딱딱한 언어보다 사람들의 감성에 부드럽게 다가갈 수 있기 때문입니다.

지하철, 앞 칸에서 선글라스를 끼고, 지팡이를 들고 손에는 바구니를 든 남자가 걸어옵니다. 사람들은 이 남자와 눈을 마주치지 않고 딴청을 피우며 그가 빨리 지나가기만을 바라죠. 이 남자는 승객들에게 돈을 받지 못했습니다. 우리가 지하철에서 흔히 볼 수 있는 풍경이죠. 그런데 다시 선글라스를 끼고, 지팡이를 들고 손에 똑같이 바구니를 든 남자가 걸어옵니다. 사람들은 여전히 딴청을 피우죠. 그런데 이 남자는 앞에 아무 말도 없이 바구니를 내밀며, 지나간 남자와는 달리 열차 칸 중앙에 섭니다. 그리고 이렇게 말하죠. "안녕하세요, 제게는 임신한 아내가 있습니다. 그런데 저는 얼마 전에 사고를 당해서 두 눈을 잃고 말았습니다. 여러분이 조금만 도움의 손길을 내밀어 주시면 이 아이가 다가오는 내년 봄을 볼 수 있을 것 같습니다. 한번만 도와주세요, 감사합니다."이 말이 끝나자 사람들이 그의 바구니에 돈을 넣기 시작합니다. 모든 사람들이 그러지는 않지만 4~5명 정도가 그러하죠.

이것은 EBS 다큐 프라임 '이야기의 힘 : 3편'에서 실험한 내용입니다. 이 실험에서 '이야기'는 모든 사람의 마음을 움직이지는 못했지만 최소한 몇 명을 설득하는데 성공했습니다. 청중들은 그의 이야기를 듣고 그의 말에 안타까워하고, 그의 감정에 공감을 합니다. 그리고 그에게 도움의 손길을 내밉니다. 이는 말이 없이 도움을 요구했던 사람과 '이야기'가 있이 도움을 요구한 사람의 차이를 명확히 보여줍니다. 스토리는 이렇게 프레젠터가 하는 말에 공감하게 하고 메시지의 설득력을 높이는 데에 중요한 역할을 합니다.

4) 스토리 만들기

그럼 이제 차근차근 스토리를 만들어 볼까요? 먼저, 스토리를 만들 때 그 이야기 속에 무엇을 담을 건지를 정해야 합니다.

대표적으로 이렇게 3가지이죠. 첫 번째, 웃음이라는 요소를 넣어서 PT가 너무 무겁지 않게, 그렇다고 가볍지도 않게 청중의 흥미를 유발하고, 즐겁게 흘러갈 수 있도록 하거나 두 번째, 감동이라는 요소를 넣어서 청중의 마음을 강하게 울리는 PT를 전달하거나 세 번째, 예상하지 못했던 전개로 이야기가 흘러가면서 청중들에게 신선한 충격을 선사하는 거죠. 이 3가지를 하나의 PT에 모두 넣을 수 있다면, 이 PT는 청중들을 사로잡을 수 있는 마성의 매력을 가지겠죠. 그렇지만 원 메시지를 전달하는 PT에 무리하게 3가지를 넣다 보면 흐름이 자연스럽지 않거나 웃음, 감동, 반전을 줘야겠다는 생각에 치우쳐 원 메시지를 명확하

게 만들지 못하게 됩니다. 하나의 PT에 다 넣자니 억지로 끼워 맞추게 되는 경우가 많죠. 그래서 저는 사실 이 중 하나라도 제대로 챙겨가길 권합니다! '나는 이번에 이 PT를 통해서 이것 하나만큼은 확실히 담겠다!'라고 정하는 거죠. 자, 여러분은 무엇을 선택하실 건가요? 그래도 마성의 PT에 끌리시나요? 하하.

이야기 속에 무엇을 담을지 정했다면 이제 이 스토리를 내 PT에 녹여내야겠죠? 그럼 어떻게 웃음, 감동, 반전이 담긴 스토리를 내 PT에 적용할 수 있을까요? 여러분, 스토리텔링을 하는 방법은 크게 두 가지로 나뉩니다.

첫 번째는 전체 내용을 하나의 컨셉으로 묶어 스토리화 하는 것입니다. 그리고 두 번째는 부분적으로 스토리화하는 것이죠. 저는 첫 번째 방법인 전체 내용을 자신의 메시지로 풀어내는 방법을 권장합니다. 그렇지만, 전체를 묶을 컨셉이 생각나지 않아서 첫 번째 방법을 사용할 수 없는 경우, 두 번째 방법을 통하면 PT에 쉽게 스토리를 넣을 수 있습니다. 전체가 아닌 부분을 스토리화하는 것이기 때문에 조금 더 쉽게 이야기를 만들어낼 수 있으니까요!

그럼 첫 번째 방법부터 살펴볼까요? **전체를 스토리화하기**는 전체 내용을 하나로 묶어주는 컨셉을 잡아서 그 컨셉을 이용한 스토리를 만드는 겁니다. 각각 따로 노는 정보들을 하나의 컨셉을 통해서 이어보는 거죠. 예시의 PT를 보면서 찬찬히 살펴볼게요.

●예제로 보는, 전체를 스토리화하기 : 자신의 전공 소개

예를 들어볼 PT의 주제는 '자신의 전공 소개'입니다. 자신의 전공을 매력적으로 어필하면서, 고3 학생들이 자신의 학과에 지원하도록 설득하는 PT이죠. 여기서 소개할 학과가 경제학과라고 합시다. 그럼 이 PT를 위해서 여러분이 무슨 말을 해야 하는지 3P 분석을 통해 알아봐요!

먼저, 청중이 재미있고, 흥미롭게 들을 만한 이야기를 해야 하겠죠. 그러려면 수능이 막 끝난 고3학생이 청중인 만큼 그들이 다시 공부를 하고 있다는 느낌을 주는 어려운 말들의 나열은 피해야 하죠. 수능이 이제 막 끝났는데 다시 공부를 하는 것 같은 느낌! 정말 지루하고 PT를 듣고 싶지 않겠죠? 그리고 Purpose! 경제학과에 들어오고 싶을 만한 매력을 보여줘야 합니다. 사실 인문계 학생들 사이에서 경제학과는 어느 정도 인지도도 있고 인기도 있는 편입니다. 그러니까 아무 것도 모른다고 가정한 뒤 경제가 뭘 배우는 건지 차근차근 설명하는 것은 시간 낭비이겠죠. 우리가 해야 할 건 '경제학과에 왜 들어가기 싫을까?'에 대한 이유를 찾아서 그 이유를 없애주기만 하면 됩니다. 많은 학생들이 경제학과는 '딱딱하다.', '수학을 잘해야 들어갈 수 있다.'는 생각 때문에 지원을 망설인다고 하면, 그런 이유로 망설이지 말라고 말해야 하겠죠. 그리고 여러 가지 전공소개를 듣는 자리에서 같이 발표하게 되니까 다른 과보다 매력 있게 들려야 합니다. 다른 과들을 소개하는 PT와는 차별화된 재미있는, 인상 깊은 PT를 전해야하는 거죠!

정리하자면, 우리는 "경제학과에 지원하세요."라는 원 메시지를 재미있고, 매력적으로 전달해야합니다. 그러기 위해 '딱딱하지 않다.', '수학이 필수요건은 아니다.'라는 걸 설명해야 하죠. 이제 무엇을 스토리로 만들어야 하는지 모두 정해졌네요. 그럼 **전달방법(how to say)**에 대한 고민을 해야 하겠죠? 고3학생들이 지루해하지 않고 재미있게 느낄만한 게 무엇인가 고민을 하는 거죠. 학생들이 수능이 끝나고 지금 가장 관심이 있고 지루하지 않은 것…… 바로 연애죠! 그러니 경제학과에 대한 설명을 데이트 이야기로 풀어냅시다.

6만원이라는 돈이 있는 한 남자가 있습니다.

이 남자는 여차친구와 첫 데이트를 앞두고 있습니다.

두근두근! 오늘 데이트를 통해서 꼭! 여자 친구를 행복하게 해주고 싶은데요.

여러분이 이 남자의 데이트 코스를 좀 같이 짜주셨으면 합니다.

이렇게 한 남자의 데이트를 도와달라고 하면서 청중의 관심을 끕니다. 이렇게 시작하면 고3학생들이 재미있게 지켜볼 수 있도록 흥미유발을 하고 집중하게 만들 수 있겠죠?

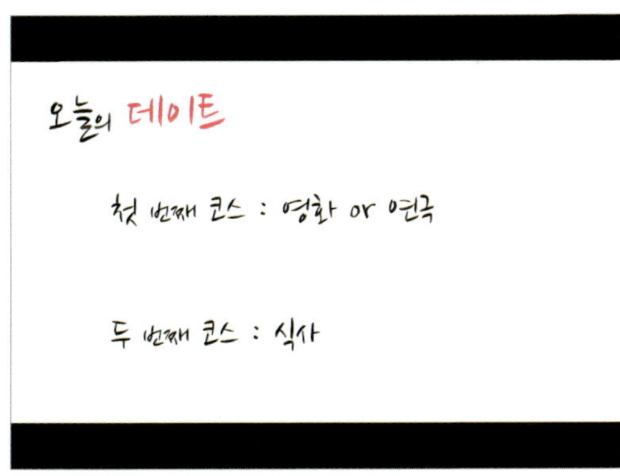

오늘은 첫 번째로 영화나 연극을 보고, 두 번째로는 식사를 하려고 합니다.

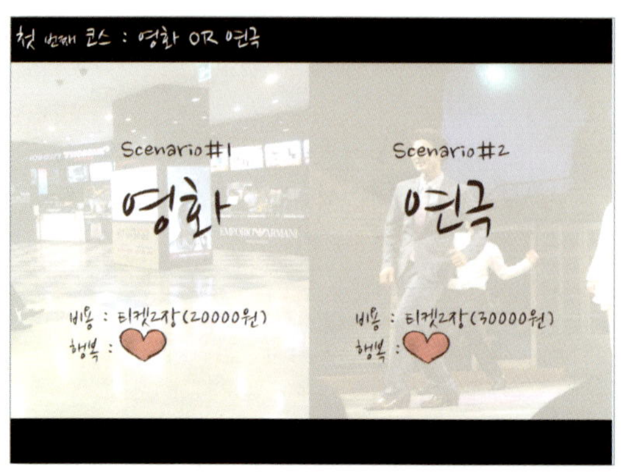

그럼 첫 번째 코스에서 이 남자는 영화관을 가야할까요? 극장을 가야할까요?

영화는 티켓 2장에 2만원이고요,

영화를 보고 여자 친구가 얻을 수 있는 행복은 하트 한 개 정도이죠.

한편, 연극은 티켓 2장에 3만원이고

극장에서 얻는 행복은 영화를 봤을 때와 같습니다.

이렇게 질문을 한다면 청중들은 영화를 보러가겠다고 대답할 겁니다. 직접 데이트를 한다고 생각했을 때 당연히 같은 행복을 준다면 적은 비용이 드는 쪽을 선택할 테니까요!

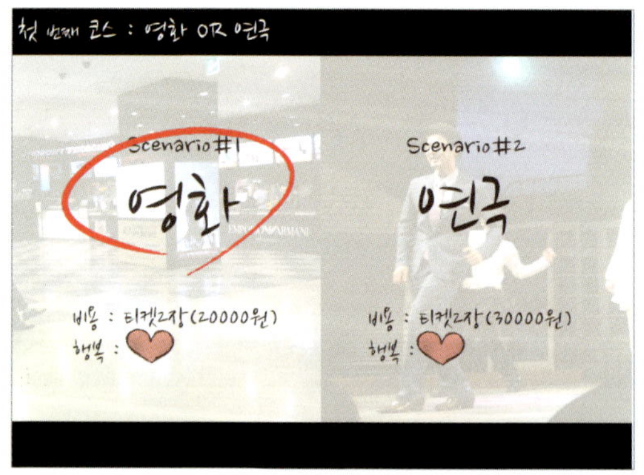

네, 영화를 보러가는 게 더 좋은 선택이겠죠? 왜죠?

이러한 질문을 했을 때 청중의 예상답변은 "똑같이 행복을 주는데 영화가 더 싸니까요!"일 겁니다. 이렇게 자연스럽게 청중들이 계산을 하도록 만듭니다.

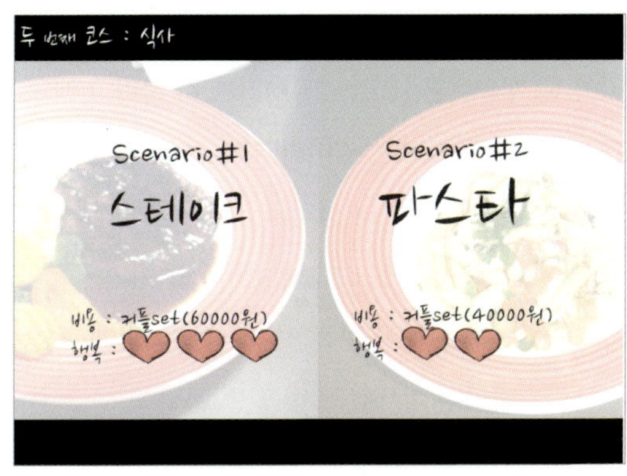

그리고 이제 두 번째 코스로 넘어갑니다.

여러분은 어디로 식사하러 가실건가요?

이 질문을 했을 때 청중들은 당황하겠지요, 어디를 가던 비용대비 행복은 똑같으니까요. 그렇지만 잘 생각해보면 파스타를 먹어야 한다고 깨닫게 됩니다.

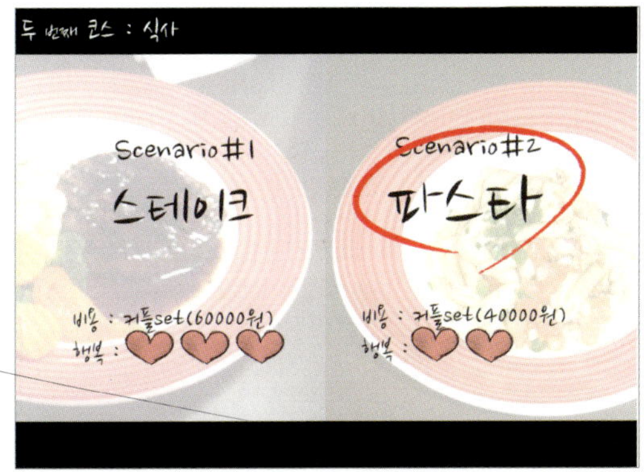

처음에 6만원이 들어있던 지갑!

그런데 첫 번째 코스에서 우리는 영화를 봤고

이제는 돈이 4만원뿐이죠. 그러니 당연히 파스타를 먹어야 합니다.

6만원인 스테이크를 먹기에는 2만원이 부족하니까요!

이 과정에서 청중들은 스스로 계산을 하는 과정을 거쳤습니다. 그리고 이러한 예들은 특별히 어려운 것이 아니라 평소에 자신이 생활하는 그 자체이죠. 이때에 정리를 하면서 얘기를 합니다.

우리는 우리가 가진 돈을 가지고 최대한 잘 쓰려고 하죠.

같은 금액의 돈을 내고는 더 재밌는 걸 하려고 해요.

그리고 같은 재미를 느끼는 일이라면 더 싼 걸 하면 되는 거죠.

여러분이 매일 고민하는 이 생각을 경제학에서 고민합니다.

행복과 비용을 비교해보면서 말이죠.

수학이 필요하다고 하지만 여러분이 무의식중에 했던 것,

그러한 계산을 할 줄 알면 됩니다.

수학을 잘 하면 유리하겠지만 수학이 경제학의 전부는 아닙니다.

이렇게 말한다면 청중들이 '아, 내가 평소에 하는 생각과 자연스럽게 하는 행동들이네?'라고 생각하면서 경제학이 어렵다는 선입견을 허무는 데에 도움이 될 겁니다. 스토리텔링을 통해 설명함으로써 자연스럽게 실생활과 밀접하고 어렵지도, 딱딱하지 않다는 걸 굳이 말로써 풀지 않아도 스스로 깨달을 수 있도록 하는 것이죠. 그렇지만, 만약 이런 슬라이드를 띄워놓고

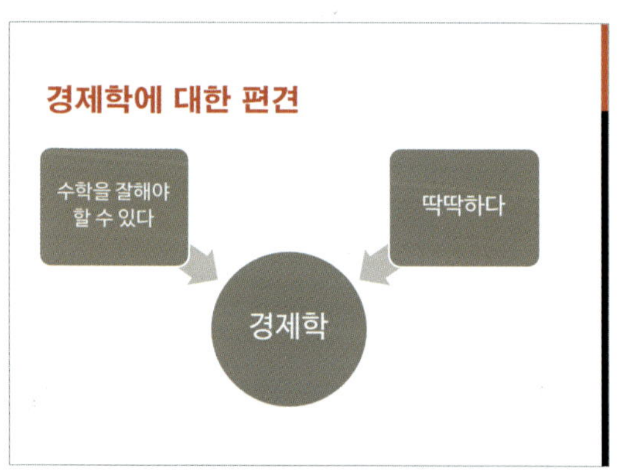

경제학에 대한 몇 가지 편견이 있는 데요,

수학을 잘해야 한다는 것과 딱딱하다는 겁니다.

그런데 사실 그렇지 않아요. 딱딱하지도 않고요,

수학을 잘해야만 할 수 있는 것도 아닙니다.

이렇게 발표를 한다면 와 닿지 않겠지요.

그럼 이제 마지막으로 PT를 마무리하면서 원 메시지인 '경제학과에 들어오세요.'를 강하게 전달해야합니다. 이 때에 자신의 말을 효과적으로 전달할 수 있는 카피가 필요합니다. '제왕'을 이용해 카피를 만들어 볼까요?

앞에서 말씀드린 것처럼, 경제는 국민의 행복을 위한 학문입니다.
그렇다면 누가 국민의 행복에 대해 고민할까요?
바로 왕이죠. 그래서 예부터 경제는 제왕의 학문이었습니다.

내년에는 여러분도 제왕이 되어보지 않으시겠습니까?

이렇게 발표가 마무리됩니다. 어떤가요? 단순한 정보의 나열이 아닌 데이트라는 하나의 컨셉을 잡고, 전체를 이야기로 만들어서 전달하면서 조금 더 전하고 싶은 내용들이 청중이 재미있고 공감을 하며 받아들이도록 만들 수 있죠?

두번째 방법인 **부분을 스토리화 하는 것**은 어떨까요? 앞의 예가 전체 설명할 내용을 하나의 컨셉을 통해서 묶었다면, 지금부터 소개해드릴 방법은 전체가 아닌 일부분을 스토리화 하는 방법입니다. 전체를 스토리화 할 수 있다면 좋겠지만, 전체를 하나로 묶을 수 있는 방법이 떠오르지 않을 때 유용하게 쓸 수 있는 방법이라고 했었죠. 부분을 스토리화 하는 방법은 여러 가지가 있는 데요. 대표적으로 처음과 마지막 부분을 스토리화하는 것과 자신이 전달하는 본문의 내용 중 일부분을 스토리화하는 것이 있습니다. 앞에서 소개한 중남미 여행기는 단순한 축제 소개가 아닌 여행기로 풀면서 앞부분과 마지막 부분을 스토리화하는 방법입니다.

지금부터 저의 중남미 여행기를 들려드릴게요.

— 축제 소개 —

지금까지 저의 중남미 여행기였습니다.

이런 형식으로 진행되는 것이죠. 이러한 형식에서 중요한 건 어릴 적 국어시간에 배웠던 **수미상관**입니다. 맨 앞과 뒤에서 같은 이야기를 풀면서 PT에 대한 통일감을 주고 기억도 오래 남게 하는 거죠.

그럼 이제 본문의 내용 중 일부분을 스토리화하는 방법인데요. 이러한 방법의 가장 쉬운 방법은 **비유**입니다. 비유의 방법은 흔히 광고에서 많이 볼 수 있죠. 오른쪽의 광고는 계단을 에베레스트 산으로 비유를 하면서 그냥 몇 개의 계단으로 보일지라도 누군가에게는 에베레스트 산처럼 오르기 힘들다는 내용을 전달합니다. "장애우들이 계단을 하나 오를 때에는 이 정도의 시간이 걸리고 이러한 계단 때문에 힘들어 하고 있습니다."라는 말이 아닌 에베레스트라는 비유를 통해서 자신이 전달하고 싶은 내용을 보다 명확하게 전달한 것이죠. 이렇게 자신이 말하고자 하는 부분 중 일부를 특정한 대상에 비유하면서 말한다면 청중들이 이해하기도 쉽고 더 명확하게 전달할 수 있습니다.

사진제공 : 이제석 광고 연구소

두 번째 방법으로는 앞서 제시했던 **일화제시**입니다. 자신이 전달하고자하는 내용을 잘 전달할 수 있는 일화를 제시하는 거죠. "낙태를 하지 마세요."를 전달하고자 합니다. 그리고 이 메시지 전달에 앞서 일화를 먼저 소개합니다.

여러분, 한 부부가 있었습니다.
남편은 매독에 걸렸고, 아내는 결핵에 걸렸지요.
이 부부에게는 4명의 아이가 있었는데요, 첫 째는 두 눈이 안보이고,
둘째는 몸이 약해 일찍 죽었죠.
그리고 셋째는 첫 째처럼 두 눈이 안 보일 뿐만 아니라
말도 할 수 없는 장애를 앓았습니다.
그리고 막내는 유전으로 인해 결핵에 걸렸지요.
그런데 아내는 다섯 째 아이를 임신하게 됐습니다.
여러분이 아내라면, 이 아이를 낳으시겠습니까? 아니면 낳지 않으시겠습니까?

아이를 낳지 않는 쪽을 선택하셨다면,
여러분은 방금 전, 전 세계의 역사를 바꾸신 겁니다.
다섯 째 아이는 베토벤이었거든요.

이렇게 아이를 지우지 않고 낳았던 베토벤 어머니의 선택을 말하면서 "낙태를 하지 마세요."라는 메시지를 전달합니다. 이렇게 한다면 직접적으로 자신의 메시지를 말하는 것보다 훨씬 효과적으로 전달할 수 있겠죠. 또는 자신의 경험을 말하는 방법도 있습니다. 이도 일화제시의 일종이지요. "내가 경험을 해봤는데 이렇더라."라고 말하면서 청중들에게 생생하고 진정성 있게 PT를 전달할 수 있습니다. 정리해 볼까요?

부분을 스토리화하기
1. 처음과 마지막 부분을 스토리화하기 : 수미상관
2. 본문을 스토리화하기 : 비유, 일화제시

5) 스토리를 만들 때 주의해야 할 4가지

●첫 번째, 스토리는 원 메시지에서 출발해야 합니다.

스토리텔링은 앞서 말한 것처럼 원 메시지를 청중들에게 보다 각인시킬 수 있는 역할을 해줍니다. 그런데 스토리가 이러한 역할을 할 수 있는 이유는 스토리가 메시지를 강화하는 방향으로 흘러가기 때문입니다. 그러니 우리는 전달하고 싶은 메시지에서 출발해서 어떤 이야기가 나의 메시지를 잘 전달할 수 있을지 생각해야하는 거죠. 원 메시지에서 출발하지 않고, 단순히 전달하고자 하는 내용을 하나로 묶어주는 것에만 초점을 맞춘다면 메시지를 모호하게 만들 수도 있습니다. 여러 가지 내용이 하나의 이야기로 묶여 있지만, 이야기의 내용과 내가 전하려는 메시지와 달라서 무슨 말을 하고 싶은지 명확해지지 못하는 것이죠. 그러니 스토리를 만들 때는 자신이 전달하고 싶은 메시지가 뭔지 그것부터 명확히 하고, 그 메시지를 잘 담은 이야기가 뭔지 생각하는 게 중요합니다!

●두 번째, 3P를 잊지 마세요.

스토리를 만들 때에도 3P는 당.연.히 중요합니다. 누구에게 어디서 무슨 목적으로 말하는지가 어떠한 스토리를 만들지 결정하기 때문이죠. 초등학생들을 대상으로 하는 PT에서 어려운 단어를 열거하고 "이건 이번에 노벨상을 받은 정말 대단한 학설이다."라고 아무리 말해봤자, 그들은 지루해할 뿐이지요. 스토리는 자신이 전하고자 하는 내용을 효율적으로 전달하는 방법입니다. 내용을 선정할 때 3P를 고려하는 것처럼 말하는 방법을 정할 때에도 3P를 고려해서 한다는 것! 잊지 마세요~

●세 번째, 독창성, 새로운 것에 너무 빠지지 말아야 합니다.

청중들이 이전에 알지 못했던 새로운 이야기, 독창적인 이야기는 참 좋습니다. 누구나 말하는 것이 아니라 자신만이 할 수 있는 이야기는 참 좋죠. 그래서 같은 상황도 다르게 바라보는 눈을 기르기 위한 노력은 바람직합니다. 그렇지만 자칫 '독창성'이라는 것에 너무 빠져서 많은 시간을 허비하지 마세요. 어디서도 들어보지 못한 이야기를 만들어 내기 위해서 말이죠. 어디서도 한 번도 듣지 못한 신선한 이야기는 사실 생각해내기도 어렵지만, 청중들이 공감하기에 어려울 수도 있기 때문이죠. 그러니 새롭고 신선한 이야기를 만들기 위해서 고민하기보다는 자신이 전달하고 싶은 메시지에 알맞은 이야기를 생각하는 것이 보다 좋습니다!

●네 번째, 논리를 버리지 마세요.

앞서 말씀드린 것처럼 설득을 하는 데에는 감성을 자극해서 마음을 움직이는 것이 좋습니다. 그렇지만 논리가 없이는 아무리 감성을 자극해도 마음이 움직여지지는 않습니다. 감성을 자극하는 것 또한 논리가 바탕이 되어야 한다는 거지요. 영화를 보고 있다고 해볼까요? 영화 속에는 행복한 아이와 그의 아버지가 등장합니다. 영화 내내 그들은 단란하고 행복한 시간을 보내죠. 그런데 갑자기 아버지가 그 아이를 고아원에 맡깁니다. 그리고 슬픈 표정을 짓습니다. 이 장면을 끝으로 영화가 끝났습니다. 그러면 무슨 생각이 들까요? '이건 무슨 뜬금없는 전개야?'라고 생각하겠죠. 충분히 등장인물들의 상황이 설명되어 있지 않고 극이 전개가 되어 인물의 행동에 공감하지 못하게 되는 거죠. 이렇게 스토리가 있다고 하더라도 그 스토리에서 충분한 논리가 빠졌다면 이야기를 듣는 사람은 혼란에 빠지게 됩니다. 그런데 만약 부모의 사업이 망했고, 빚쟁이에 계속해서 쫓겨야 되는 상황이 그려졌다면 어떨까요? 아니면 범죄를 저지르게 됐고, 이게 드러나면 자신의 아이가 범죄자의 아이로 평생 살게 될까봐, 혹은 감옥에 가게 되어 자신이 기르지 못하기 때문이라면 어떨까요? 그렇다면 당신은 아버지의 행동을 이해하게 되겠지요. 이처럼 청중을 이해시키고 공감할 수 있게 만들려면 논리가 중요합니다. 그리고 앞의 내용과 뒤의 내용을 논리적으로 연결되게 만드는 것, 이것을 **연결고리**라고 합니다. 여기서는 아버지와 아이가 행복하게 지내는 이야기, 그리고 아버지가 아이를 고아원에 보내야하는 이야기가 피치 못할 상황이라는 연결고리로 이어져야겠죠! 만약 연결고리가 제대로 설정되지 않는다면, 스토리에 논리구조가 사라지고 당신의 PT는 '자신만이 이해하고 공감할 수 있는 혼자만의 이야기'가 된다는 걸 잊지 마세요.

이제 스토리텔링에 대해 다시 한 번 정리해보는 시간을 가져 봅시다! 먼저, 스토리는 인물과 사건이 나오는 이야기이다? 아니죠. 여기서 스토리는 **나의 메시지를 담아서 여러 정보를 나의 말로 풀어낸 것'**입니다. 그리고 이 스토리는 청중에게 **웃음, 감동, 반전**을 선사하죠. 그리고 PT를 스토리텔링으로 전달하는 방법은 두 가지로 **전체를 또는 부분을 스토리화** 하는 것이었죠. 전체를 스토리화 하는 것이 더 좋은 선택이었고요. 그리고 스토리화 하는 과정에서 주의할 4가지! 3P에서 출발하기, 원 메시지를 잊지 말기, 독창성에 너무 빠지지 말기, 논리(연결고리)를 잊지 말기가 있었습니다. 그리고 이렇게 스토리텔링을 하면서 우리는 **청중들의 기억에 남는, 나만 할 수 있는, 그리고 청중들의 마음을 움직이는,** 재미있는 PT를 할 수 있죠! 이제 스토리텔링에 대해서 아시겠죠? 이제부터는 여러분도 스토리텔링을 통해서 PT를 기획해보세요!

프레젠테이션은 기획, 디자인, 발표로 이루어집니다. 지금까지는 기획에 대한 이야기를 했고요. 프레젠테이션이 하나의 고백이라면 기획은 전략 짜기! '당신을 사랑합니다.'라는 원 메시지(what to say)를 정하고 어떻게 전달할 것(how to say)인지를 고민하는 단계입니다. 잘라내기와 연결하기의 과정이라고 했지요. 그를 위해서는 먼저 3P 분석을 해야 합니다. 내가 고백할 장소, 내 고백을 들어줄 청중, 내 고백의 목적이 무엇인지에 대해 파악한 후 그에 맞는 원 메시지를 정합니다. 그리고 그 원 메시지를 효과적으로 전달할 수 있는 스토리라인을 만들지요. 내 고백을 어떻게 하면 더 진실 되게 잘 전달할 수 있을까를 고민하는 것, 그 방법 중 하나로 스토리텔링에 대한 이야기까지 했습니다.

자, 여기까지가 기획의 끝이냐? 아직이요. 딱 하나 남았어요! how to say의 연장선이라 볼 수 있는데요. 바로 내 이야기를 효과적으로 보여줄 시.각.자.료에 대한 고민하기. PT라고 해서 무조건 PPT를 써야 한다? 아니죠! 자신의 PT 목적에 따라 활용하는 툴도 달라질 수 있습니다. 일반적으로 PPT와 프레지, 혹은 키노트가 쓰이고 뒤에서는 그 중 가장 많이 쓰이는 파워포인트에 대한 내용이 여러분을 기다리고 있습니다. 툴을 PPT로 정했다면? 아직, 컴퓨터를 켜지 말아요. 스토리보드를 먼저 그려봅시다. 앞 파트에서 잠깐 언급이 됐었지요? 스토리보드는 PT를 어떻게 시각화 할 것인지를 먼저 스케치하는 것입니다. 주로 팀플 시 팀원들과 편리하게 공유하기 위해 쓰이지요.

No. 슬라이드 번호	Message. 이 슬라이드에서 말할 내용! 원 슬라이드 원 메시지!	
Slide. 슬라이드 디자인 그.림.을. 그려요!	**Animation.** 애니메이션은? 닦아빼기? 아니면, 나타내기로?	
	Audio. 효과음이나 BGM이 필요한가?	
Data. 들어가야 할 자료! 예를 들면, 통계청 2013년 000 그래프!	**Video.** 동영상을 활용한다면?	

여기서 중요한 것은! '원 슬라이드 원 메시지'입니다. 즉, 하나의 슬라이드 안에는 하나의 메시지가 들어가야 한다는 것입니다. 기획에서 말씀드렸던 '원 메시지'가 전체 PT에서 말하고자 하는 바라면, '원 슬라이드 원 메시지'의 '원 메시지'는 하나의 슬라이드에서 말하고자 하는 것! 헷갈리지 않겠지요? 특히 팀플을 할 때 팀원 모두가 스토리보드까지 공유하고 각자 작업한다면 다른 친구가 밤새 만든 걸 내 것과 어울리지 않아 또 다시 밤새 고치는 불상사는 일어나지 않을 거예요. (사실, 팀플이란 게 낯설었을 때 이런 말도 안 되는 속칭 '노가다'를 참 많이 했었더랬지요……. 그.러.나! 이제 그런 바보 같은 일은 만들지 않아요.) 저는 팀원이 나눠서 슬라이드를 제작하기로 한 경우 A4 한 장당 한 슬라이드의 스토리보드를 함께 만듭니다. 앞에 예시로 나온 스토리보드에 폰트까지 써놓는 게 제가 자주 쓰는 스토리보드 양식이에요. 혼자 만드는 경우에는 종이에 작업하지 않고 바로 각 슬라이드에 텍스트로만 스토리보드를 만들어놓고 디자인을 합니다. 몇 번 하다 보니 들어갈 자료나 이미지는 머릿속에 그려지더라고요. 물론 처음에는 혼자 만들 때도 종이에 작업을 했었어요. 툴이 조금씩 익숙해지니까 슬라이드를 바로 스토리보드로 활용해도 어렵지 않더라고요. 사실 저, 엄.청.난 기계치거든요. 헤헤. 제가 했으니까 여러분은 분명 훨씬 빨리 하실 수 있을 거예요. 여러 방식으로 시도해보고 내가 편한 방법을 찾는 것! 단, PT를 한다고 해서 무작정 컴퓨터부터 켜는 일은, 이제 하지 않으실 거죠? 사랑은 연필로 쓰세요~♬ 잊지 마세요.

chapter 2

디자인, 그 사람만을 위한 선물을 준비해요.

동동이가 말하는 프리젠테이션 디자인

안녕하세요! 이렇게 만나게 되어 반갑습니다. 지금까지 우리는 기획이라는 '고백을 하는 전략'을 세우는 방법에 대해 배워보았습니다. 그렇다면 고백하는 전략을 세운 후 우리는 무엇을 해야 할까요? 그 사람에게 잘 보이기 위한 무엇인가를 준비해야 되겠죠. 앞에서 우리가 '당신을 사랑합니다' 라는 진심 어린 이야기를 준비했다면 이번에는 저 동동이가 그 진심 어린 고백을 도와줄 '디자인'에 대해서 이야기해드리겠습니다. 용기 내어 '너를 좋아해. 나와 사귀어줘.' 라고 고백하고자 하는 당신. 이 때, 센스 있는 사람이라면? 그냥 몸만 가지 않겠죠? 센스 있는 사람은 그 사람의 마음을 사로잡을 수 있는 무언가를 준비합니다. 나의 진심을 잘 보여줄 수 있는 선물, 그 선물을 이쁘고 보기 좋게 포장하는 방법, 그것이 프레젠테이션에 있어서 디자인이라는 것입니다.

그럼 지금부터 저와 함께 PPT라는 선물을 이쁘게 포장하는 법, 자신의 진심 어린 메시지를 효과적으로 보이게 하는 법, 즉 디자인에 대해 배워보고자 합니다. 그럼 모두들 준비되셨나요? 준비가 다 되셨다면 지금부터 출발하겠습니다. 출바알~

좋아하는 사람에게 장미꽃을 선물해 준다고 가정했을 때 장미꽃을 그대로의 모습으로 주는 것보다는 더 아름답게 보일 수 있도록 포장을 하는 것이 더 고백하는 데 있어서 자신의 진심을 극적으로 전달할 수가 있다.

선물을 이쁘게 포장하는 도구로 가장 보편적으로 사용되는 것이 바로 MS社의 파워포인트입니다. 학교에서 과제를 발표하기 위해 혹은 기업에서 중요한 프로젝트를 보고하기 위해 모두들 한번은 사용을 해보셨으리라 생각되는데요. 우리가 많이 사용하는 이 파워포인트는 1990년대 윈도우용으로 처음 도입되었으며 이후 파워포인트 2007, 파워포인트 2010, 파워포인트 2012 등 업데이트 버전이 주기적으로 출시되고 있습니다. 여러 가지의 파워포인트 버전 중 저희가 함께 사용할 것은 현재 기업에서 그리고 학교에서 가장 많이 쓰이고 있는 파워포인트 2010 버전입니다. 그럼 지금부터 우리가 선물을 준비하기 위한 그 첫 번째 단계, 파워포인트 2010에 대해서 알아보도록 하겠습니다. 많은 분들께서 이미 사용해 보신 툴이기 때문에 기초적인 사용법에 대해서는 다들 잘 알고 계시리라 생각됩니다. 그렇기에 이번 장에서는 파워포인트의 매뉴얼 구성 등과 같은 기본적인 이야기는 하지 않겠습니다. 그 대신! PPT를 제작하는 단계에서 발생하는 고민들과 그런 고민들을 해결하는 유피맨만의 핵심적인 노하우들을 위주로 알려드리겠습니다.

우리는 학교에서 과제로 PPT를 제작해야하는 수많은 난관에 부딪힙니다. 하지만 그렇게 많이 PPT를 제작해봤건만 매번 파워포인트를 켜면 막막해지기 시작합니다. 그래서 우리가 할 수 있는 최선의 방법. 바로 인터넷에 돌아다니는 좋은 템플릿을 찾기! 하지만 앞에서도 살펴보았듯이 저희는 템블릿을 사용하는 것을 추천하지는 않습니다. 이유는 앞에서 상세히 설명했죠?

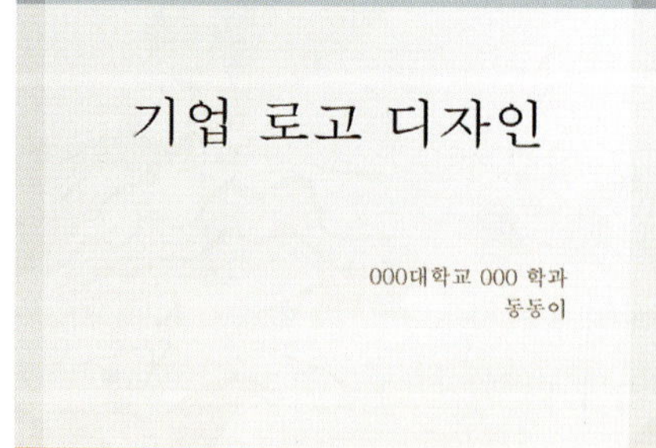

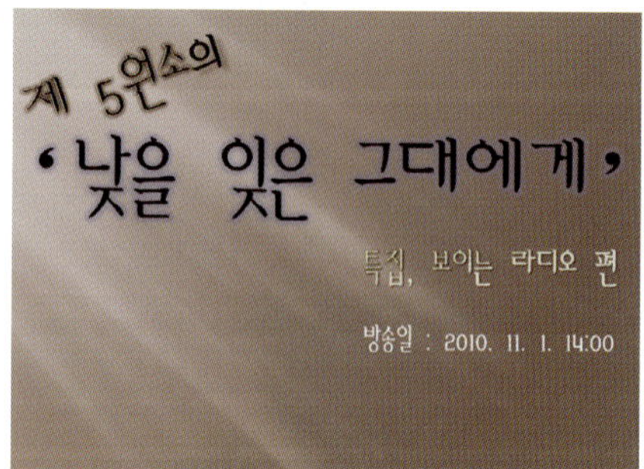

템블릿을 사용하여 제작된 전형적인 PPT. 주제와 어울리지도 않고 딱히 시각적인 특징도 보여지지 않는다.

유피맨의 조언을 들은 우리들은 직접 PPT를 제작해보고자 용감하게 파워포인트를 켭니다. 그런데! 막상 직접 PPT를 만들려고 시도를 했지만 그것이 쉽지 않습니다. 일단 채워야하는 컨텐츠는 모두 정해진 상태인데 이것을 어떻게 배치야 하는 것인지, 또 어떤 색을 써야 할지, 도무지 손이 움직이지 않습니다.

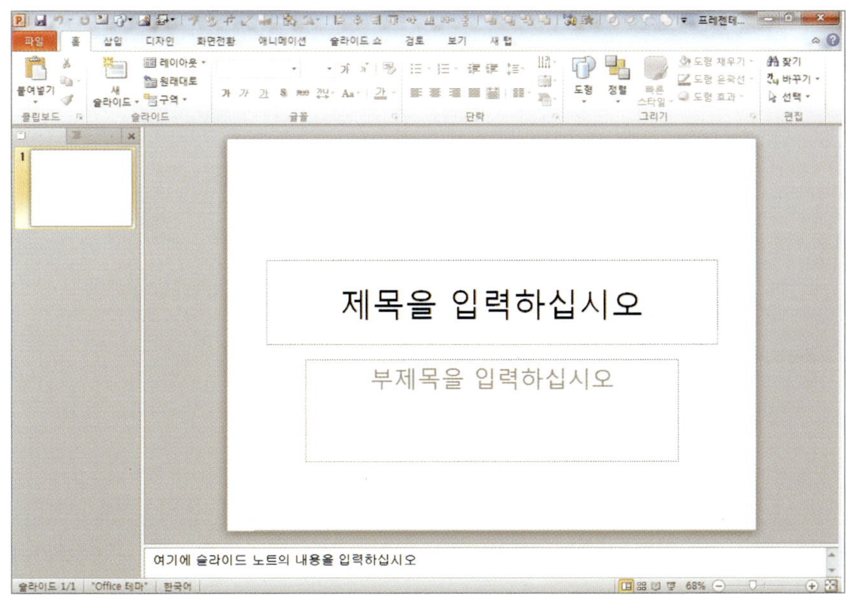

무엇을 채워 넣어야하는가! 이 화면에서부터 우리들의 멘붕이 시작된다.

일단 무엇이라도 채워 넣어야 되기에 가장 중요한 타이틀과 자신의 소속과 이름을 강의실 맨 뒤에 앉아 있는 사람까지 잘 보이도록 크게 적어 넣습니다. 그후 목차와 자신이 발표할 내용을 하나하나 적어갑니다. 내용을 하나하나 적어가는 순간 수많은 고민에 휩싸입니다.

폰트는 어떤 것을 쓰지? 이런 배치가 좋은가?
아냐. 아까 했던 배치가 더 좋았던 것 같아.
한 페이지에 내용은 어느 정도가 들어가야 하는 거야? 색은 무엇을 쓰지?
왜 내가하면 맨날 색이 촌스러운거야!

이런 고민 끝에 마침내 우리들의 PPT가 완성됩니다.

완성된 PPT의 모습

다음날 아침, 우리는 완성된 PPT를 가지고 당당히 단상에 올라 준비한 PT를 마치고 내려옵니다. 분명 모든 것이 끝났지만 PPT 디자인에 있어서 무엇인가 2% 부족한 느낌을 지울 수 없습니다. 다음에는 꼭 더 나은 PPT를 선보이리라 다짐하지만 이런 다짐이 무색하게 PPT를 제작할 때마다 똑같은 고민을 반복합니다. 혹시 모두 이런 경험 한번쯤 있으시진 않으신가요? 흔히 PPT를 제작할 때 빠지는 고민들입니다.

내용 배치를 어떻게 해야 하는가? 폰트 혹은 이미지는 어떻게 넣어야 하는가? 무슨 색을 써야하는가?

이렇게 3가지의 고민들이 있죠. 이러한 고민들은 크게 레이아웃과 색 그리고 이미지에 대한 고민이라고 할 수 있습니다. 이 말인 즉, PPT 제작에 있어서 레이아웃과 색에 대한 기본적인 튜토리얼이 있다면 앞으로는 PPT 제작에 있어서 늘 하던 고민을 하지 않고 빠르게 PPT를 제작할 수 있다는 것이죠!

1) 내용 배치를 어떻게 해야 하는가?

PPT를 제작할 때 가장 먼저 드는 고민이 아닐까 싶습니다. 넣어야 할 내용은 많은데 슬라이드는 한정적이고, 자신이 말하고자 하는 내용을 어떤 배치로 PPT에 담을 것인지 막막합니다. 이런 배치에 대한 고민을 느낄 때 한번 저희가 제안하는 배치표를 사용해 보시는 것은 어떠신가요? PPT에 적용하면 매우 효과적이고 보편적으로 사용할 수 있는 6종류의 배치표를 소개하겠습니다. 이를 이용한다면 훨씬 수월하게 PPT를 제작하실 수 있을 것입니다.

●타이틀에 사용하기 좋은 배치도

PPT슬리이드 첫 번째에 많이 쓰이는 발표주제와 자신에 대한 소개에 대한 이야기를 할 때 많이 사용할 수 있는 배치도입니다. 자신의 주제와 부합되는 이미지와 텍스트를 정가운데 배치하는 기본적인 배치도입니다.

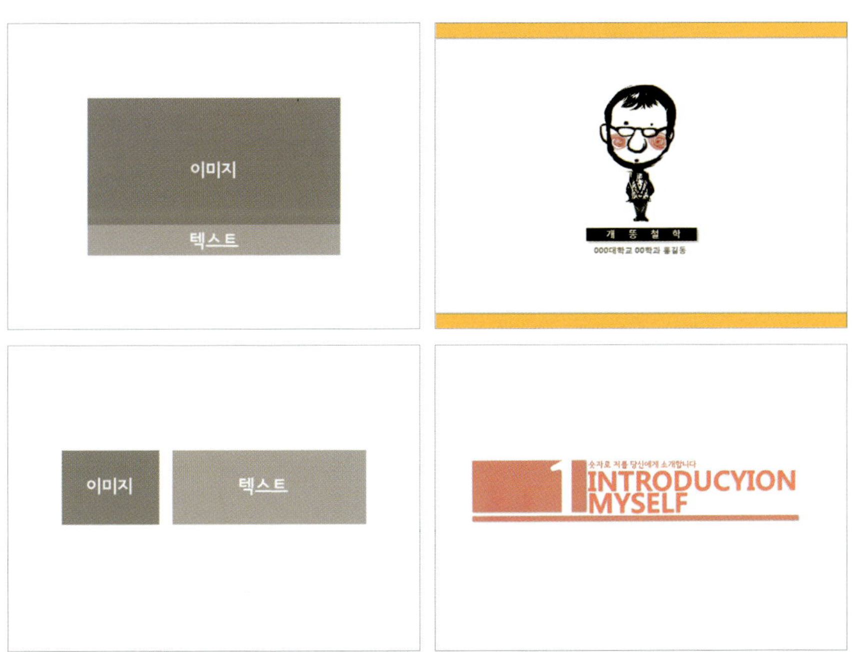

마찬가지로 첫 슬라이드에 많이 사용되는 배치도입니다. 이미지를 텍스트 왼쪽 또는 오른편에 배치하는 방법으로 주로 사용되지만 중심점을 어느 곳으로 잡느냐에 따라 다양한 연출이 가능합니다.

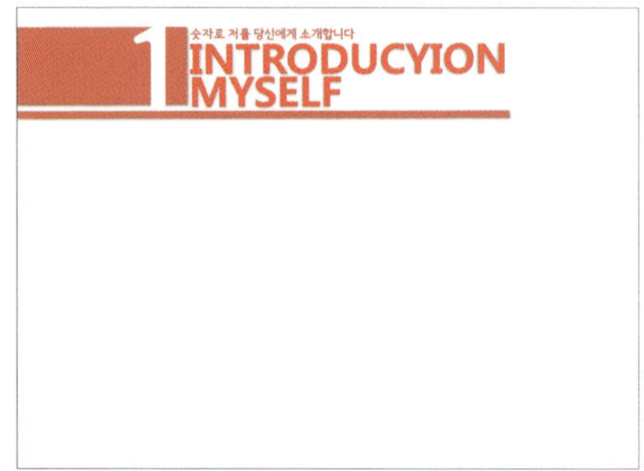

중심이 상단인 경우

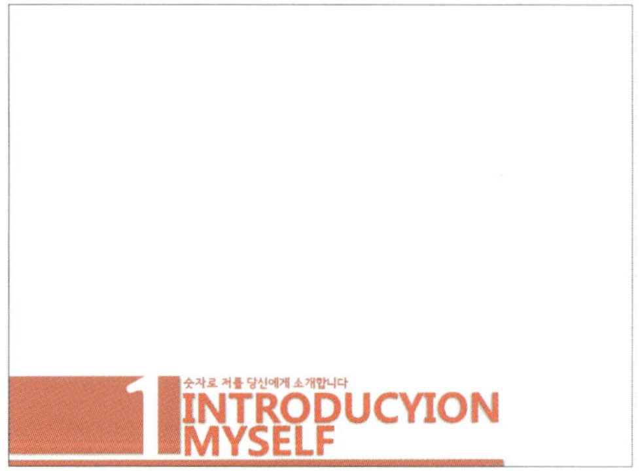

중심이 하단인 경우

중심이 기울어진 경우

● **본문에 사용하기 좋은 배치도**

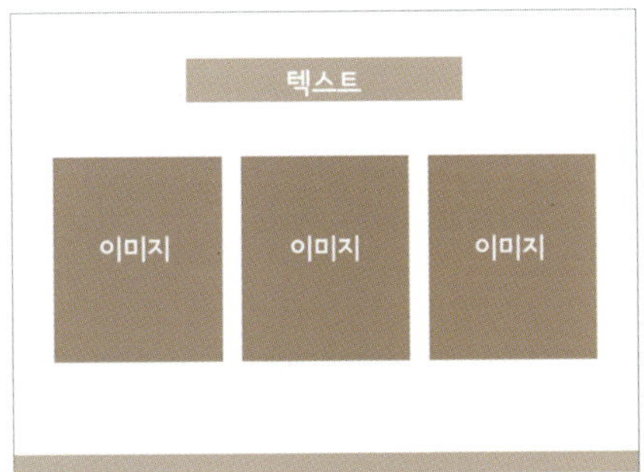

이미지를 많이 사용해야하는 슬라이드에 사용하면 좋은 배치도입니다. 꼭 이미지가 3장에 국한되는 것은 아닙니다만 배치시 이미지가 같은 비율로 들어가는 것을 추천합니다.

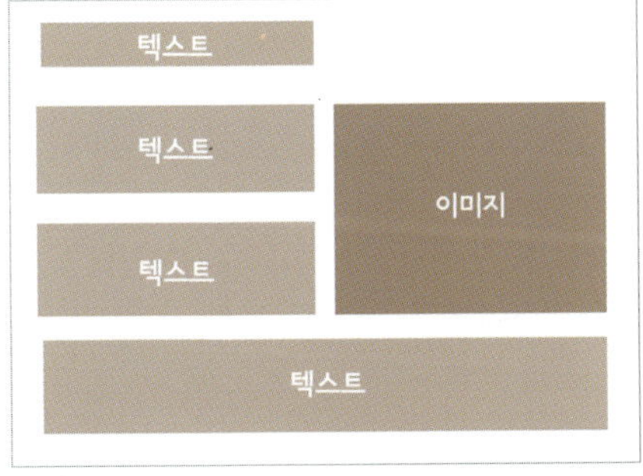

메인 이미지 1장과 많은 텍스트가 들어가는 배치도입니다. 상황에 따라서 이미지가 오른편에 들어가도 무관합니다.

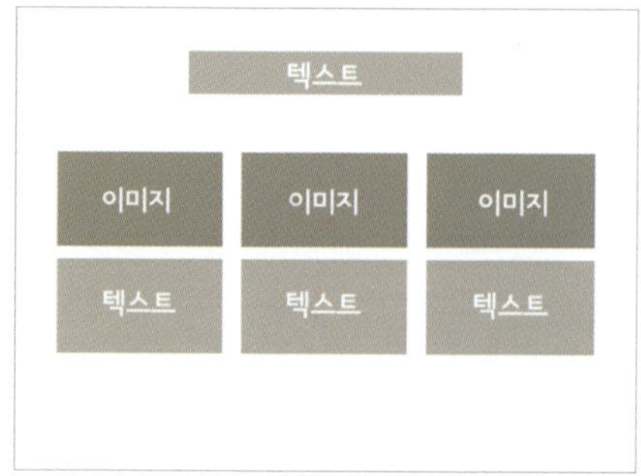

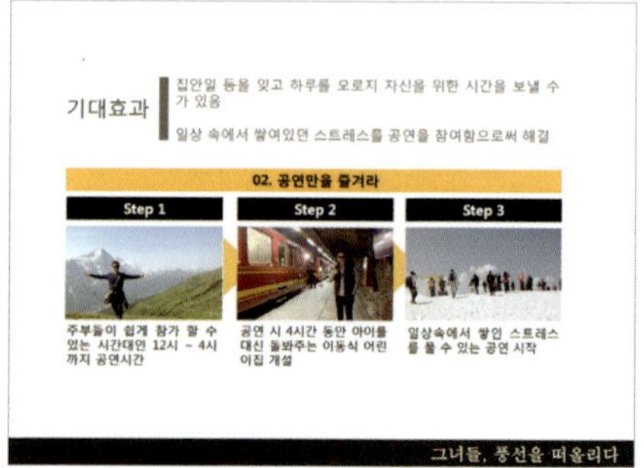

많은 이미지와 많은 텍스트들이 들어가는 배치도입니다.

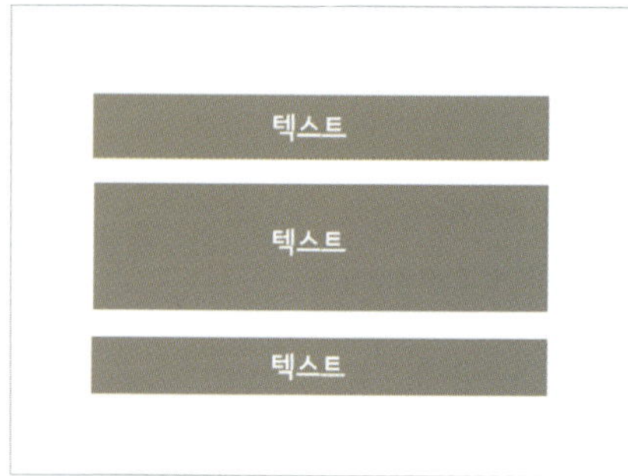

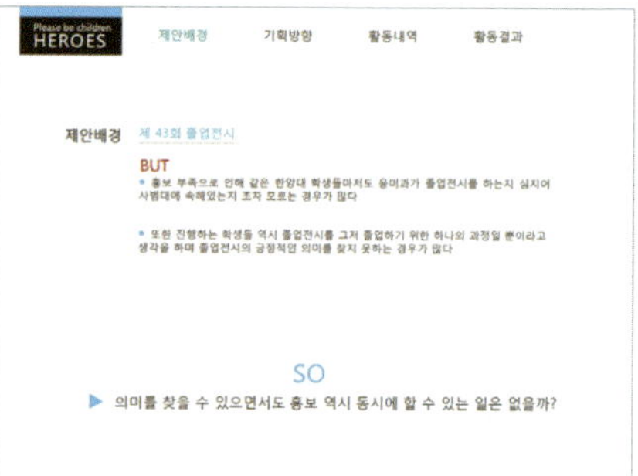

텍스트로만 이루어진 슬라이드입니다. 텍스트만 들어 갈 때는 텍스트들을 몇 개의 군집으로 엮어서 배치하는 것이 매우 효과적입니다.

이렇게 제시된 6가지의 배치표. 이를 어떻게 사용하는지 한번 예시를 살펴보도록 하겠습니다. 앞서 완성된 PPT를 보시면 어떤 느낌이 드시나요? 뭔가 정리되지 않은 느낌이죠? 한 눈에 배치가 들쑥날쑥 엉망인 것이 확인됩니다. 이렇게 정리되지 않은 PPT, 여기에 한번 우리가 배운 배치표를 적용해보겠습니다.

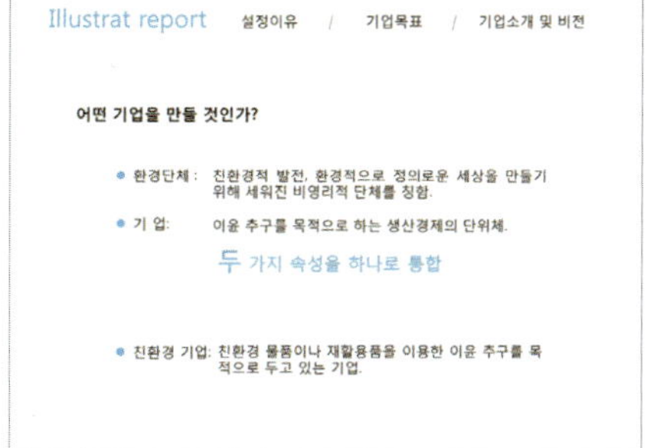

어떤가요? 조금은 더 깔끔하게 정리된 것을 확인 할 수 있으신가요? 이처럼 여러분들도 앞으로 PPT를 제작할 때 저희가 알려드린 6가지의 배치도를 한번 사용해보세요! PPT 제작이 전보다는 수월하고 더 빠르게 제작되는 것을 느낄 수 있을 것입니다.

2) 폰트는 어떻게 사용해야 하는가?

PPT를 제작할 때 드는 두번째 고민. 바로 폰트에 관한 고민입니다. PPT를 제작하기도 전에 '어떤 이쁜 폰트를 사용할까?' 고민을 하다가 폰트 찾는데 시간을 소모하는 경우가 많습니다. 이런 시간 소모는 그만! 지금부터 기본 폰트만을 이용하여 PPT를 이쁘게 만드는 법을 알려드리겠습니다. 이름하여 폰트로 FUN하게 장난치는 법!

●폰트 간격을 조절하여 배치하는 법

아주 간단한 방법으로 최대한의 효과를 얻을 수 있는 방법입니다. 바로 [홈] - [단락]부분에 있는 [균등분할과 줄간격] 기능만을 이용하는 것입니다.

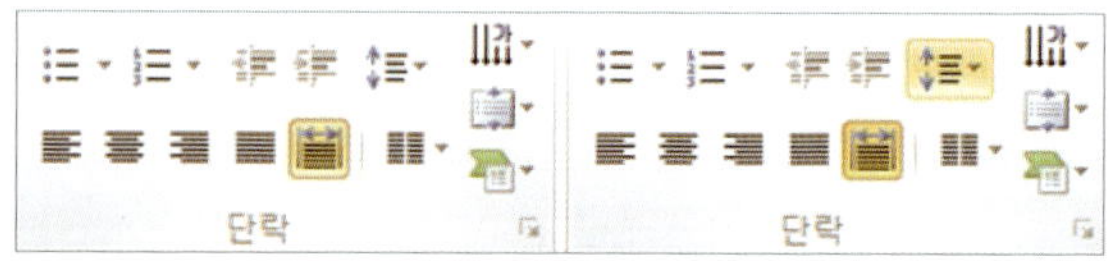

1 가장 먼저 텍스트 박스를 만들고 가장 기본적인 폰트인 '맑은 고딕'체로 글씨를 입력합니다. 이때 띄어쓰기는 하지 마시고 줄 바꿀 부분에만 엔터를 칩니다.

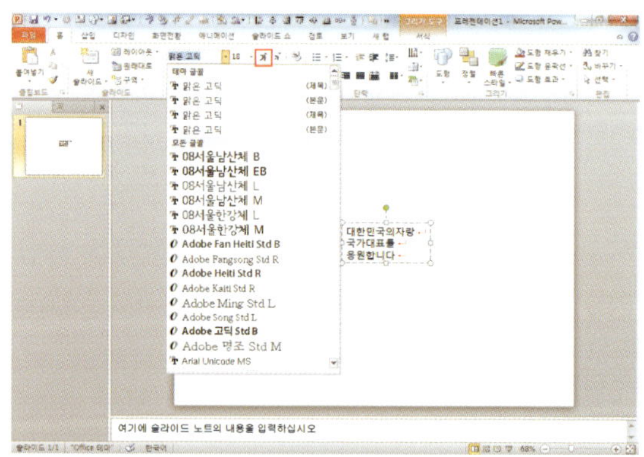

2 텍스트 박스를 잡고 적당한 크기로 늘려주세요. 그리고 [홈] – [단락]부분에 있는 [균등분할]을 클릭해주세요.

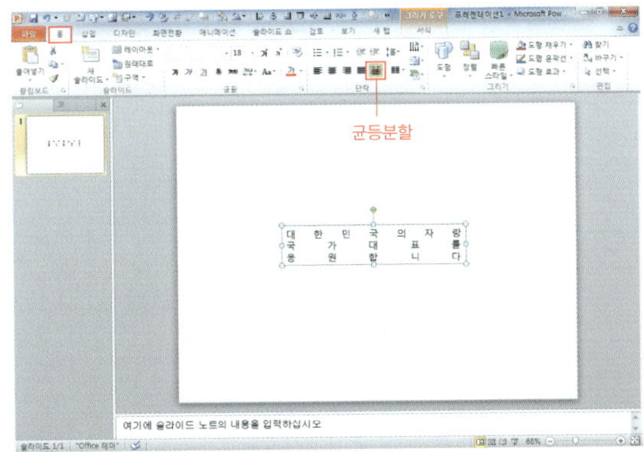

3 텍스트 박스를 클릭한 후 [홈] – [단락] – [줄 간격]에서 [1.5]를 클릭해준 후 '국가대표를'을 선택하고 [홈] – [글꼴]의 [굵게]를 클릭해주세요.

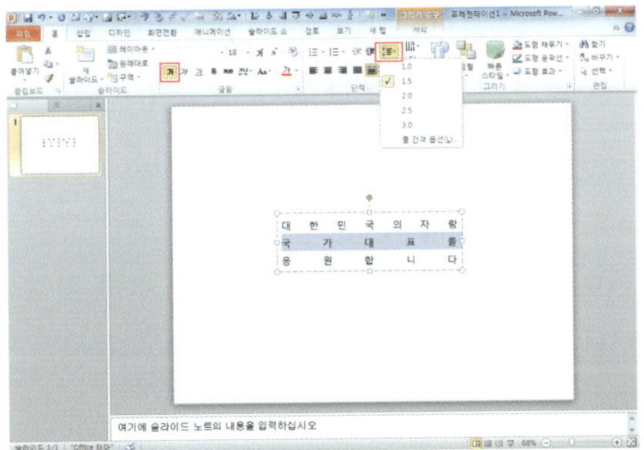

4 '대한민국의자랑'을 선택하고 [홈] – [글꼴]에서 폰트 크기를 [12]로 설정해주세요.

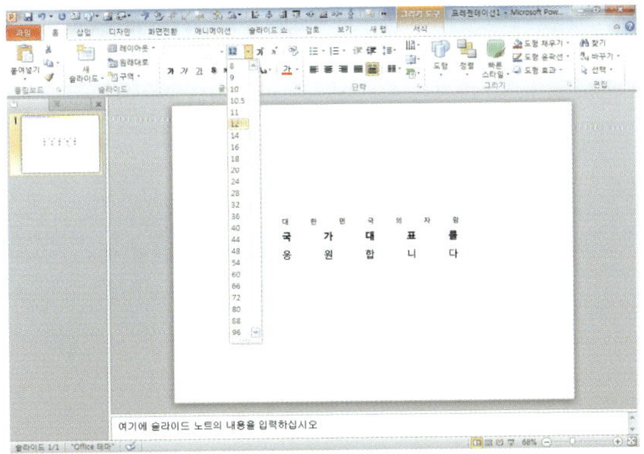

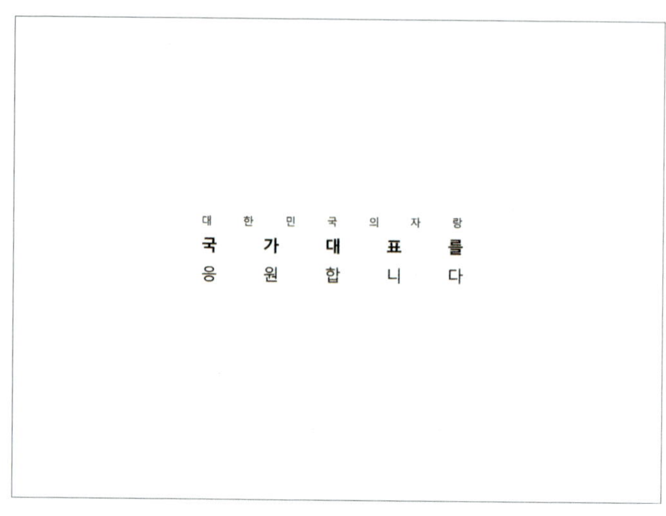

짠~ 완성본입니다. 어떤가요? 단순히 줄간격만을 이용해서 이렇게 깔끔한 폰트 배열이 완성되었습니다.

●폰트에 그림자 사용하기

폰트로 FUN하게 장난치는 법, 그 두 번째, 폰트에 그림자를 사용하는 방법입니다. 이 방법 역시 매우 간단하면서 효과적인 방법인데요. 하나하나 자세히 알려드리겠습니다.

1 가장 기본적인 폰트인 맑은 고딕체로 글씨를 각각 따로 한글 자씩 입력한 후 [홈] – [글꼴] – [굵게]를 눌러주세요.

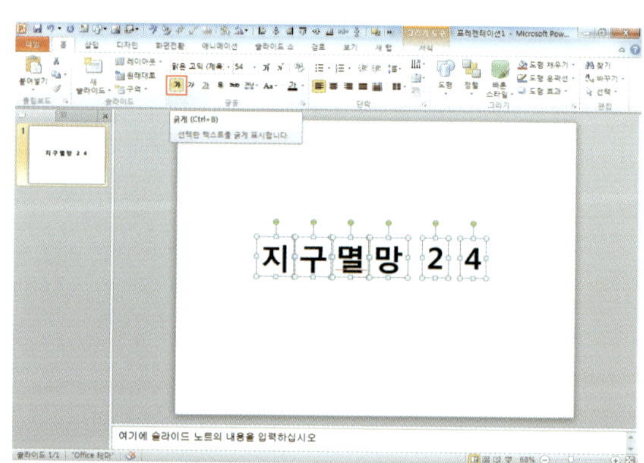

2 지' '구' '멸' '망' '2' '4' 6개의 글자를 모두 선택한 후, [서식] – [Wordart 스타일] – [텍스트 효과 서식]을 클릭해주세요. 그리고 [텍스트 효과서식]의 [그림자]를 클릭해주세요.

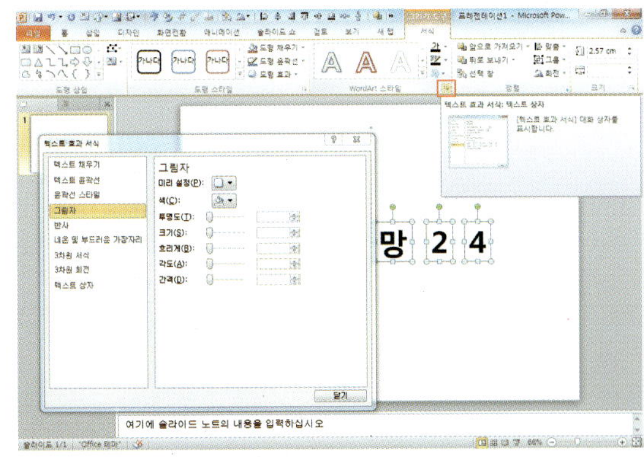

3 [그림자] – [미리설정] – [오프셋 대각선 오른쪽 아래]를 클릭해주세요.

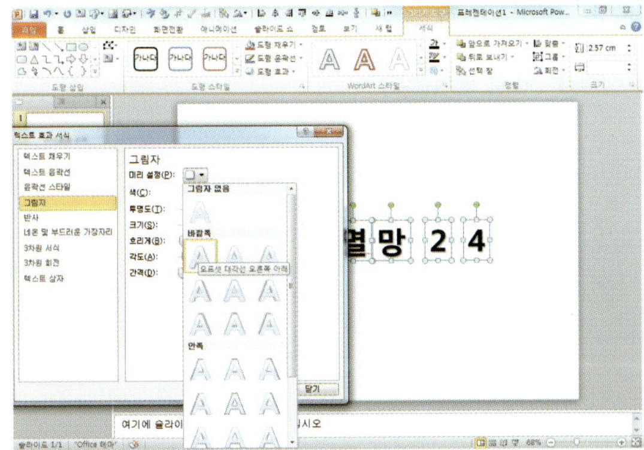

4 [홈] – [글꼴]로 들어가 글자를 흰색으로 바꿔주세요.

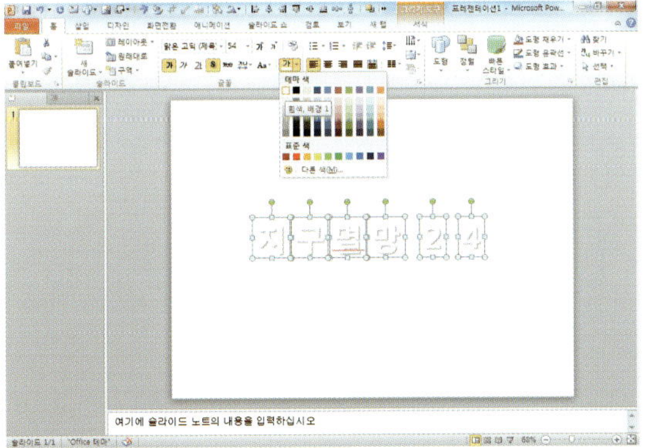

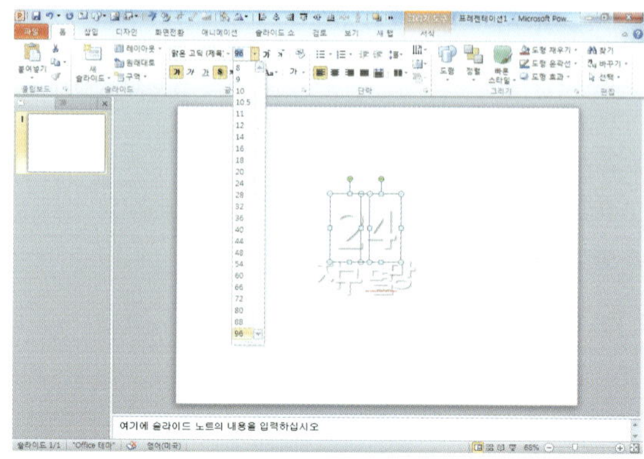

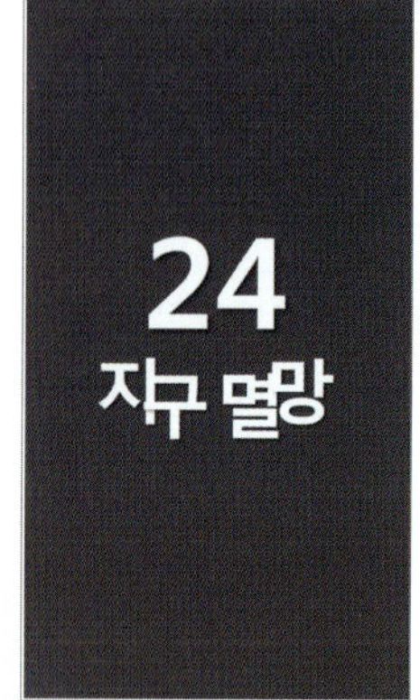

완성본과 함께 응용된 모습입니다. 이렇게 폰트에 그림자를 넣기만 해도 폰트가 달라보인다는 사실! 어때요? 괜찮았나요? 이제 여러분들도 그림자를 이용하여 여러가지 시도를 해보셔서 자신만의 FUN한 폰트를 만들어 보시는 것 어떤가요? 그럼 지금 바로 GOGO!

●폰트에 효과를 주다

폰트로 FUN하게 장난치는 법, 마지막, 폰트에 다양한 효과를 사용하는 방법입니다. 파워포인트 2010에서 폰트에 줄 수 있는 효과는 정말로 다양한데요. 그 여러 가지 방법 중 한 가지를 상세히 소개해드리겠습니다.

1 가장 먼저 [삽입] – [도형]에서 사각형은 만들어 준 후, 기울기를 조절하여 사각형을 약간 기울여 주세요.

2 역시 마찬가지로 기본 글꼴체인 '맑은고딕'을 사용하여 다음과 같이 '폰트에 다양한 효과를 넣어'와 '멋잇게 배치해 보겠습니다'

각각 적어 넣은 후 글자에 [굵기]를 적용시켜 주세요.

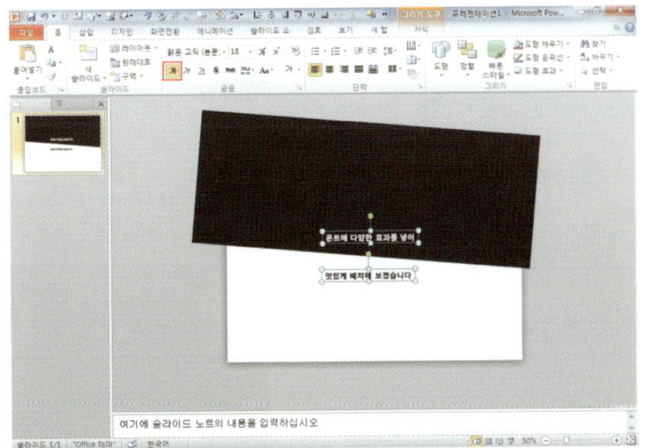

3 [서식] – [텍스트 효과] – [변환]으로 들어가 '폰트에 다양한 효과를 넣어'에는 [왼쪽 줄이기]를 '멋있게 배치해 보겠습니다'에는 [오른쪽 줄이기] 효과를 넣어주세요.

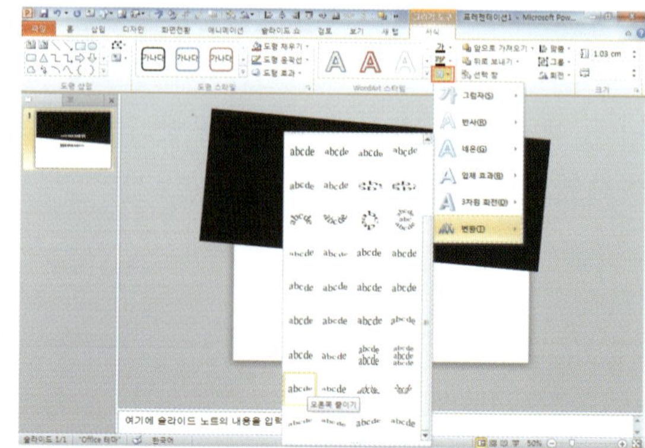

4 [텍스트 박스]의 분홍색 꼭지점으로 폰트의 [기울기 효과]를 조절해 주세요.

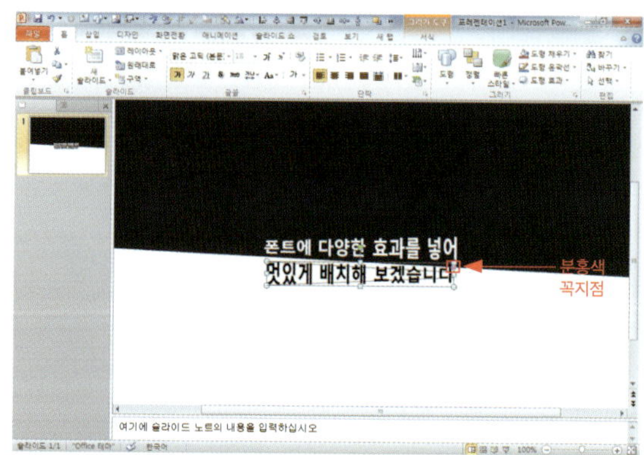

마지막으로 앞에서 배웠던 그림자 넣기를 해준 완성본!

차~암 쉽죠잉~ 폰트에 주는 효과는 기울기 이외에도 정말 다양한 효과가 존재합니다. 아래의 그림은 그 다양한 효과들을 적용해본 사례인데요. 이렇게 여러 가지 효과를 적용하면 자신의 PPT를 좀 더 다양하고 풍요롭게 제작할 수 있습니다.

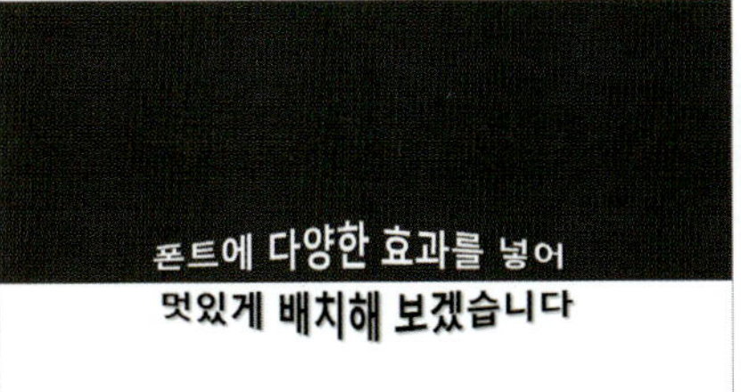

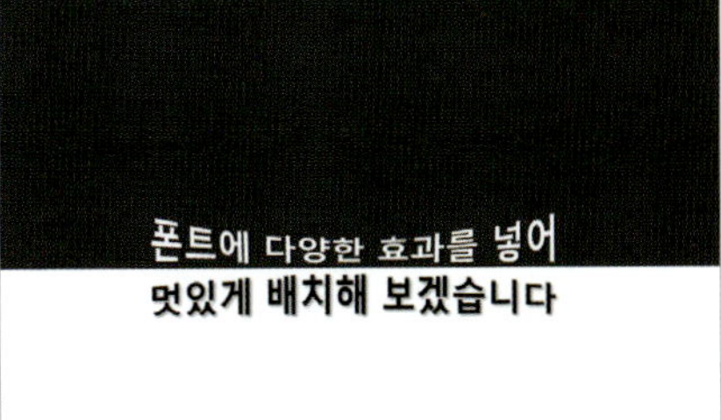

여기까지 폰트에 대한 이야기를 해보았습니다. 어떠셨나요? 정말 기본적인 폰트만을 이용해서 이렇게 다양한 효과를 줄 수 있답니다. 다시 한 번 정리하자면 우리는 [폰트의 자간, 줄간 등의 간격을 이용하여] [폰트에 그림자를 이용하여] [폰트에 다양한 효과를 이용하여] 폰트를 보다 더 멋있게 꾸며보았습니다. 알려드린 이 3가지의 방법은 정말 쉽지만 어떻게 사용하느냐에 따라 그 효과가 극대화 될 수 있는 것들입니다. 한번씩 모두 사용을 해 전부 여러분들만의 노하우로 만들길 바라겠습니다!

3) 색은 어떤 것을 사용해야 하는가?

우리의 마지막 고민. 색에 대한 고민입니다. 정말 어렵죠? 이런 색에 대한 고민은 현직에서 디자이너로 일하고 계신 분들조차 늘 가지고 계신다고 하네요. 그만큼 어려운 고민입니다. 그렇다고 포기할 수 는 없죠! 색에 대한 고민을 해결할 아주 간단하면서 효과적인 방법이 한 가지 있는데요. 그것은! 두구두구두구~ 바로 '다른 사람이 사용한 색을 그대로 가져오는 법'입니다! 하지만 이 방법 역시 쉽지만은 않습니다. 막상 남들이 사용한 색을 사용해도 내가 막상 뭔가 촌스러운 느낌. 뭔가 이상합니다.

예를 들어 다음과 같은 PPT를 제작하려고 자료를 조사하던 중 마음에 드는 이미지를 이미지를 구했습니다. 특히 색이 너무 마음에 들어 한번 따라 해보고자 합니다.

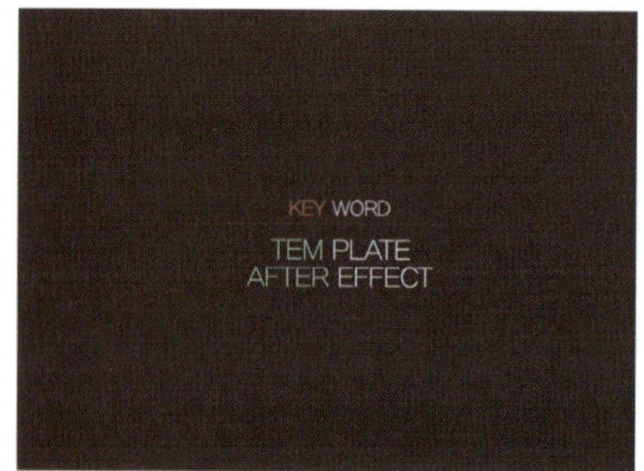

마음에 드는 이미지

따라서 만들어 본 PPT

해낭 내용을 석고 눈으로 비슷하다고 생각한 색을 넣어 봤지만 아무리해도 원본과 같은 색감이 나오질 않네요. 이때 이 난관을 헤쳐나가게 해줄 아주 유용한 프로그램이 있습니다! ColorCop이라는 프로그램입니다. ColorCop은 네이버에 치시면 바로 다운받을 수 있어요~

Colorcop 아이콘

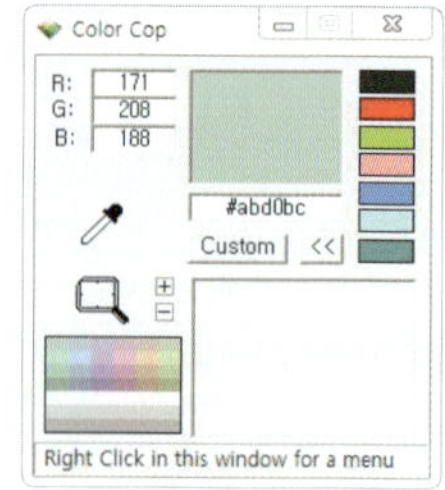

Colorcop 실행 화면

1 ColorCop을 실행한 후, 스포이드를 참고하고자 하는 색에 마우스 왼쪽 버튼을 누르고 드래그 해주세요.

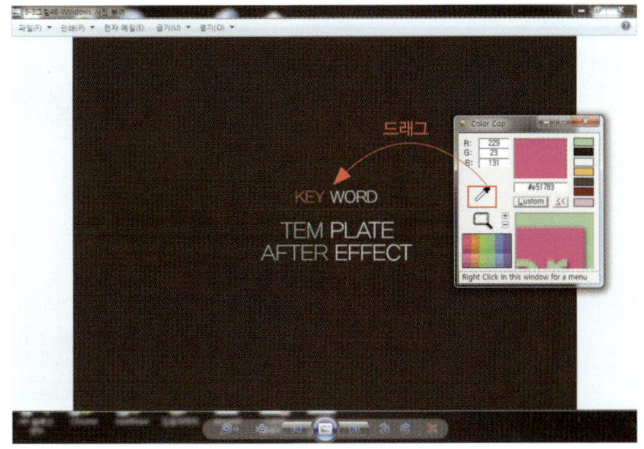

2 스포이드를 드래그 하면 다음과 같이 색에 대한 값이 생성됩니다.

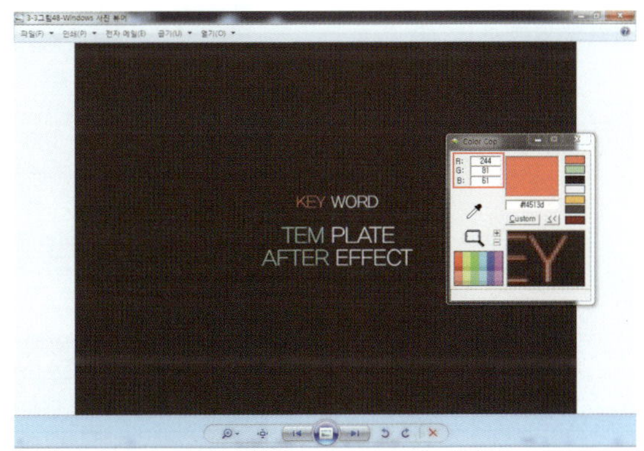

3 파워포인트로 돌아와 바꾸고자 하는 부분을 선택한 후, [홈] [글꼴 색] – [다른 색]을 클릭하세요.

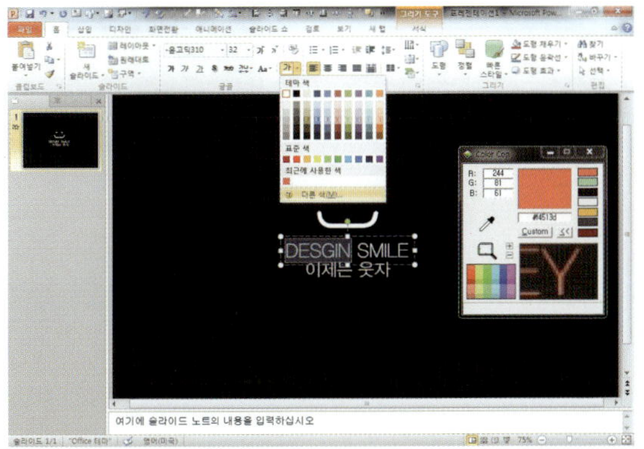

4 [색] - [사용자지정]으로 들어가 [색모델: RGB] 부분에 ColorCop의 색값을 적어 넣어 주세요.

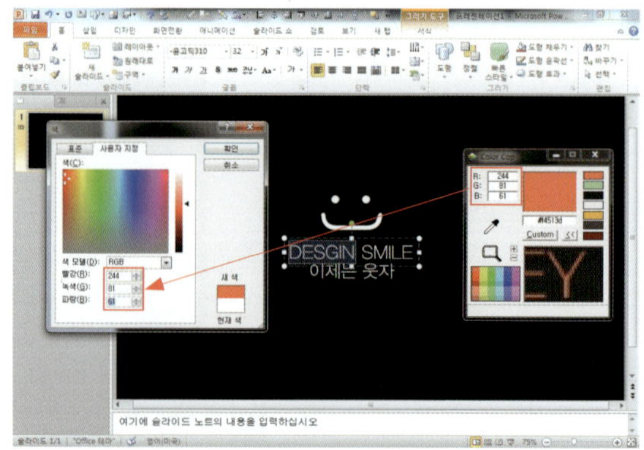

이후 같은 방법으로 색값을 적어 넣으면 참고하고자 하는 색과 동일한 색상이 사용되는 것을 확인하실 수 있습니다!

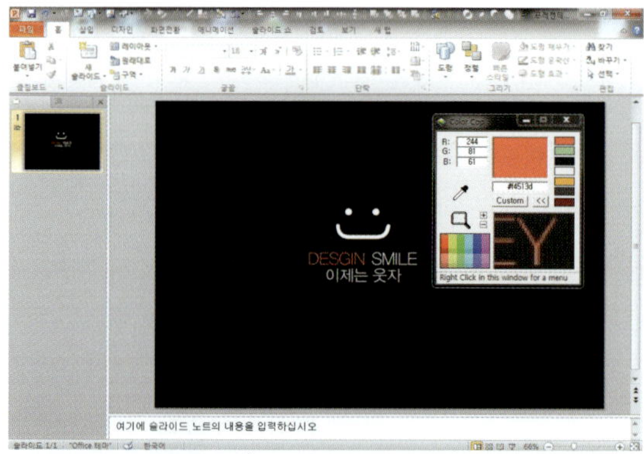

지금까지 PPT를 만들 때 드는 대표적인 고민 3가지에 대한 이야기를 진행했습니다. 그럼 이제 본격적으로 선물을 포장하기 위한 방법. 즉 PPT 디자인에 대해서 이야기를 해볼까요? 본격적인 내용에 들어가기 앞서 질문하나 드려볼께요. 여러분들은 디자인이라는 단어를 들으시면 어떤 생각이 떠오르시나요? 보기 좋게 만드는 방법, 깔끔함, 기발함, 세련됨 등등 많은 단어가 떠오르실 것입니다. 이런 디자인을 표현하는 많은 단어들 중에 저희는 세련됨이라는 단어에 주목을 하는데요. 우리는 흔히 잘 만들어진 PPT를 보고 '와 저 PPT 정말 세련됐다.'라고 표현하곤 합니다. '세련되다'라는 단어의 뜻을 사전에서 찾아보면 '서투르거나 어색한 데가 없이 능숙하게 잘 다듬어져 있다.'라고 기입되어 있습니다. 능숙하게 잘 다듬어진 PPT. 능숙하게 잘 다듬어진 PPT를 만들기 위해서는 사소한 것을 놓치지 않고 잘 표현해야 합니다. 그래서 지금부터 PPT 디자인에 있어서 우리들이 놓치고 가는 사소한 부분들을 잡는 방법들에 대해 알려드리겠습니다.

1) 핵심적인 내용 이미지로 바꾸기

PPT는 자신이 준비한 내용을 시각적으로 청중들에게 효과적으로 보여주기 위해 존재하는 것입니다. 이를 생각했을 때 내용이 전부 들어가 있는 것이 아닌, 핵심적인 키워드만 간략하게 보여지는 PPT가 좋은 PPT가 될 것입니다. 그럼 어떻게 간략하게 보여줄 수 있을까요? 바로 이미지를 사용하는 방법인데요. 이미지를 사용하는 두 가지의 좋은 방법이 있습니다. 하나는 '픽토그램'을 사용하는 법, 나머지 다른 하나는 파워포인트 안에 있는 '클립아트'를 이용하는 법입니다.

●픽토그램을 이용하여

먼저 픽토그램을 이용하는 방법입니다. 픽토그램은 대표적으로 화장실을 나타내주는 표시로 많이 되는데요. 사물이나 시설, 개념 등을 사람들이 쉽게 알아볼 수 있도록 상징적인 그림으로 표시하는 것을 픽토그램이라고 말합니다. 픽토그램이 가지고 있는 이 상징성을 이용하여 PPT를 제작하는 것입니다. 먼저 픽토그램을 다운받기 위해서는 픽토그램을 따로 모아두는 사이트들을 알아야겠죠? 네이버에 [픽토그램 사이트]를 검색하시면 다양한 사이트들이 검색됩니다. 그 중에 저희가 많이 사용하는 사이트를 소개해 드리겠습니다.

1 아이콘파인더라는 사이트인데요. 따로 회원가입이 필요없어서 좋아요! www.iconfinder.com 으로 접속을 하면 다음과 같은 화면이 뜹니다.

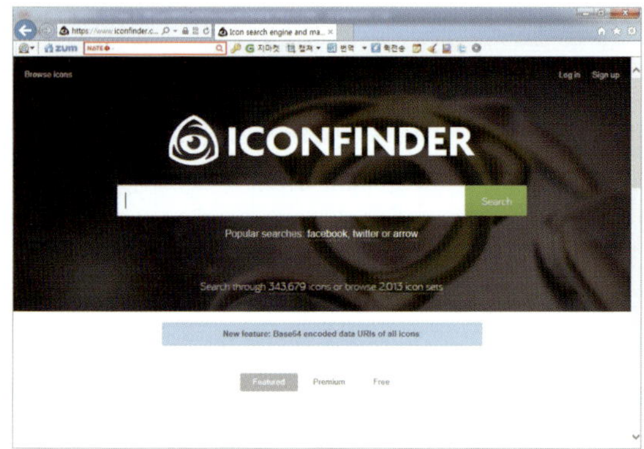

2 아이콘파인더는 무료와 유료 두 가지 종류의 픽토그램이 있습니다. 저희는 두 가지 중 Free(무료)인 픽토그램을 이용할 것 입니다.

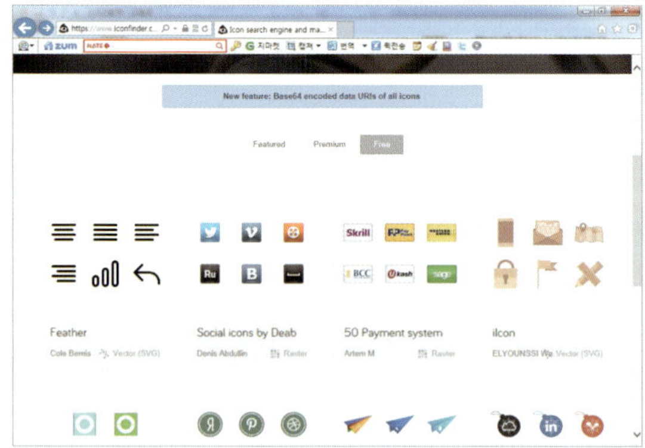

3 마음에 드는 픽토그램을 찾아 클릭을 하면 다음과 같은 화면이 뜹니다. 여기서 [PNG] 버튼을 눌러서 다운을 받으면 됩니다.

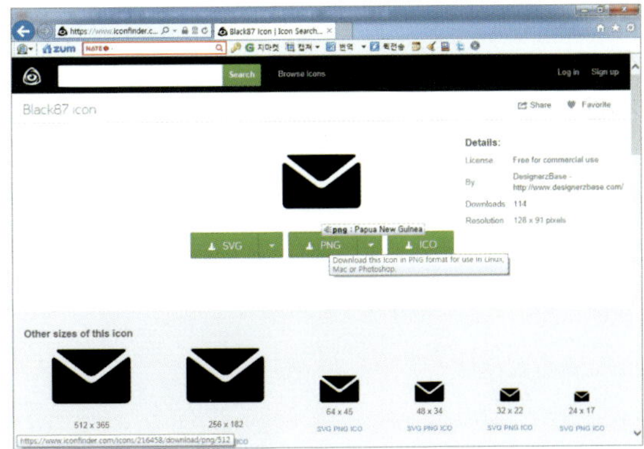

그럼 이렇게 다운받은 픽토그램을 이용하여 다이어트에 대한 PPT를 제작해 보겠습니다.

1 [삽입] – [도형]에서 [직사각형]을 넣어주세요.

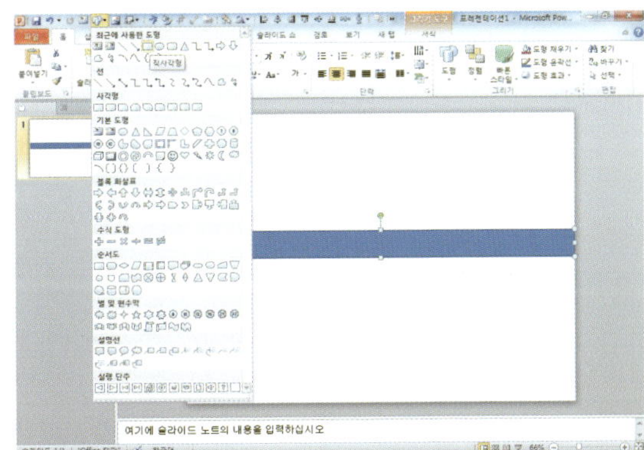

2 직사각형을 마우스 오른쪽 클릭을 하여 [도형서식] – [채우기] – [단색채우기] – [색] – [회색]으로 선택한 후, [선색] – [선 없음]을 택해 주세요.
그 후 [그림자] –[미리설정] – [오프셋 대각선 오른쪽 아래]를 선택해주세요.

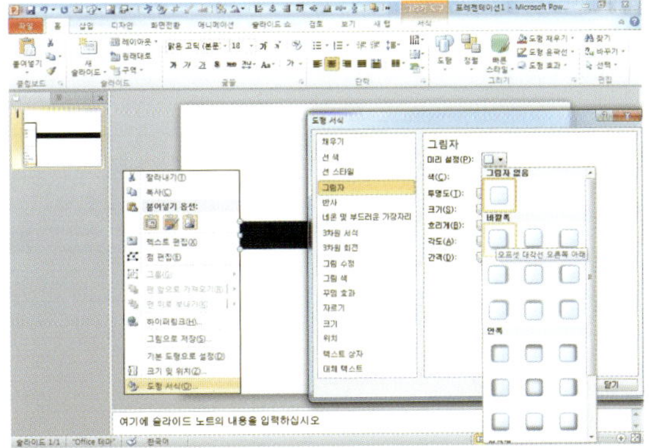

3 다음과 같이 텍스트를 넣어 주세요. 폰트는 [맑은고딕 + 굵게]입니다.

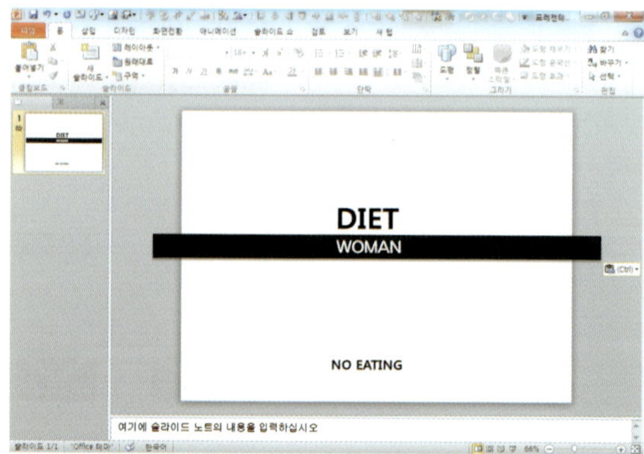

4 미리 다운받아 두었던 픽토그램을 PPT에 넣어줍니다. [삽입] – [도형] –['없음' 기호]를 넣어 주세요.

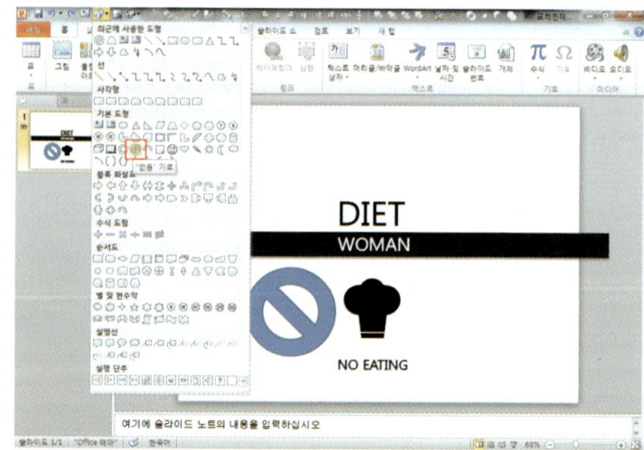

5 도형을 선택한 후 마우스 오른쪽 버튼을 눌러 [도형서식]으로 들어가 [채우기]에서 [진한 빨강]을 [선색]에서 [흰색]을 선택해주세요.

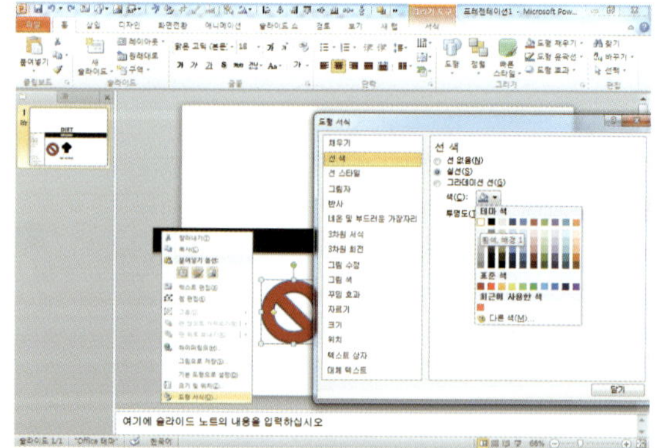

5 도형을 픽토그램 위에 배치한 후 가운데의 [중짓점]을 조절하여 크기를 조절해 주세요.

완성본

●클립아트 이용하기

앞서 픽토그램을 이용하여 PPT를 만드는 법에 대해서 설명을 해드렸습니다. 하지만 픽토그램을 사용하다 보면 몇 가지 불편한 상황이 생기는데요. 대표적으로 색을 바꿀 수 없다는 큰 단점을 가지고 있습니다. 또 아무래도 이미지를 찾아서 가져와야하기 때문에 마음에 꼭 맞는 이미지를 찾기도 힘들죠. 이런 픽토그램의 단점들을 보충해 줄 방법이 있는데요. 바로 파워포인트에 있는 클립아트를 이용하는 방법입니다. 미리 만들어 놓은 그림들을 뜻하는 클립아트는 파워포인트 안에 다양하게 존재하고 이를 불러와 수정할 수 있다는 장점을 가지고 있습니다. 그럼 지금부터 클립아트를 이용하여 PPT를 제작해보겠습니다.

1 PPT 배경에 마우스 오른쪽 버튼을 눌러 [배경서식] – [채우기] – [옅은 회색]을 선택해주세요.

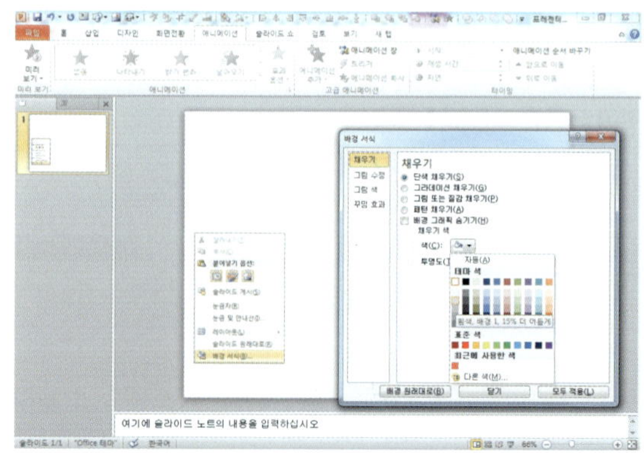

2 [삽입] – [도형]에서 직사각형 2개를 위 아래로 배치시킨 후, [도형서식] – [채우기]에서 회색으로 설정해주세요.

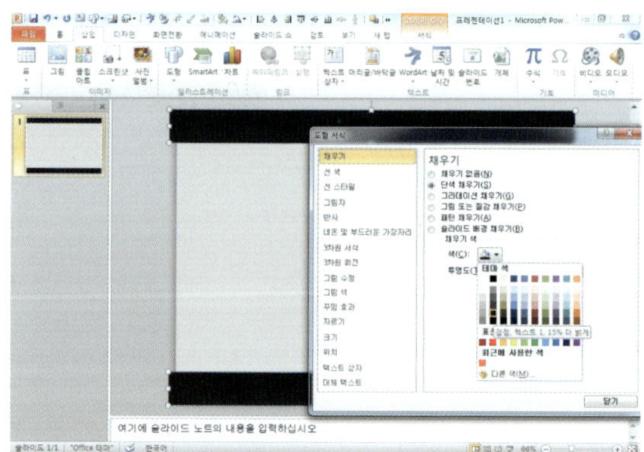

3 [삽입] – [클립아트]를 선택해주고 [클립아트]창에서 지구를 검색하여 지구본 모양 클립아트를 생성해주세요.

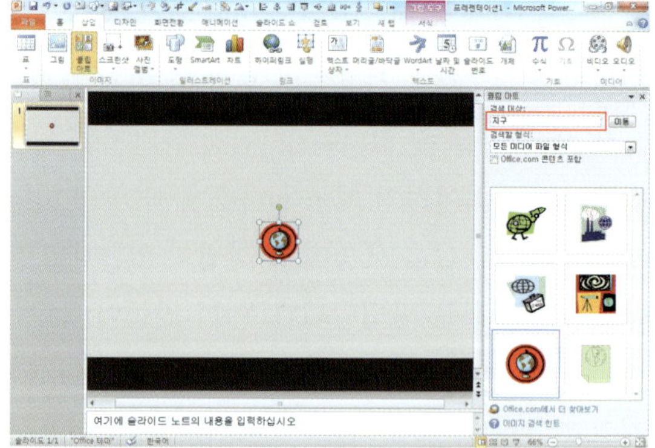

4 지구본을 선택하여 마우스 오른쪽 버튼을 눌러 [그룹] – [그룹해제]를 선택해주세요. 그리고 [그룹해제]를 누르면 나오는 안내 창의 [예]를 눌러주세요.

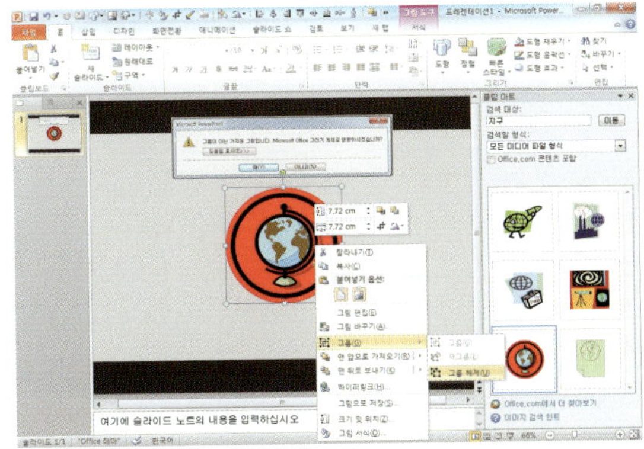

5 다시 한 번 [그룹해제]를 설정합니다.

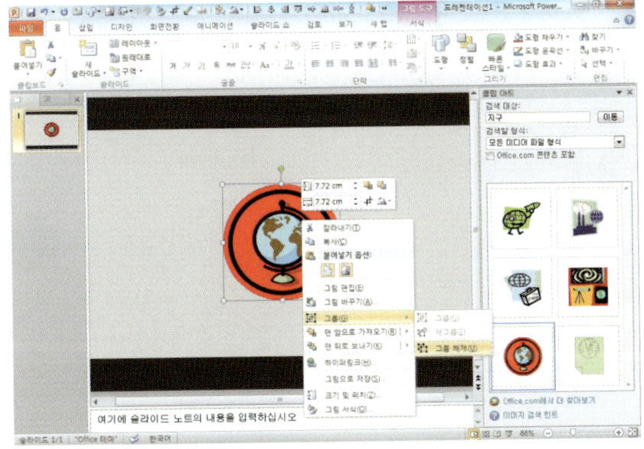

6 [그룹해제]하면 각각의 객체들을 선택하여 편집을 할 수 있습니다.

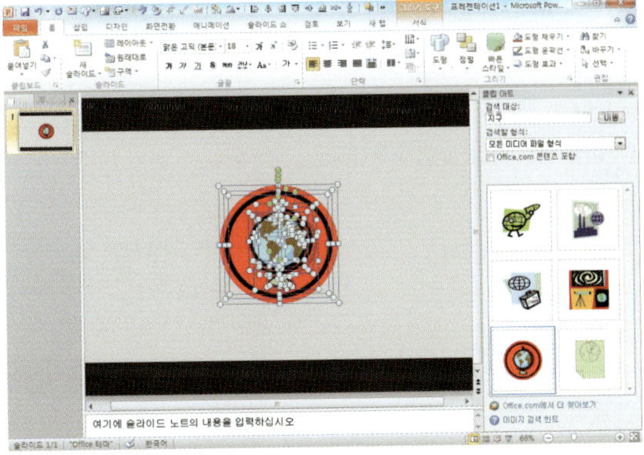

7 사용할 형태를 제외하고 모두 삭제해 주세요.

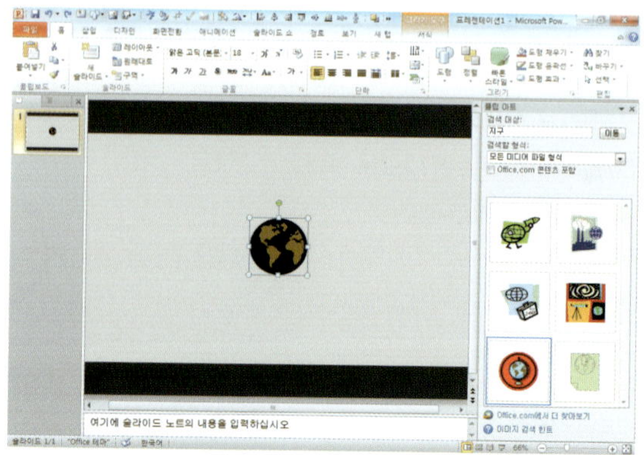

8 내륙모형을 따로 선택하여 마우스 오른쪽 버튼을 눌러 [개체 서식] – [채우기] – [회색] 클릭 해주세요.

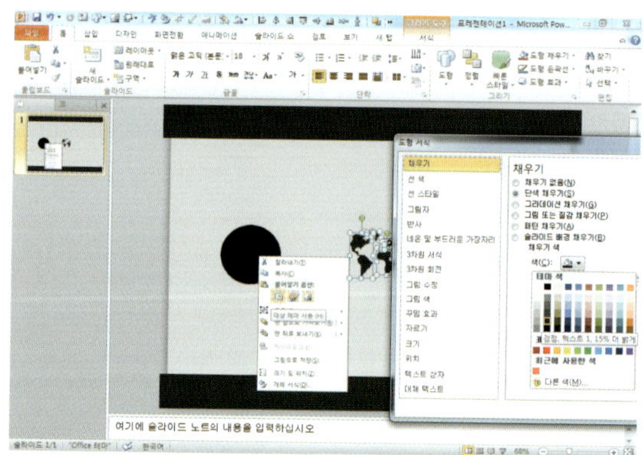

9 나머지 원을 선택하여 같은 방법으로 [채우기] – [없음] – [선색] – [회색] – [선스타일] – [너비] – [2.5]로 설정해주세요.

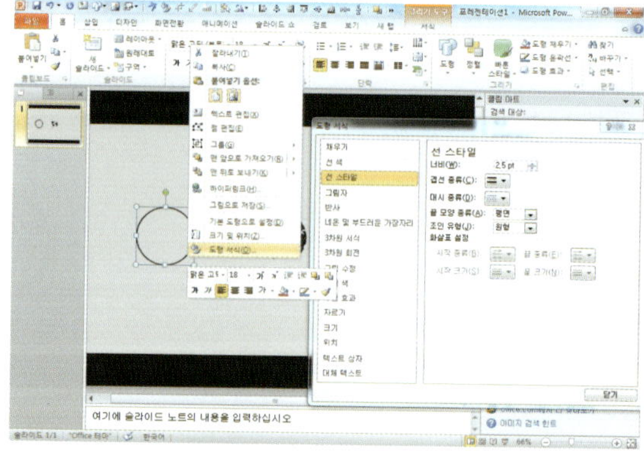

10 [도형] – [선]을 각각 두 개 넣어준 뒤 [선색] – [회색] – [선 스타일] – [너비] – [2.5]로 설정 해주세요.

11 만들어진 모든 모형을 선택 하여 마우스 오른쪽 버튼을 눌러 [개체서식] – [그림자] – [오프셋 대각선 아래]를 클릭해주세요.

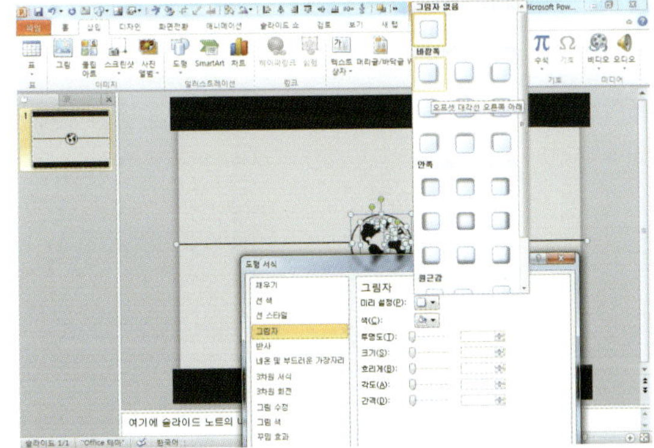

12 지구본 클립아트를 넣어 준 것처럼 [검색대상]에 사람을 검색 하여 사람 클립아트를 생성해주 세요.

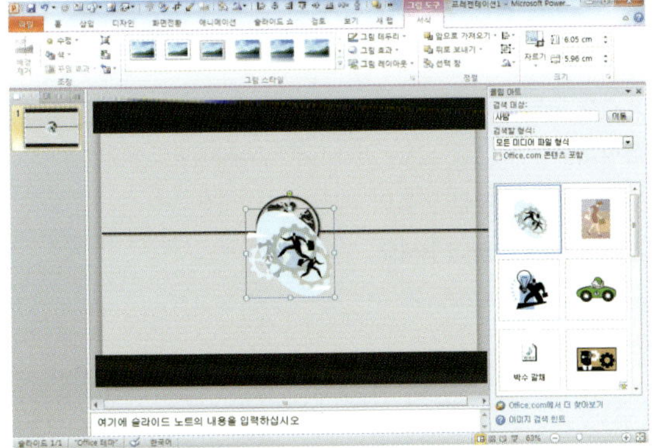

13 지구를 만든 방법과 같이 [그룹해제]를 한 후, [사람]부분만 남겨두고 모두 삭제해주세요. 삭제 후, 남은 부분을 모두 선택하여 마우스 오른쪽 버튼을 눌러 [그룹] – [그룹]을 클릭해주세요.

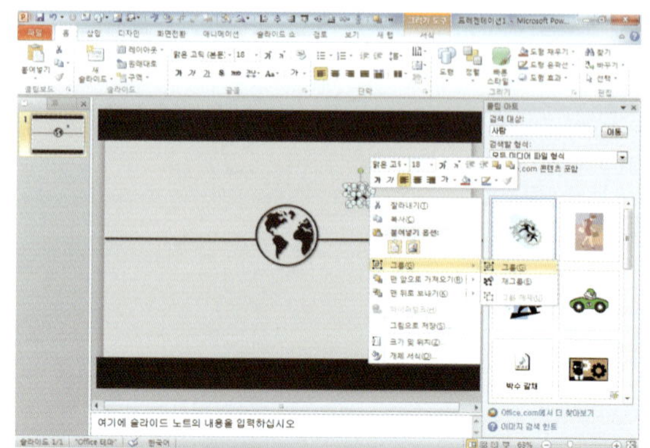

14 내륙모형을 따로 선택하여 마우스 오른쪽 버튼을 눌러 [개체서식] – [채우기] – [회색] 클릭해주세요.

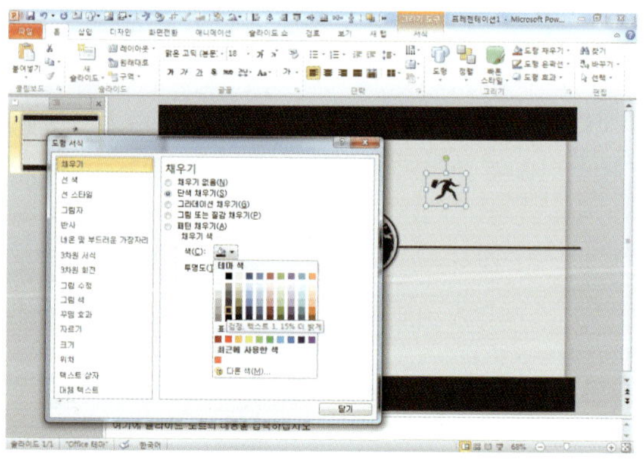

15 제작된 사람을 다음과 같이 배치해준 후 앞서 배웠던 [폰트에 효과를 주는 방법]을 한번 복습해 볼까요?
우선 텍스트 상자를 만들어 '지구는 둥그니까'를 넣어주세요.

16 [서식] - [텍스트효과] -
[변환] - [위쪽 수축]을 선택해주
세요.

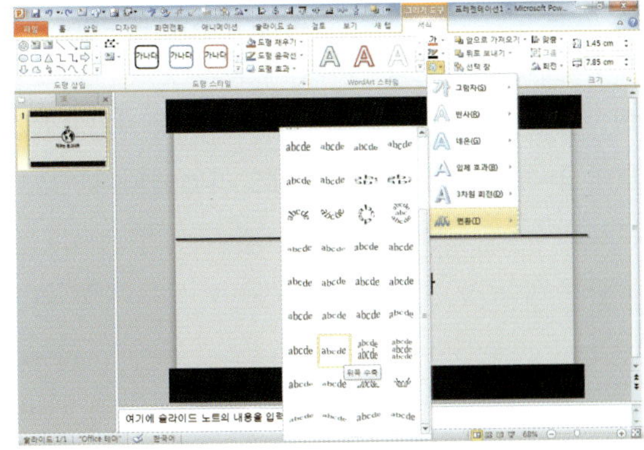

17 텍스트 상자를 클릭하여 조
절점을 조절해 크기와 기울기를
설정해주세요.

18 완성본입니다.

이상 클립아트를 사용해서 PPT를 제작해 보았습니다. 어떠셨나요? 이제 폰트만 가득한 PPT가 아닌 이미지로 요약된 세련된 PPT를 제작할 수 있을 것입니다. 혹시 아직 감이 잘 안 오시는 분 계신가요? 그런 분들을 위해 앞에 완성된 PPT 중 하나를 예시로 설명해드리겠습니다.

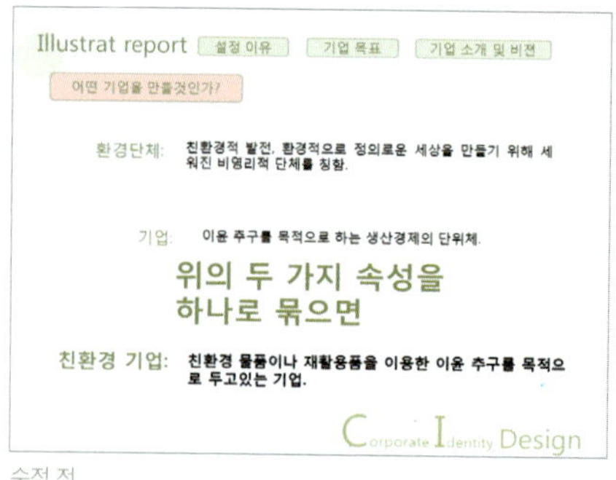

수정 전

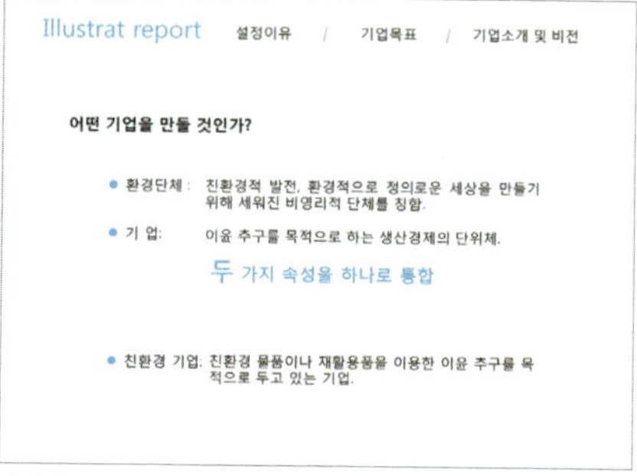

수정 후

앞서 위의 PPT를 배치도를 이용하여 수정했었습니다. 여기 수정된 PPT 슬라이드를 픽토그램을 이용하여 한 번 더 수정해보도록 하겠습니다.

완성된 PPT의 내용을 확인해보면 '환경적으로 정의로운 세상을 만들기 위해 세워진 친환경 단체와 이윤추구를 목적으로 하는 기업을 하나로 묶어 친환경 물품이나 재활용품을 이용한 이윤 추구를 목적으로 두고 있는 친환경기업을 만들겠다'라는 이야기를 보여주고 있습니다. 여기서 청중에게 전달하고자 하는 핵심적인 내용을 추리면 바로 '환경단체와 기업을 합쳐 친환경적인 기업을 만들겠다'라는 내용이 나옵니다. 따라서 슬라이드에서 표현되어야 하는 핵심적인 단어는 환경단체 + 기업 = 친환경 기업이 되죠. 이 핵심적인 단어들을 슬라이드에 배치하는 것입니다.

이렇게 핵심적인 단어 3가지를 배치
했습니다. 그리고 이 단어에 맞는 픽
토그램을 찾아 넣어주는 것입니다.

배치가 완료되었습니다. 하지만 뭔가 조금 아쉬운 느낌이죠? 여기에 약간의
내용을 추가하도록 하겠습니다.

완성된 PPT   기존의 PPT

완성입니다! 옆에 텍스트만 있는 슬라이드와 비교해보면 그 차이를 확실히 느
낄 수 있는데요. 이처럼 같은 내용이라도 축약된 이미지를 사용한다면 청중들
을 보다 더 집중시킬 수 있습니다.

2) 럭셔리한 느낌 살리는 법

우리들이 놓치고 가는 사소한 것들 그 두 번째! 그라데이션과 투명도에 대한
이야기입니다. 많은 분들께서 PPT를 제작할 때 쉽게 놓치고 가는 부분들인데
요. 이 두 가지 방법을 익히면 여러분의 PPT가 조금 더 럭셔리하게 보일 수 있
습니다. 그럼 바로 사례를 통해 어떻게 만드는 것인지 확인해보시죠!

●배경에 그라데이션 넣기

두 가지 방법이 존재하는데 두 가지 방법 모두 정말 간단한 방법입니다. 먼저 첫 번째 방법은 PPT 배경스타일에 있는 기본 배경을 설정해주는 방법입니다.

1 [디자인] – [배경스타일]로 가시면 다양한 그라데이션 배경이 있습니다. 그 중 하나를 골라 자신의 PPT에 적용시키면 됩니다.

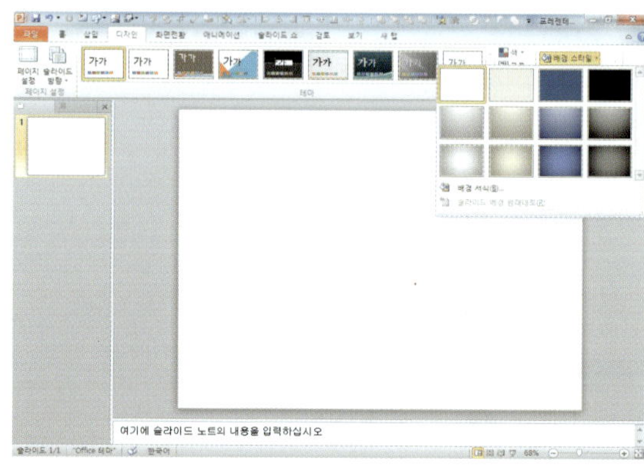

다양하게 존재하는
그라데이션 배경

2 앞서 제작했었던 PPT에 그라데이션 배경스타일을 적용해보았습니다. 작지만 미묘한 차이 보이시나요? 이러한 사소한 것들이 PPT를 세련되게 만들어 주는 것입니다.

●도형에 그라데이션 주기

그라데이션을 주는 두 번째 방법은 바로 도형을 이용하는 것입니다.

1 [삽입] – [도형]에서 직사각형을 만들어 주세요.

2 직사각형을 선택한 후, 마우스 오른쪽 버튼을 클릭하여 [도형 서식] – [선색] – [선없음] – [채우기] – [그라데이션 채우기] – [방향]에서 [선형오른쪽]을 선택해 주세요.

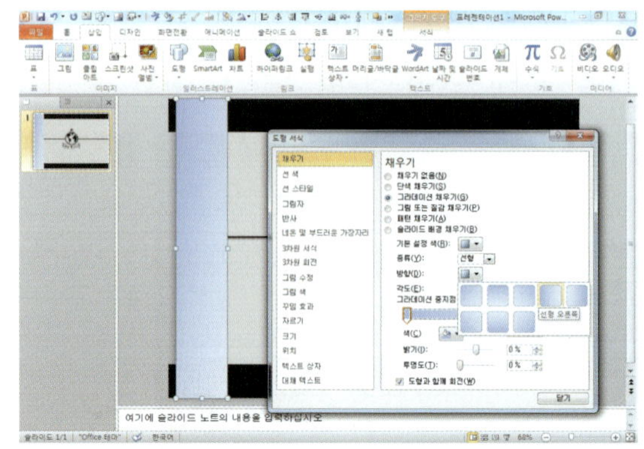

3 [그라데이션 중지점]에서 왼쪽 중지점을 선택하여 [색]을 검정색으로 바꿔주세요.

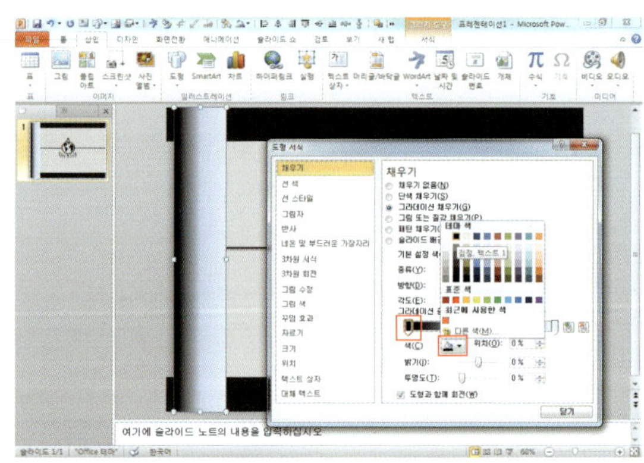

4 [그라데이션 중지점]에서 가운데 중지점을 선택하여 [그라데이션 중지점 제거]를 클릭해주세요.

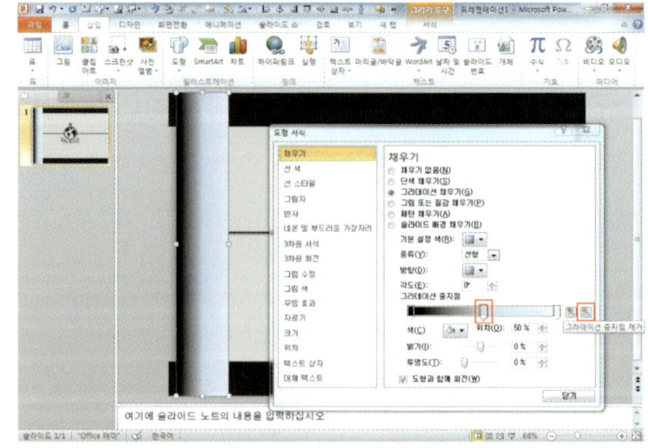

5 [그라데이션 중지점]에서 나머지 다른 중지점을 선택하여 [투명도]를 100%로 만들어 주세요.

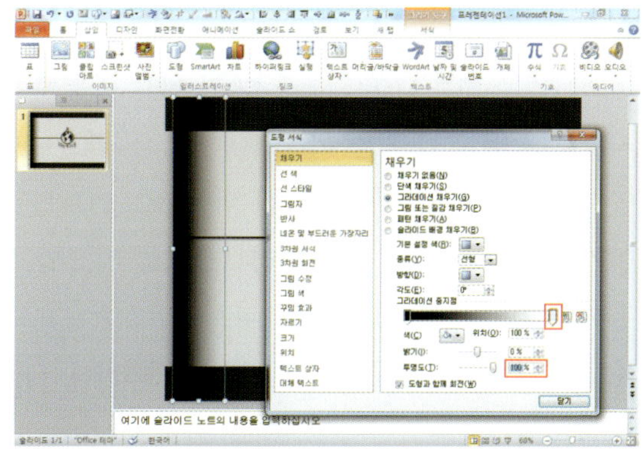

6 [그라데이션 중지점]을 좌우로 조절을 하여 그라데이션 범위를 설정해주세요.

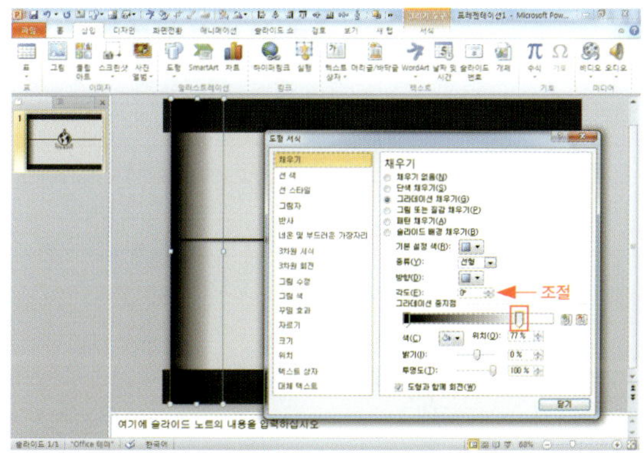

7 만들어진 도형을 반대에도 적용시키면 이렇게 멋진 그라데이션이 완성됩니다.

3) PPT 디자인 예시

여기까지 우리는 PPT를 조금 더 잘 만드는 툴에 대해서 배워 보았습니다. 그럼 지금부터 배운 내용을 이용하여 PPT를 만들어보는 시간을 가져보겠습니다. 앞서 기획 부분에서 대본을 짠 뒤에 스토리보드를 만드는 것을 추천한다고 이야기 했습니다. 그리고 스토리보드에는 발표할 핵심적인 단어와 내용이 들어간다고 이야기 했었죠! (기억나시나요? ㅎㅎ) 그 내용에 맞게 발표할 스토리보드를 먼저 PPT로 간략하게 제작해 보았습니다.

정말 핵심적인 내용과 단어만 적혀있는데요. 이렇게 완성된 스토리보드를 토대로 PPT를 제작해보도록 하겠습니다.

1 텍스트 박스에 '맑은고딕' 폰트로 내용을 각각 적어 넣은 뒤 [홈] – [단락]의 [균등분할]을 클릭해주세요. GLOBAL 철자 색은 R: 242, G: 81 B:81입니다. (우리 색에 대한 고민에서 색 값을 넣는 방법 배웠었죠?)

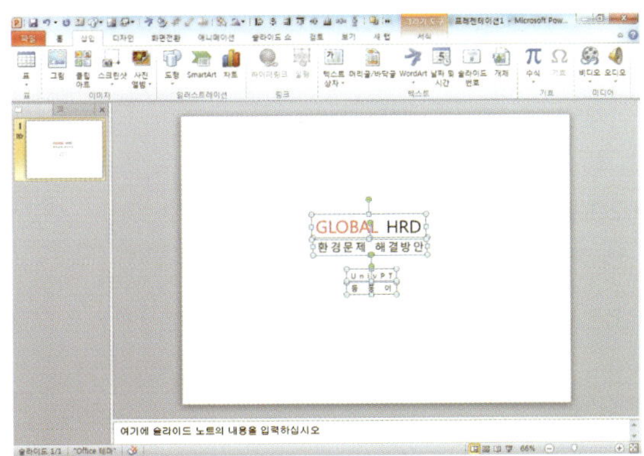

2 [삽입] – [도형] – [선]을 넣은 뒤, [선]을 마우스 오른쪽을 클릭하여 [도형서식] – [선색] – [색: 회색]을 클릭해주세요.

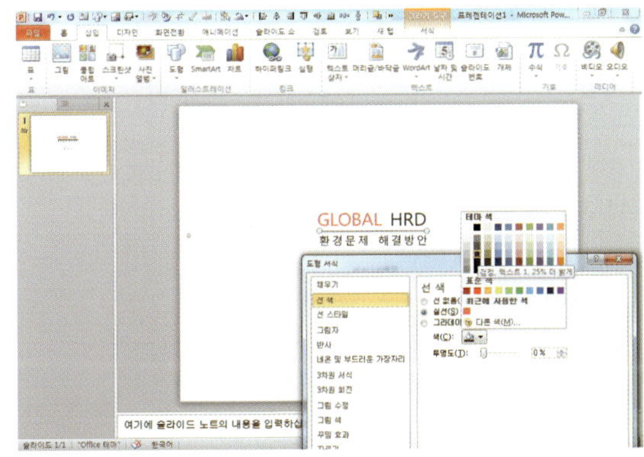

3 텍스트 박스에 해당내용을 적은 뒤 [삽입] – [직사각형]을 넣이주세요.

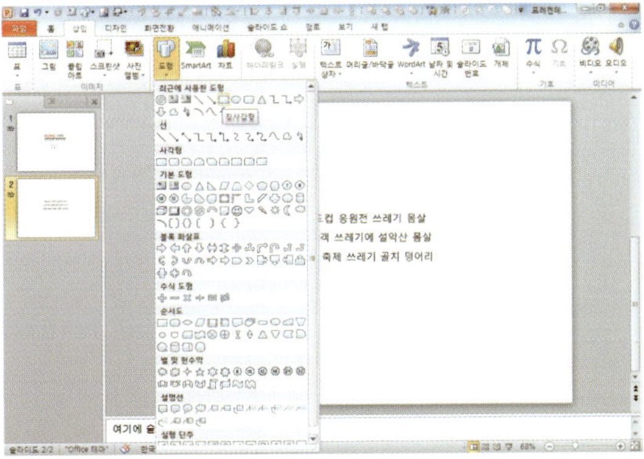

4 직사각형을 마우스 오른쪽 클릭하여 [도형서식] –[채우기] – [채우기 없음] – [선색] – [색: 회색] – [그림자] – [미리설정] – [오프셋 대각선 오른쪽 아래]를 설정해주세요.

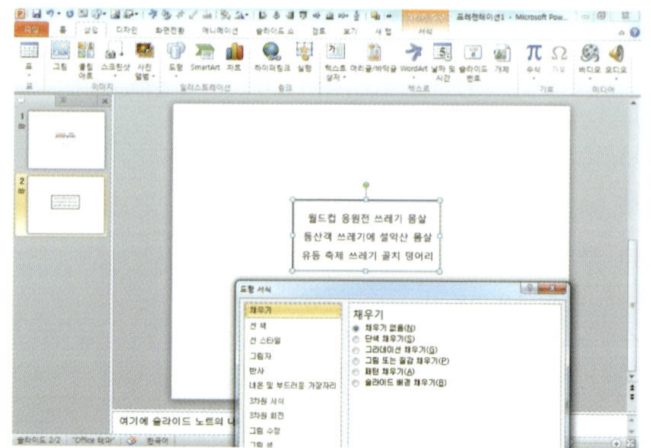

5 텍스트 박스에 내용을 적은 뒤 직사각형을 넣고 [채우기] – [단색채우기] – [회색] – [선색] – [선 없음] – [그림자] – [미리설정] – [오프셋 대각선 오른쪽 아래]를 설정해주세요.

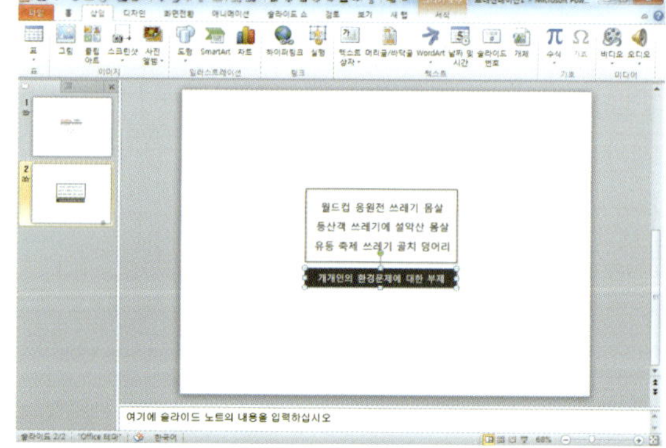

6 앞의 방법과 동일하게 내용을 작성한 뒤, [삽입] – [도형] – [왼쪽/오른쪽 화살표]를 넣어 준 후, 도형에 [그림자]를 넣어주세요.

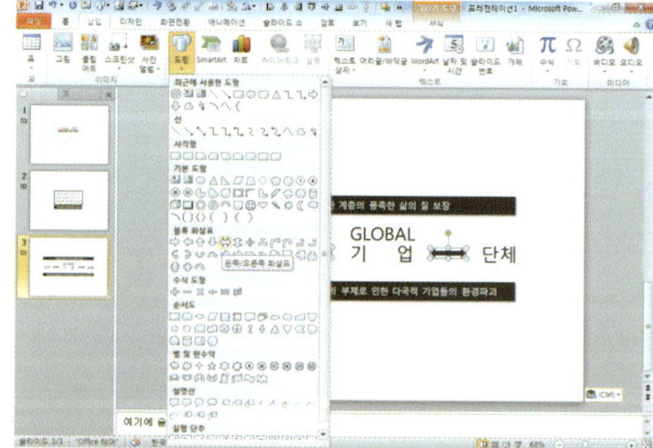

7 해당 내용을 적은 뒤 내용 중 [한국] 부분만 폰트를 키워 줍니다. (이렇게 폰트의 크기 조절로도 충분히 디자인적으로 재미를 줄수 있답니다.)

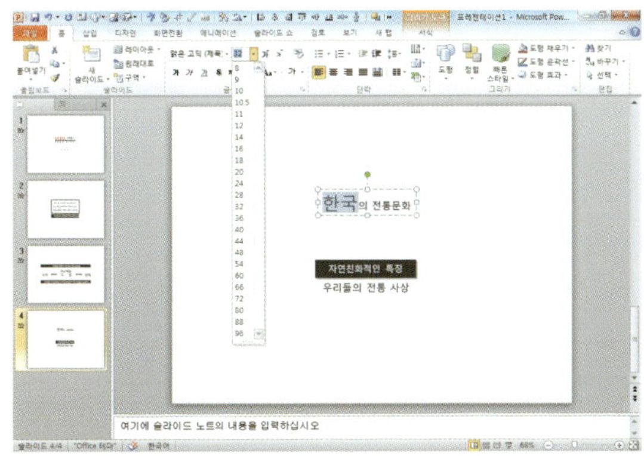

8 사이트에서 미리 받아놓은 픽토그램에 [그림자]를 넣어 배치합니다.

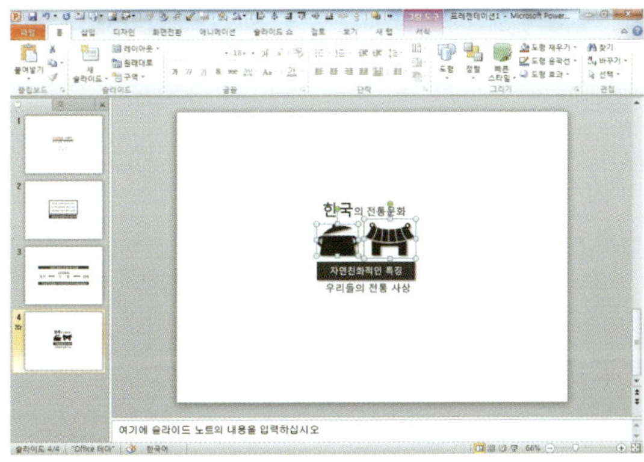

9 텍스트 박스를 넣어 내용을 채운 뒤, [홈] – [단락] – [양쪽맞춤]을 설정헤 주세요.

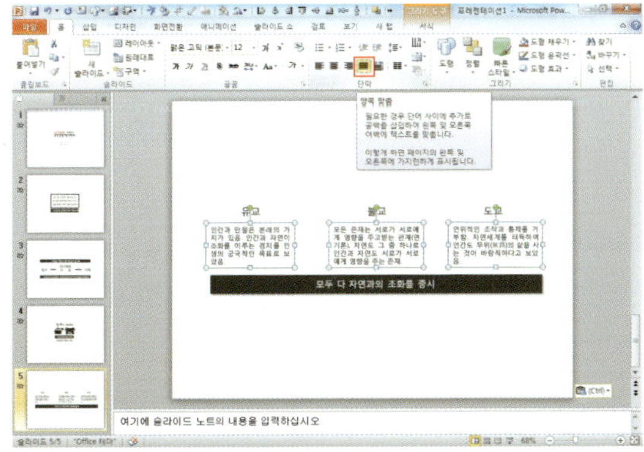

10 마지막 내용을 앞과 동일한
방법으로 넣어주세요.

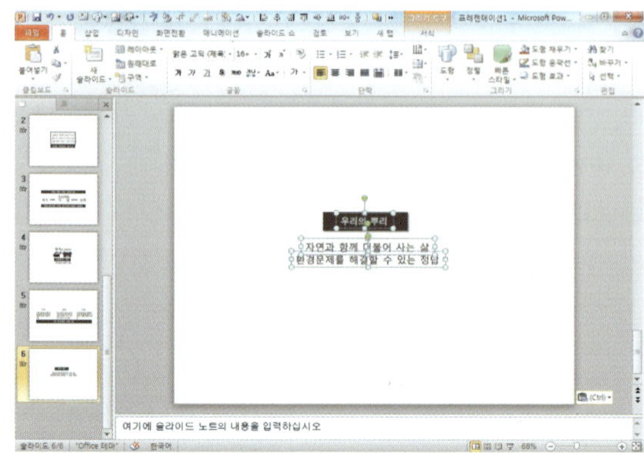

11 이렇게 완성되었습니다! 한 번 스토리보드와 비교해볼까요?

이상으로 PPT 제작 예시를 마치겠습니다.

여기까지 우리는 PPT를 조금 더 잘 만드는 법, 즉 그 사람만을 위한 선물을 포장하는 법에 대해서 배워 보았습니다. 어떠셨나요? 아직은 조금 어려우시다구요? 네! 맞습니다! 여러 가지 정보를 알았다 하더라도 이를 바로 적용하고 내 것으로 만들기는 참으로 어렵죠. 하지만! 방법이 있습니다. 바로 다른 사람이 미리 만들어둔 이쁘게 포장된 선물들을 보고 한번 따라 해보는 것이죠! 그래서 마지막으로 이야기 할 내용은 바로 모방에 대한 이야기입니다.

우리는 여기까지 달려오면서 많은 것을 배웠습니다. 폰트에 대한 내용, 색에 대한 내용, 이미지를 사용하는 법 등등의 여러 가지 기법들을 배웠는데요. 좋은 강의를 듣고 나면 대부분이 이런 생각을 해보셨을 거라 믿습니다. '와 오늘 수업 대박 완전 좋았어' '진짜 집에 가서 한번 해봐야지' '연습 많이 해서 나도 저렇게 멋지게 만들어야지' 이렇게 마음먹고 집으로 향합니다. 그리고 컴퓨터에 앉고 얼마 있지 않아 당황하게 됩니다. 도대체 무엇을 어떻게 해야 하는지 잘 모르겠는 것이죠. 그래서 수업 때 배운 것을 몇 번 따라해 본 후, 마무리를 짓게 됩니다. 다시 원래 이야기로 돌아가 보도록 하겠습니다. 모방이란 다른 것을 본뜨거나 본받는 것을 의미합니다. 모방에 대해 미술을 예로 들어보죠. 미술을 처음 시작하는 사람이 바로 자신만의 세계를 창조할 수 있을까요? 천재가 아닌 이상 그것은 매우 힘든 일입니다. 그 누구도 처음부터 그림을 잘 그릴 수는 없습니다. 미술을 처음 시작하는 사람들은 보통 모작을 통해 그림을 그리기 시작합니다. 잘 그려진 그림을 따라 그려보면서 자신만의 색깔을 찾고 자기만의 그림을 그릴 수 있는 방법을 익히게 되는 거죠. 그 날 그 날 배웠던 내용을 따라 그리면서 점차 자신의 작품에 적용을 해보는 것이죠. 그 유명한 화가 고흐 역시 모작의 달인이었다고 합니다. 고흐는 당시 유명했던 화가인 밀레의 그림을 색깔도 바꿔보고 구도도 바꿔보는 식으로 수백 장을 그렸다고 합니다. 그래서 '고흐의 그림 뒤에는 밀레가 있다'라는 말까지 나오게 되었죠. 그렇게 잘 그려진 그림들을 수 없이 그려보고 따라하면서 고흐는 점차 자신만의 색깔을 찾게 되었고 마지막에는 '별이 빛나는 밤에'라는 훌륭한 작품을 그려낼 수 있게 되었습니다. 역사에 이름을 남길 수 있는 그림을 그려낸 고흐처럼 타고난 디자인 센스가 없어도 노력으로 훌륭한 PPT를 만들 수 있다는 거죠. 자신만의 PPT를 만들기 위한 첫 걸음, 그건 바로 모방에서 시작되는 것입니다. 그럼 지금부터 어떻게 모방을 해야 할까요? 그 방법은 좋은 작품을 찾는 것에서 시작됩니다. 고흐가 밀레라는 훌륭한 화가의 그림을 모작했듯이 좋은 작품을 먼저 찾아야 합니다.

먼저 소개해드릴 사이트는 PPT에 대해 정말 특화된 사이트입니다. 바로 네이버 대표카페인 '파워포인트 전문가 클럽'인데요. 이곳에는 PPT 자료에서부터 강의까지 정말 없는 것이 없는 사이트입니다. 특히 회원들이 자신의 PPT 작품들을 올리는 [PPT 우수 작품실]과 [PPT 완성 업로드] 자료실에 가면 수준 높은 PPT 작품들을 만나실 수 있습니다.

http://cafe.naver.com/powerpoint 파워포인트 전문가 클럽

두 번째는 알려드릴 사이트는 바로 비메오라는 사이트로 유튜브 같은 영상 사이트입니다. 다만 유튜브와는 다르게 디자인적 요소를 포함하고 있는 영상디자인들이 주로 많이 게시되어져 있습니다. 이곳의 검색창에 'After effects'라고 입력하고, 검색을 해보세요! PPT에 참고할 색감이나 레이아웃 뿐만 아니라 여러 애니메이션 효과들을 확인하실 수 있습니다.

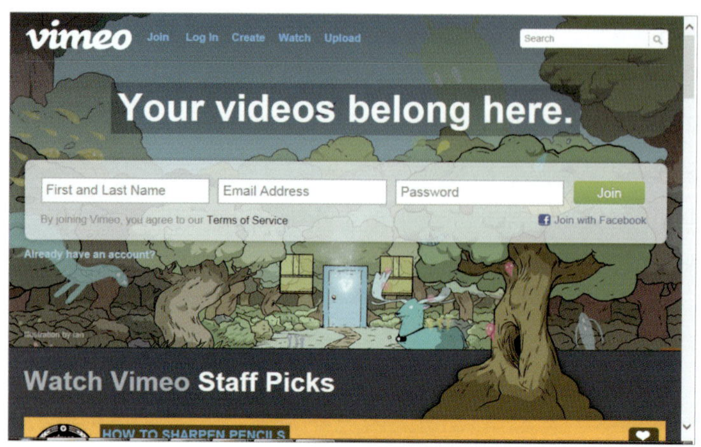

http://www.vimeo.com/
비메오

고호가 밀레의 그림을 따라 그리며 자신만의 색깔을 찾아갔던 것처럼 여러분
들도 많은 작품들을 PPT로 적용시켜가면서 여러분의 색깔을 가진 예쁜 선물
을 만들어 가시길 바라며 이상 디자인 부분을 마치겠습니다.

chapter 3

사랑받기 위해 나를 꾸밀 차례, 그리고 고백!

안녕하세요. 염프스레소입니다. 지금부터 여러분과 함께
발표에 대한 이야기를 나누려고 합니다. 우리 커피 한 잔
하면서 대화를 시작해 볼까요?

여러분 혹시 등산 좋아하세요? 저는 계절이 바뀔 때마다 설악산에 오릅니다. 제가 설악산에 오르는 이유는 여러 가지가 있어요. 우선 지금 살고 있는 서울에서 가깝다는 지리적인 이유가 있구요. 오를 때마다 평소와는 다른 생각을 할 수 있기 때문이죠. 등산을 하면서 복잡한 머릿속을 정리하기도 하지만 걸으면서 여러 가지 생각이 샘솟기도 한답니다. 그리고 도시에서 벗어나서 산 속을 걸으면 마음에 여유도 생기고, 불어오는 바람을 맞으면서 멀리 보이는 풍경을 보노라면 신선놀음이 따로 없죠.

그런데 산을 무작정 오르지는 않습니다. 산을 탈 수 있는 경로가 다양하기 때문이죠. 동네 산이면 몇 시간 동안만 오르락내리락하면 됩니다. 하지만 설악산이나 지리산 정도를 타려면 경로에 따라서 시간은 얼마나 걸리는지, 숙소는 어디 있는지, 높이는 얼마나 되는지, 정상에 오르려면 몇 시간 정도 걸리는 지에 대해서 알아야 해요. 일기예보도 미리 파악해둬야 합니다.

그런데 이것보다 더 중요한 것은 '자신에 대한 파악'이에요. 한 번도 산에 올라가 본 경험도 없는 사람이 무작정 오르려고 덤비다가는 중간에 지쳐서 이리가지도 저리가지도 못하거나 들것에 실려서 내려가게 되는 수가 있거든요. 반드시 자신의 체력은 얼마나 되는지 고려해야 합니다. 헬스클럽에서도 바로 운동을 시작하는 게 아니라 '인바디' 검사를 하잖아요. 자신의 체중과 지방, 수분, 단백질의 비율이 어떻게 되는지 확인한 후에 원하는 체형에 적합한 운동을 찾아야 합니다.

이와 마찬가지로 발표에 대해서 제대로 배우고 싶다면 우선 발표에 대한 자기점검을 해야 합니다. 내가 발표에 대해서 어느 정도 알고 있는지 한 번 생각해보는 거예요. 관련된 책은 몇 권이나 읽어봤을까? 발표는 몇 번이나 해봤을까? 발표 연습은 어떻게 해야 할까? 기억나는 발표는 어떤 게 있을까? 내 발표 스타일은 어떤가? 이 외에도 생각나는 게 있다면 다 적어보는 거예요.

자, 여기 빈 칸에 여러분의 발표에 대한 지식이나 경험을 적어보세요.

발표에 대해서 아는 대로 적어보세요.

자, 여기 빈 칸에 여러분의 발표에 대한 지식이나 경험을 적어보세요.

다 적으셨나요? 수고하셨어요! 여러분이 어떤 내용을 채웠을지 궁금하네요. 사람들을 만나보면 누구나 발표를 잘하고 싶다고 이야기합니다. 발표 잘하는 사람을 보면 부러워 하구요. 많은 연습과 노력이 필요하다는 것도 충분히 공감하고 있습니다. 그런데 신기한 게 있습니다. 발표를 다들 잘하고 싶어 하지만 적극적으로 프레젠테이션에 대한 책을 찾아보거나 강의를 들으러 다니는 사람은 별로 없어요. 안타깝게도 현실은 이렇습니다. 스피치를 잘하고 싶다면 스피치에 관련된 컨텐츠를 많이 경험해야 해요. 프레젠테이션을 전문적으로 다루고 있는 영상이나 블로그, 책도 찾아봐야 하고 프레젠테이션에 대한 전문가도 만나봐야 합니다.

어떤 분야에 대한 전문가로 불리기 위해서는 많은 시간을 투자하고 꾸준히 노력해야 한다고 하잖아요. 이것은 스피치에도 마찬가지로 적용되는 말이지요. 스피치를 잘 하기 위해서는 평소에 많은 자료를 찾아보고 공부해야 합니다. 정말 좋은 건 패션 혹은 사진 전문가가 되기 위해서는 많은 자금이 필요하지만 발표는 아니예요! 내가 투자할 시간과 튼튼한 몸만 있으면 충분히 전문가가 될 수 있습니다. 우리도 할 수 있어요.

지금까지 PT 기획과 디자인에 대한 이야기를 나눴습니다. 프레젠테이션이 하나의 고백이라면 기획은 '당신을 사랑합니다.'라는 핵심 메시지를 정하고 그것을 어떻게 말할 것인가를 고민하는 과정이라고 했어요. 디자인은 고백을 위해서 내 마음이 가득 담긴 선물을 준비하는 것이라고 했구요. 그러면 이제 남은 한 가지가 있습니다.

자신을 매력적으로 꾸미고 보여주는 과정!

내가 정말 좋아하는 이성에게 고백하는 순간을 상상해 보세요. 그 떨리고 긴장되는 순간. 서로의 눈빛이 마주치고 여러분은 바로 앞에 서 있는 상대에게 이야기를 건넵니다. 지금 이 순간이 너무 행복하고 당신과 계속 함께 할 수 있다면 정말 좋을 것 같다고 그리고 좋아한다고. 아, 제가 다 설레네요. 그런데 입장을 바꿔서 자신이 고백을 받는다면 어떨까요? 나에게 고백하는 상대가 이왕이면 더욱 멋지고 사랑스러워 보이면 좋을 것 같아요. 오늘따라 내가 좋아하는 스타일로 옷을 입고 오면 더 좋구요. 날씨까지 좋다면 금상첨화겠죠! 고백을 받는 날은 특별한 날이니까요. 서로 사귀게 되는 첫 날을 좋은 기억으로 남기는 것은 아주 중요한 일이죠. 그런데! 그렇게 중요한 날, 상대방이 전날 과음을 했다며 술 냄새를 풀풀 풍기면서 머리도 감지 않은 채로 등장합니다. 워메 이게 무슨 꼬라지래? 그 상태로 저한테 좋아한다고 이야기 하네요. 좋아하는 마음이 갑자기 사라져버리지는 않겠지만 그 사람에 대해서 다시 생각해 볼 겁니다. 고백하는 상대가 술에 취한 채로 씻지도 않고 고백을 하는 경우는 거의 없겠지만 그런 상황에 놓인다면 정말 기분이 나쁠 거예요.

고백하는 사람의 입장에서는 어떤 분위기에서 어떤 말을 하면 상대방이 고백을 받아줄지 고민하게 됩니다. 어떻게 입으면 좀 더 멋지게 보일까도 생각할 거구요. 어떤 눈빛으로, 어떤 목소리로 상대에게 내 마음을 전달해야 할지에 대해서도 한참 동안 궁리할 거예요. 친구한테 전화해서 물어보기도 하고 인터넷을 찾아보기도 하면서요. 저도 그래본 적이 있거든요. 흐흐흐

우리는 프레젠테이션을 할 때도 이러한 고민을 해야 합니다. 가슴 떨리는 고백의 순간, 상대에게 '나'를 보여주는 것은 프레젠테이션 전체 과정으로 본다면 **발표**를 하는 것과 같습니다. 여기에는 보여주는 것뿐만 아니라 발표를 준비하는 과정도 포함되죠. 만약 발표를 하는데 준비가 덜 되었거나 발표하는 태도나 자세가 불량하다면 청중은 즉각적으로 거기에 반응을 합니다. 좋은 발표를 하기 위해서는 우선 발표자가 무대에 선 순간부터 청중의 관심을 유도할 수 있어야 합니다. 내용이 아무리 훌륭하다고 해도 청중의 관심을 끌어내지 못하면 잘 한 발표라고 할 수 없어요. 청중이 우리를 궁금하도록 만들어야 해요. 매력적으로 보여야 합니다. 그런 면에서 보면 발표자는 가수나 뮤지컬 배우와 비슷한 점이 많습니다. 그들은 무대에 올라가기 전까지 청중에게 보여줄 공연을 위해서 수많은 연습을 하고 오랜 시간 동안 분장을 하기도 하잖아요. 뛰어난 프레젠터도 무대에 서기 전까지 수많은 연습을 하고 청중에게 매력적으로 보일 수 있도록 자신을 꾸미죠. 학교에서 프레젠테이션을 하거나 어떤 모임에서 자기소개를 해 본 경험 한 번쯤 있으실 거예요. 그 때 이런 고민 해보셨나요? '어떻게 하면 내 앞에 있는 사람들이 나에게 호감을 가질 수 있을까?'와 같은 고민이요.

그런 경험이 있다면 칭찬을 해 드리고 싶습니다. 하지만 그런 적이 전혀 없다고 해도 칭찬을 드리고 싶어요. 왜냐하면 지금 이 책을 펴서 저와 이야기하고 있다는 것만으로도 여러분은 매력적인 발표자가 되려는 노력을 하고 있는 거니까요! 그럼 지금부터 매력적인 프레젠터가 되기 위해 떠나 봅시다!

●여기서 잠깐! 떨린다는 것, 걱정과 설렘 사이

우리는 발표를 할 때만 되면 긴장해서 자신도 모르게 손발을 덜덜 떨거나 말을 더듬죠. 눈은 어디에 맞춰야 하고 손은 또 어디에 둬야 하는 걸까요? 평소에는 이야기를 잘하는 데 무대에 올라가기만 하면 왜 이렇게 긴장이 되는 건지. 내려오면 무슨 이야기를 했는지 조차 기억나지 않을 때도 많죠. '발표 잘하는 사람들과 나는 무슨 차이가 있는 걸까?'란 고민을 해 보셨을 거예요.

그런데 그거 아세요? 아나운서나 자주 강연을 다니는 분들과 이야기를 나눠봐도 다들 떨림을 느낀다는 겁니다. 긴장을 한다는 거죠. 그런데 그들과 이야기를 나누면서 느낀 한 가지가 있습니다. 초보자와 전문가의 차이는 바로 발표에 대한 작은 '생각의 차이'에서 오는 것이라구요.

발표 경험이 별로 없는 대부분의 사람들을 보면 걱정과 우려의 감정이 그 사람을 둘러싸고 있습니다. 아무리 발표 준비를 많이 해도 나에 대한 사람들의 시선과 반응을 걱정하는 거죠. '잘못해서 실수를 하면 누가 나를 욕하는 건 아닐까?' '교수님한테 까이는 건 아닐까?' 이런 걱정들을 가지고 발표 준비를 합니다. 이러다 보면 실전에서도 남들이 보기에는 별 것도 아닌 것에 당황하고 전체적으로 발표를 망치게 되는 경우가 많습니다.

전문가들은 조금 다르게 생각합니다. '오늘은 어떤 사람들이 내 앞에 앉아 있을까?' '이번에는 어떤 청중이 나를 위해서 집중해 줄까?' '이번에는 어떤 멘트로 사람들을 즐겁게 해줄까?' '어떤 메시지를 사람들과 나눌 수 있을까?'처럼 발표에 대한 걱정보다는 기대를 하는 거죠. 설렘을 느끼는 겁니다. 결국 무대를 즐길 수 있는 힘을 얻게 되는 거죠.

걱정 → 설렘, 기대, 익숙함, 담담함

그런데 이런 생각이 갑자기 찾아오는 것은 아닙니다. 그들은 그만큼 무대에서 많은 시간을 보냈잖아요. 우리에게도 많은 경험과 노력이 필요합니다. 일단 부족하더라도 많이 부딪쳐 보면서 깨지고 또 발표하고 또 깨지고 해야 해요. 그러다 보면 발표가 걱정이 아니라 설렘으로 다가올 때가 올 겁니다.

매력적인 프레젠터가 되기 위한 첫 단계! 발표할 때의 모습 가꾸기입니다. 우리가 어떤 무대에 올라간다고 가정해 볼게요. 우리의 발표를 기대하는 사람이 과연 몇 명이나 될까요? 우리가 연예인 김제동이나 애플의 스티브 잡스 정도의 인지도를 가진다면 아무런 준비 없이 무대에 올라가도 사람들이 가지는 기대감이 크겠죠. 하지만 우리는 평범한 대학생입니다. 우리가 아무리 뛰어난 발표력과 기획력을 가졌다고 해도 청중은 우리에 대해서 아무 것도 모릅니다. 누구도 기대를 하지 않는 상태에서 발표를 하는 거죠. 따라서 무대에서 우리가 먼저 할 일은 아무 것도 없는 상태에서 청중의 시선을 사로잡는 것입니다. 어떻게 하면 청중의 시선을 사로잡을 수 있을까요?

1) 옷차림: 상황에 맞게 입자

어떤 친구와 좀 친해졌다 싶을 때 이런 질문 해보신 적 있을 거예요.

도대체 처음 봤을 때의 느낌은 왜 물어보는 걸까요? 첫인상보다는 내면의 가치가 더 중요한 것 아닌가요? 그런데 저도 이 질문을 자주 합니다.

상대가 나를 처음 봤을 때 어떤 느낌을 받는지 항상 궁금하기 마련이죠. 첫 인상을 기억해 준다는 것만으로 고마움을 느끼기도 합니다. 우리는 다른 사람을 만날 때 첫인상으로 그 사람의 됨됨이를 판단합니다. 타인의 내면에 숨겨져 있는 가치를 바로 알 수는 없는 노릇이니까요. 그러니 외모, 헤어스타일, 말투, 자세와 같이 밖으로 드러나는 것을 보고 그 사람의 성격을 어느 정도 파악할 수밖에 없죠.

발표에서도 첫인상은 굉장히 중요합니다. 청중과 발표자는 발표 시간이라는 짧은 순간 동안 만나기 때문이죠. 청중은 앞에서 보여지는 것만으로 발표자를 평가할 수밖에 없습니다. 그러면 청중은 발표자로부터 무엇을 볼까요? 외모요? 당연히 봅니다. 외모를 안 본다고 할 수는 없죠. 잘 생기고 예쁜 외모라면 당연히 눈에 띄고 집중도 잘 되겠죠.

하지만 그보다 중요한 것은 '발표자가 청중에게 발표할 예의를 갖추었는가?'입니다. 이것은 무엇을 통해서 알 수 있을까요? 바로 옷차림입니다. 청중은 발표자의 복장 상태를 보고 발표 준비를 했는지 안 했는지를 판단합니다. 만약 중요한 발표에서 어떤 학생이 후드티에 모자를 쓰고 무대에 선다면 사람들이 그 발표를 과연 집중해서 들을까요? 그 학생은 마이너스 상태에서 발표를 시작하는 겁니다. 이렇게 해서는 안됩니다. 우리는 옷차림으로 '아, 저 사람 준비 많이 했구나.'라는 느낌을 줘야 합니다. 그 느낌은 결국 발표에 대한 신뢰감으로 이어질 수 있게 되죠.

셔츠에 타이, 깔끔한
면바지를 입었다.

단색 블라우스에 치마
깔끔해 보인다.

대학생이 청중이라면
티셔츠에 자켓,
청바지도 괜찮다.

엠티에 왔다면
귀엽게 입는 것도 센스

그러면 남자는 수트, 여자는 블라우스에 검정 치마를 입는 게 정답일까요?
NO! 그건 아닙니다. 옷차림에서도 3P(Place, Purpose, People)를 고려해야 해요. 청중이 대학생으로 구성되어 있다면 조금은 편하게 셔츠나 니트를 입고 발표를 해도 좋습니다. 분위기가 딱딱하고 정숙한 자리라면 정장으로 차려입는 것이 좋겠죠. 군인 역할을 해야 하는 상황이 있다면 정말 군복을 입고 발표를 하는 겁니다. 제가 알고 있는 회사의 대표님은 대학생을 상대로 강연을 할 때 대학생에게 친근함을 표시하기 위해서 대학 시절의 교복을 입고 강연을 하실 때도 있어요.

디자인적으로 접근해볼 수도 있습니다. 슬라이드의 전체적인 칼라가 주황색이라면 주황색 셔츠로 포인트를 주는 건 어떨까요? 이렇게 전체적인 프레젠테이션의 느낌과 옷차림을 맞추면 청중의 눈을 사로잡을 수 있을 거예요.

2) 목소리: 녹음해보자

자, 프레젠터가 옷을 잘 차려입고 무대 한가운데에 섰습니다. 왠지 신뢰가 가네요. 그가 인사를 시작합니다. 그런데 저는 그의 목소리가 잘 안 들리네요. 더군다나 발음도 별로 안 좋아 보입니다. 제가 예민해서 그럴까요. 집중이 잘 안 되기 시작합니다. 어느 순간 딴 짓을 하고 있는 저를 발견하죠. 여러분도 이런 경험 있으실 겁니다. 발표자의 목소리와 발음은 청중의 집중도를 결정하는 중요한 요소입니다. 발표를 듣다보면 귀에 딱 꽂히는 목소리가 있죠. 이병헌이나 이선균 같은 목소리를 가진 사람이 발표를 한다고 생각해 보세요. 다들 집중하지 않겠어요? 우리는 그런 목소리에 한 번 더 귀 기울이게 됩니다. 정확한 발음도 마찬가지죠.

여러분은 혹시 자신의 목소리와 발음을 직접 들어보신 적 있으신가요?

일단 자신의 목소리를 한 번 녹음해서 들어보세요. 내 목소리가 큰 편인지 작은 편인지 또 내 발음이 정확한지 새는지 단번에 파악할 수 있습니다. 아마 적잖이 놀라실 거예요. 괴상한 목소리가 처음에 들릴 수도 있어요. '이게 설마 내 목소리야?'하는 분도 있을 거예요.

발성교정을 하기 위해 관련 책들을 보면 교정을 위해 복식호흡법이나 "된장간장공장장" 같이 여러분들이 익히 아시는 발음훈련법 등을 추천합니다. 그러나 이런 방법들은 그다지 효과적이지 않습니다. 형식적이고 꾸준히 연습하기에 한계가 있기 때문이죠. 가장 중요한 건 재미가 없습니다. 재미가 없으니 금방 싫증이 나게 됩니다. 이런 방법보다는 그냥 편하게 친구랑 대화할 때나 전화할 때 내 목소리를 녹음해서 들어보세요. 요즘에는 스마트폰 덕분에 녹음이 굉장히 편해졌잖아요. 내 목소리에서 무엇이 문제인지 직접 알아내고 고치려고 노력하다보면 목소리나 발음은 점점 좋아집니다. 대신 잊지 말아야 할 것은 하루에 10분이라도 꾸준히 해야 한다는 것입니다. 지속성이 없으면 그 어떤 변화도 일어나지 않고 제자리에 머물 수밖에 없습니다.

3) 비언어적 표현: 시나브로 고치자

비언어적 표현? 어렵게 쓰는 말 같죠. 쉽게 바꿔보면, '입으로 말하지 않고 쓰는 언어' 정도로 쓸 수 있을 것 같습니다. 입으로 말하지 않고 쓰는 언어에는 어떤 게 있을까요? 손을 사용해서 이야기를 할 수도 있겠고, 눈빛으로 생각을 주고받을 수도 있겠죠. 또한 자세를 통해서 어떤 분위기를 전달할 수도 있을 거예요.

● 제스처

우선 손은 어떻게 사용해야 할까요? 손동작을 이용해서 의미를 전달하는 것을 흔히 제스처라고 이야기합니다. 이것도 프레젠테이션 이론 책을 보면 굉장히 복잡하게 적혀 있어요. 예를 들어서 '손등을 보여주는 것과 손바닥을 보여주는 것에는 각각 다른 의미가 있다.', '손을 가로 세로로 사용할 때 각각의 의미도 달라진다.' 등등. 사실 우리가 발표할 때 이런 것까지 신경을 쓸까요? 이렇게 의미를 일일이 외우면서 사용하면 굉장히 어색하고 억지로 쓰는 느낌이 드는 경우가 많습니다. 그냥 손은 배꼽 아래쪽 단전에 편안하게 올려놓은 다음에 자연스럽게 쓰면 됩니다.

그러면 몇 가지 주의할 점을 알아볼까요? 우선 어떤 사물이나 사람을 가리킬 때는 하나의 손가락 만을 사용하지 않는 게 좋습니다. 상대방이 느끼기에는 예의 없어 보일 수 있거든요. 발표를 처음 하는 분들은 이런 실수를 많이 합니다. 어떤 사물이나 나를 포함한 사람을 가리키고 싶을 때는 손가락을 모두 펴서 손바닥으로 가리키는 게 좋습니다.

그리고 발표를 할 때 보면 손으로 스크린을 건드리는 분이 있어요. 그러면 스크린이 이리저리 흔들리게 됩니다. 발표자가 무대에 올라가면 정신이 없어서 그럴 수도 있겠죠. 하지만 청중의 입장에서 보면 이런 행동은 나의 집중도를 흐트리게 만들죠. 따라서 스크린에 있는 글자나 그림을 강조할 때는 스크린을 접촉하지 않고 가리키는 것이 좋습니다.

덧붙여서 레이저 포인터 사용에 대해서도 이야기를 해야겠네요. 레이저 포인터를 사용하는 목적은 주로 내용을 강조하기 위해서입니다. 그런데 대체로 교수님들이 레이저 포인터를 사용하는 걸 보면 참 비슷해요. 이리저리 막 돌리면서 현란한 동그라미와 직선을 그리시죠. 눈을 도대체 어디에 둬야할지도 모르겠고 어지러워지기만 하죠. 정말 안 좋은 예입니다. 그런데 신기하게도 많은 분들이 그렇게 사용을 하고 있죠. 그래서 저는 레이저 포인터를 사용하지 않을 것을 추천합니다.

만약 강조하고 싶은 내용이 있다면 PPT를 사용해서도 충분히 보여줄 수 있습니다. 애니메이션으로 강조 효과를 주면서 그것을 손으로 가리키기만 해도 강조가 되거든요. 그런데 '나는 꼭 레이저 포인트를 사용하고 싶다.' 하시면 강조할 부분을 레이저로 살짝 짚어주는 게 좋습니다. 도형을 그리는 게 아니라 점을 찍는 거죠. 점을 찍어도 충분히 잘 보이니까요.

●눈빛

지금은 수업중 발표를 하는 시간입니다. 여러분은 청중이 되어서 앞에 있는 발표자를 보고 있습니다. 만약 발표자가 여러분과 오랫동안 시선을 마주친다면 그만큼 열심히 발표를 들을 겁니다. 하지만 발표자가 내 눈을 피하고 대본과 스크린만을 계속 쳐다보고 발표를 한다면 어떨까요? 우리는 금방 집중력을 잃고 딴짓을 할 겁니다. 어떤 사람과 서로 눈을 마주치고 있는 시간과 비례하는 것이 있다고 합니다. 바로 친밀도입니다. 눈을 마주치는 시간이 길수록 상대방과 친하다는 것을 우리도 모르게 느낀다는 것이죠. 발표에 있어서도 청중과의 눈빛 교환은 아주 중요합니다. 그러면 청중과 눈빛을 잘 교환하기 위해서는 어떻게 해야 할까요?

첫째, 발표를 할 때는 앞을 보는 것이 중요합니다. PPT를 띄워놓았다고 하더라도 강조할 부분에서만 스크린을 바라보는 것이 좋구요. 그 외의 시간은 청중과 눈을 마주치고 대화를 해야 합니다.

둘째, 청중이 내 앞 모습을 완전히 볼 수 있도록 해야 합니다. 학교에서는 단상 뒤에 서서 대본을 읽으면서 발표를 하는 학생들이 많이 있습니다. 이런 자세는 일단 자신감이 없다는 표시로 보일 수 있습니다. 따라서 단상에서 벗어나 청중이 내 앞모습과 손동작을 편하게 볼 수 있도록 하는 것이 좋습니다.

셋째, 어떤 문장을 말하고 있는 중에는 시선을 고정시키는 것이 좋습니다. 말하고 있는 도중에 눈을 여기저기로 옮기면 산만해 보일 수 있거든요. 따라서 한 문장이 끝나거나 문장 안에서도 쉬는 타이밍이 있을 때 시선을 옮기는 것이 좋습니다.

시선처리는 어떻게 연습하는 것이 좋을까요? 제가 하는 방법은 평소 생활 속에서 실천하는 겁니다. 저는 평소에 수업 시간이나 친구들과의 대화에서 시선처리 연습을 하려고 노력합니다. 수업 시간에 질문할 때를 보면 대부분의 학생들이 교수님만을 보고 이야기를 하죠. 하지만 질문을 할 때면 학생들의 시선이 질문자에게 모두 쏠리게 되는 것을 느낄 수 있습니다. 이때를 연습의 기회로 삼는 거죠. 저는 수업 시간에 질문을 많이 해서 질문을 하면서 다른 학생들과 눈을 마주치려고 노력합니다. 아직도 잘 안 되는 부분이긴 한데 의식하고 하다보면 다른 학생들과 자연스럽게 눈을 마주치게 될 때가 있습니다. 또한 여러 명과 대화할 때도 한 사람에게만 시선을 집중하는 경우가 많은데 시선을 옮기는 연습을 하면 정말 여러 사람과 이야기한다는 느낌을 받을 수 있습니다. 여러분도 평소에 연습을 해보시면 좋을 거예요.

● **자세**

일단 발표자는 허리를 쫙 펴고 당당하게 서 있어야 합니다. 발표 내용에 대해서 자신이 있다는 것을 몸으로 보여줘야 합니다. 그런 모습을 보면서 청중도 신뢰감을 가질 수 있거든요.

인사를 할 때도 자신감 넘치게 해야 합니다. 많은 학생들이 수줍음이 많아서, 아니면 귀찮아서 인사를 생략합니다. 만약 한다고 해도 차라리 하지 않는 게 낫겠다 싶을 정도로 쭈뼛쭈뼛 인사를 하기도 하죠. 하지만 발표에서 인사는 정말 중요합니다. 인사만 자신감 있게 해도 발표 분위기가 즐겁게 흘러갈 수 있습니다. 그럼 인사하는 방법을 볼까요?

프레젠테이션에서 인사를 할 때는 90° 완전히 숙여서 인사를 하는 것이 아니라 45° 정도로 고개를 숙이고 인사를 해야 합니다. 그런데 질문을 하나 드릴게요!

"안녕하세요."라고 인사를 한 다음에 고개를 숙여야 할까요? 아니면 고개를 숙인 다음에 "안녕하세요."라고 인사를 해야 할까요?

정답은 바로 '상관없다'입니다. 일단 인사를 한다는 것이 중요합니다. 주의할 점은 고개를 숙이는 것과 동시에 인사를 해서는 안 된다는 거예요. 고개를 숙이면서 상태에서 인사를 하면 목소리가 제대로 나오지 않게 되거든요. 많은 분들이 자기도 모르게 그렇게 인사를 하시는데 이번 기회에 제대로 기억해 두자구요. 인사를 했으면 대부분 여성분들은 머리를 넘기고 남성분들은 코를 만지작거리기도 하는데, 이것은 분위기를 산만하게 만들 수 있기 때문에 인사를 한 후에는 손을 가지런히 하고 바로 단전 위치에 갖다 놓는 것이 좋습니다.

발표를 보면 그 사람의 습관이 눈에 보입니다.

대화할 때 평소에 손짓을 많이 사용하는 친구는 발표에서도 손짓을 많이 사용합니다. 평소 걷는 자세가 건들건들한 친구는 발표할 때도 자세가 건들건들해요. 평소에 말투가 공격적인 사람은 발표에서도 자연스럽게 공격적인 어투가 나옵니다.

피드백에서 지적을 하고 발표 연습을 할 때 고치려고 해도 이것은 쉽게 고쳐지지 않습니다. 왜냐하면 '발표 습관'은 곧 자신의 '생활 습관'이기 때문이죠. 프레젠테이션을 잘하고 싶다면 평소에 자신이 어떤 습관으로 살고 있는지 반드시 점검을 해 볼 필요가 있습니다. 내 평소 걸음걸이는 어떤지, 내가 친구들과 대화할 때 시선처리는 어떻게 하는지, 내 말투는 어떤지 등에 대해서요.

습관을 들이는 것이 하루아침에 일어나지 않잖아요. 정말 꾸준히 오랜 시간동

안 노력해야 좋은 습관을 가질 수 있는 거죠. 발표할 때 손짓을 편하게 사용하고 싶다면 제스처를 잘 사용하는 친구들을 따라해 보기도 하고 길을 걸으면서도 연습을 해야 해요. 시선처리가 잘 안된다면 평소에 사람들과 눈을 맞추고 이야기해보는 노력을 해야 합니다.

발표는 곧 생활입니다. 생활이 곧 발표입니다. 교수님께 질문을 하는 것도, 친구들과 대화를 하는 것도, 물건을 사면서 점원과 대화를 하는 것도 모두 발표라고 생각해보세요. 심지어 동네 사람들과 인사를 하는 것도 마찬가지입니다. 발표를 연습할 기회는 사방에 널려있습니다. 그 기회를 놓치지 마세요. 시나브로라는 말처럼 나도 모르는 사이에 조금씩 조금씩 발표 실력이 향상 될 거예요.

●여기서 잠깐! 당신에게 주어진 발표 시간 10분, 10분이 아니에요.

여러분은 살아오면서 여러 가지 발표를 경험하셨을 거예요. 학교에서 진행되었던 1시간의 논문 발표, 3분 동안 영어 학원에서 했던 자기소개, 동아리 뒤풀이에서 했던 10초 동안의 건배사 등. 그런데 그거 아세요? 여러분에게 주어졌던 10분이 그냥 10분이 아니란 거! 어떤 분은 이게 무슨 소린가 할 거예요. '10분이 10분이지 10분이 아니라는 소리는 뭔 소리냐' 하실 겁니다. 지금부터 염스프레소의 설명을 잘 들어보세요. 물리적으로 보면 그냥 단순히 10분의 시간이지만 청중이 30명이라고 했을 때 청중 각자가 가진 시간을 각각 산술적으로 더해보면 몇 시간이 나오죠?

$$(10 + 10 + ...) = 10분 \times 30 = 300분 = 5시간!$$

5시간이 나옵니다.

당신에게는 10분이 아니라 5시간이 주어진 거예요. 내 발표에 10분이 아니라 5시간이 쓰인다고 생각하면 분명 10분이라는 발표 시간이 다르게 느껴질 거예요. 만약 발표 시간이 1시간에 30명이 청중이면, 뜨아! 하루가 넘는 시간이에요. 유피 활동을 하면 16주 동안 매주 토요일마다 발표를 합니다. 저도 사람이다 보니 이 활동이 지겨워 질때가 있었거든요. 그 때 이 이야기를 다른 친구에게 들었습니다. '아, 내 발표를 듣기 위해서 많은 사람들이 자기 시간을 나에게 투자하고 있구나'라는 생각이 들었습니다. 그 전에는 무심하게 생각하던 발표 시간이 좀 더 소중하게 여겨지고, 좀 더 열심히 해야겠다는 생각을 했어요. 그런데 제 이야기를 듣고 말도 안 된다고 하시는 분이 있을 거예요. "10분은 10분이다!"라고 하실 수도 있습니다. 하지만 제가 하고 싶은 이야기는 자신의 발표에 대해서 좀 더 책임감을 가지고 발표를 해 보자는 거예요. 청중들은 온전히 자신의 시간을 발표자를 위해서 쓰고 있는 거잖아요. 이런 생각을 가슴에 품고 발표에 임하는 사람과 그렇지 않은 사람은 큰 차이가 있을 거라고 생각합니다. 여러분도 이제부터는 발표 준비를 할 때 이렇게 생각해보는 것은 어떨까요?

그래. 이 분들은 자신의 10분을 온전히 나한테 맡긴 거야.
그 시간을 한 번 값지게 만들어보자.

좀 더 멋진 발표를 할 수 있을 거예요.

발표를 잘 하기 위해서는 바로 연습을 하는 것도 좋지만 우선 발표에 대한 안목을 기르는 노력도 필요합니다. 어떤 발표가 청중의 공감을 이끌어 내는 지 알 필요가 있겠죠. 요즘은 무료로 좋은 강연을 볼 수 있는 곳이 많이 있어요. 제가 추천하는 콘텐츠는 세바시(세상을 바꾸는 시간 15분)와 TED입니다.

이 강연들에서는 다양한 분야의 전문가들이 자신의 인생에 대해서, 그리고 세상을 변화시키는 아이디어에 대해서 이야기를 합니다. 많은 연사들이 뛰어난 발표 실력을 가지고 있기 때문에 발표에 대한 안목을 기르는 데도 도움이 됩니다.

강의 보기에 더해서 연사들을 따라서 연습을 해보는 것도 좋습니다. 동동이가 디자인 부분에서 말한 것처럼 처음에는 모방을 통해서 연습을 하다 보면 나중에는 자신의 발표 스타일을 찾을 수 있을 거예요.

세바시, TED를 통한 발표 연습 방법!

❶ **본다** – 한 사람의 발표를 여러 번 본다.

❷ **적는다** – 스크립트를 타이핑 해서 따라 적는다.

❸ **외운다** – 스크립트를 외우면서 발표 연습을 한다.

❹ **말한다** – 영상을 찍거나 다른 사람들 앞에서 발표를 해본다.

❺ **또 한다** – 혼자서 혹은 다른 사람에게 피드백을 받고 연습을 반복한다.

으으! 기획과 디자인을 하면서 너무 힘을 빼서 그런가? 솔직히 이때가 되면 좀 귀찮기도 하고 얼른 발표를 해 버렸으면 하는 생각이 듭니다. 시험기간에 공부를 별로 하지 못했어도 그냥 시험치고 놀고 싶은 심정이랄까요. 발표를 하기 전에 열 번 정도는 연습을 제대로 해야겠다고 다짐했는데 다섯 번 정도만 연습해도 뭔가 지치고 발표 시간만 기다릴 때가 있죠. 하지만 과거를 돌이켜보면 이 과정을 제대로 준비하지 못해서 실전에서 실수한 경험이 한 번쯤 있으실 거예요. 저도 발표를 한 후에는 '이 때 준비를 제대로 했더라면'이라고 후회했던 적이 얼마나 많은지. 중요한 건 알겠는데 좀 더 재미있게, 제대로 리허설을 준비할 방법은 없을까요?

1) 리허설이 왜 중요할까?

리허설을 단순히 '대본 외우기'라고 생각하면 귀찮고 따분해지기 쉽습니다. 하지만 연습을 제대로 해 봤다면 알 거예요. 리허설을 하다보면 대본에서 부자연스러운 부분이 많이 발견됩니다. 기록하는 것과 내뱉는 것은 많이 달라서 그냥 글로 보면 무리가 없는 내용인 것 같은데도 막상 입으로 뱉어보면 스스로 어색하게 느껴지는 부분이 많습니다. 발표자에게 부자연스럽다면 그것을 듣는 사람도 그렇게 느끼기 쉽죠. 이것은 말투 때문일 수도 있고 어려운 용어 때문일 수도 있습니다. 리허설에서는 그 어색한 부분을 자연스럽게 고쳐가야 해요. 이해하기 어려운 말들을 사람들이 알아듣기 쉬운 언어로 바꿔야 하는 거죠. 말투나 용어뿐만 아니라 전체적인 흐름에서도 어색한 부분이 많이 발견됩니다. 그 부분을 자연스럽게 고치면서 기획을 좀 더 탄탄하게 만들 수도 있습니다. 그럼 리허설은 어떻게 해야 할까요?

● **셀프 리허설**

처음에는 혼자서 거울이나 창문을 보고 중얼거리면서 대본을 외웁니다. 동시에 어색한 부분을 조금씩 다듬죠. 하나의 문장을 열 번 정도 반복해서 말하면 그 문장은 어느 정도 외울 수 있습니다.

대본을 외우면서 주의할 점은 전체적인 숲을 항상 생각해야 한다는 것입니다. 머릿속에서 키워드들이 연결되어야 합니다. 따라서 문장을 외우면서도 슬라이드에 담겨진 키워드와 원 메시지가 무엇인지 떠올려야 합니다. 발표중에 대사를 잊어버려도 슬라이드에 담긴 키워드와 전달하려는 핵심 메시지만 제대로 알고 있다면 이야기를 계속해서 풀어나갈 수 있습니다.

저는 대본을 어느 정도 외우기 전까지는 사람들 앞에서 연습을 하지 않습니다. 혼자서 연습을 하죠. 일단 뭔가 부족한 채로 연습을 하면 괜히 더 긴장되거든요. 부족한 상태에서 발표 연습을 하면 좋은 내용임에도 불구하고 다른 사람이 듣기에는 기획이 부실해 보입니다. 그래서 이것저것 바꿔야 할 것 같은 생각도 들기도 하구요. 그래서 내용을 숙지할 때까지는 집에서나 빈 공터, 빈 강의실에서 혼자 큰 소리로 연습을 합니다. 큰 소리로 연습을 많이 해둬야 합니다. 왜냐하면 실전에서는 긴장을 해서 그것보다 작은 목소리를 내는 경우가 많으니까요.

요즘에는 스마트폰이나 MP3플레이어로 녹음을 하기가 편하기 때문에 음성 리허설을 하기도 합니다. 녹음을 하면서 암기 확인을 하고 거기에 더해서 목소리와 발음을 고치는 시간을 갖는 거죠.

● **영상 리허설**

전체적인 흐름에 따라서 대본을 외울 수 있게 되면 그 다음으로 영상 리허설을 합니다. 요즘에는 스마트폰으로 영상을 촬영하기 쉬워서 리허설에도 정말 유용하게 쓸 수 있어요. 저도 영상으로 리허설을 한 지는 얼마 되지 않았는데 한 번 해보니까 좋더라구요. 처음 영상 리허설을 해 본 것은 2011년 전국 대학생 프레젠테이션 대회에 나갔을 때입니다. 요즘에는 프레젠테이션에 대한 관심이 많아져서 대학생이 참여하는 프레젠테이션 대회가 많이 생겼는데 그 때만 해도 이 대회가 가장 컸습니다. 결선에 나가면 세바시(세상을 바꾸는 시간 15분)에서 강연을 할 수 있는 기회가 주어지는 거라 꼭 결선에 나가보고 싶었죠. 그런데 참가자가 많다 보니 예심을 현장에서 보는 게 아니라 동영상으로 평가한다고 했습니다. 좀 특이하다고 생각했는데 동영상 촬영, 이게 보통 일이 아니에요. 연습을 하고 촬영된 영상을 보면 실수한 게 그렇게 잘 보일 수가 없어요. 말투, 동작, 시선처리까지 정말 신경 쓸 게 얼마나 많은지, 영상 하나 제출하는데 100번은 넘게 연습해서 제출했습니다.

영상 촬영을 하면 몰랐던 자신의 단점을 쉽게 관찰할 수 있고, 즉석에서 고칠 수도 있습니다. 정말 유용하죠. 그리고 부끄럽지만 그것을 기록으로 남길 수도 있구요. 연습 도구로서는 정말 훌륭하다고 생각합니다. 이 과정을 거치면서 스피치 실력이 많이 늘었습니다.

어떻게 보면 굉장히 번거롭고 어색하지만 조금씩 나아지는 것을 눈으로 직접 확인하면서 뿌듯함을 느낄 수도 있습니다. 비록 예선에서는 탈락했지만 말이죠. 주의할 점이 한 가지 있다면 영상 리허설 전에 셀프 리허설에서 대본 숙지는 어느 정도 끝내 놓는 것이 좋습니다. 동영상 리허설에서는 비언어적 표현(제스처, 시선처리, 자세)까지 연습해야 하기 때문에 대본을 제대로 외우지 않으면 여러 가지 신경 쓸 게 많고 복잡해집니다.

● **드레스 리허설**

유피에는 경쟁PT와 세미나, 이렇게 두 가지의 대외적인 행사가 있습니다. 경쟁PT에서는 다른 PT 동아리와 같은 주제를 놓고 팀별로 PT를 해서 우승을 가립니다. 세미나는 지금까지 배웠던 프레젠테이션에 대한 지식을 다른 사람들과 나누는 행사입니다. 두 행사가 대외적으로 치러지는 행사다 보니 그만큼 청중의 수도 많고 준비를 철저히 합니다. 행사의 전체적인 기획부터 발표자의 발표까지 말이죠. 행사 며칠 전에는 발표자들이 모두 모여서 리허설을 합니다. 이 때 중요한 것은! 발표 당일에 입을 복장을 갖추고 연습을 하는 것입니다. 전문적으로는 이를 드레스 리허설이라고 합니다. 만약 발표 하는 날에 처음 옷을 입으면 막상 발표를 할 때 불편함을 느낄 수 있습니다. 별거 아닌 것 같아도 막상 심리적으로는 큰 부담으로 다가와서 발표에서 실수를 하기 쉽습니다. 사이즈가 맞지 않아서 움직임에 불편함을 느끼는 경우도 있구요. 따라서 옷차림을 먼저 갖추고 연습을 하면 실전에서도 편하게 발표를 할 수 있습니다. 청중의 시선을 사로잡는 첫째, 바로 옷차림이라고 했습니다. 평소에 발표할 때 입을 수 있는 옷을 따로 구해두는 것도 훌륭한 프레젠터가 되기 위한 방법이 될 것입니다.

리허설 방식에 있어서 정답은 없습니다. 사람마다 성격도 다르고 발표의 스타일도 다르기 때문이죠. 중요한 것은 많은 시도를 해보고 자신에게 가장 적합한 리허설 방법을 찾아서 발표에 적용시켜야 하는 거죠. 여러분도 발표기회를 많이 가지기 위해서 노력하고, 적합한 리허설 방법을 찾으려고 함께 노력해 봐요.

●**여기서 잠깐! 청중은 나의 적?**

발표를 하는데 아는 사람이 한 명도 없을 때면 모두가 나를 경계하고 있는 듯한 느낌을 받을 때가 있죠. 괜히 내 앞에 있는 사람이 모두 적으로 느껴질 때가 있습니다. 실수를 하지 않고 청산유수와 같이 발표를 했다고 해도 청중의 반응이 없으면 그것이 좋은 발표라고 할 수는 없겠죠?

학교 수업에서 이런 경우가 굉장히 많습니다. 전공에서는 아는 학생이 많지만 교양이나 복수전공은 모르는 사람이 대부분이니 이런 기분을 느끼기 쉽죠. 그러면 어떻게 해야 할까요? 그냥 그러려니 하고 넘어가야 할까요? 아니요!

우리는 발표장에서 최대한 많은 사람을 내 편으로 만들기 위해서 노력해야 합니다. 청중을 내 편으로 만들기만 하면 발표의 분위기를 어느 정도 내 페이스대로 가져갈 수 있습니다.

그러면 나를 잘 모르는 청중의 마음을 열기 위해서는 어떻게 해야 할까요? 우선 우리의 솔직한 모습을 청중에게 보여주는 게 좋아요. 떨리면 떨린다고 이야기하는 겁니다.

"사람들 앞에 서는 건 항상 긴장되네요. 죄송하지만 몸 좀 풀고 시작할게요."

먼저 발표자는 멘트를 하고 몸을 움직이면서 긴장을 풀 수 있겠지요. 이에 더해서 청중은 발표자를 좀 더 편하게 느낄 것이고 발표하는 장소의 분위기도 전체적으로 밝아질 거예요. 발표하는 사람의 완벽한 모습보다는 빈틈이 있는 모습에 '음, 긴장 풀어도 되겠구나.'라는 생각을 할 겁니다. 아니면 간단한 유머로 시작해도 좋아요. 저는 평소에 외국인 같이 생겼다는 소리를 많이 들어서 이것을 발표 시간에 무기로 사용합니다.

"안녕하세요. 프레젠터 엄스프레소입니다.
여러분에게 고백할 게 있는데요. 사실, 저 한국인입니다.
이런 얼굴 진짜 보기 힘들어요. 여러분은 땡 잡으신 겁니다."

이렇게 하면 많은 분이 웃으면서 제 발표를 듣습니다. 이렇게 사람들이 평소에 놀리는 소재를 자기소개에 이용해 보는 것도 좋을 거예요. 비장의 무기가 될 수 있습니다. 자신의 단점, 부족한 점을 솔직하게 말할 때 상대방은 경계를 풀고 다가올 수 있거든요. 키가 작다면 "여러분, 제가 원래 이렇게 키가 작지 않아요. 여러분과 눈을 맞추려고 잠시 줄인 거예요."라고 말해볼 수 있겠죠. 청중은 나의 적? 아니요! 진짜 우리의 적은 청중을 먼저 어려워하는 태도입니다. 먼저 다가가세요! 그러면 청중도 마음을 열 거예요.

Tip1. 발표 직전에 해야 할 것!

❶ 호주머니를 확인하라 핸드폰, 동전, 이어폰 등을 미리 빼놓자.
더부룩한 주머니는 사양한다.

❷ 물을 준비하라 긴장될 때는 물을 마셔주는 센스

❸ 음식, 많이 먹지 마라 돌발 상황이 발생할 수 있다.
배고프지 않은 상태를 유지하는 것이 좋다.

❹ 발표 장소에 미리 가라 컴퓨터가 잘 작동하는지 확인한다.
PPT 버전이 맞는지 확인한다.
삽입한 영상과 음악이 잘 돌아가는지 확인한다.
스피커 소리 크기가 적당한지 확인한다.
프리젠터(리모컨)가 잘 작동하는지 점검한다.
마이크가 무선인지, 유선인지 확인한다.
마이크를 쓸지 말지 일찍 와서 결정해라.
스크린의 크기는 어느 정도인지 확인한다.

꼼꼼하게 준비할수록 실수의 확률을 줄여준다.

Tip2. 발표에서의 시간 관리

누구나 아는 내용이지만 지키기도 어렵습니다. 하고 싶은 이야기를 하다보면 금방 시간을 넘기죠. 10분 발표를 20분 동안 해버리는 학생들도 있습니다. 그런데 발표자에게 1분은 금방 지나가버리는 시간이지만 청중의 입장에서는 아니라는 겁니다. 교수님이 1분이라도 수업을 늦게 끝내주면 어때요? 막 짜증나잖아요.

실전에서 시간 초과는 절대 용납되지 않습니다. 특히 전문가들 앞에서는 더더욱이요. 아무리 발표가 훌륭해도 시간이 초과된다면, 그 PT는 마이너스 점수에요. 시간 엄수는 청중과의 약속입니다. 시간을 어겼다는 것은 청중과의 약속을 지키지 않았다는 것이 되죠. 시간에 맞게 발표를 하기 위해서는 리허설을 하면서 시간 체크를 해야 합니다. 대본이 점점 몸에, 그리고 입에 익숙해지다보면 자연스럽게 시간을 조절할 수 있습니다. 연습 그리고 연습!

자! 지금까지 준비했던 발표를 마쳤습니다. 발표할 때는 다양한 상황이 연출되었을 거예요. 리허설을 할 때보다 긴장해서 발표를 매끄럽게 못한 사람도 있고 이와는 다르게 발표 전에는 엄청 긴장했는데도 의외로 실전에서 발표를 잘하는 사람도 있을 거구요. 음악이 나오지 않거나 예상했던 청중의 반응이 나오지 않아 당황해서 발표를 중간에 멈추고 다시 시작하는 사람도 있습니다. 발표의 만족도는 프리젠터의 표정만 봐도 다 알 수 있죠. 여러분은 어떤 발표를 하셨나요? 만족했든 못했든, 준비한 발표는 끝났습니다. 발표를 마친 상태, 우리는 뭘 해야 할까요?

발표가 끝났다! 아쉽다. 더 연습 많이 할 걸. 다음에는 더 열심히 해야겠다.

이 정도 생각이 머릿속에 떠오르겠죠? 발표 자료로 만들었던 PPT 자료는 깊숙이 컴퓨터에 넣어두고 다른 업무를 시작할 겁니다. 여기서 끝내면 안돼요! 발표가 끝나면 여러분의 진정한 실력 향상을 위해서 꼭 해야할 것이 있습니다. 바로 피드백입니다. 발표에서는 예습(리허설) 못지않게 복습(피드백)이 잘 이루어져야 합니다. 책을 읽었으면 독후감을 써야 하고 오늘 하루를 마쳤으면 일기를 쓰듯이 발표를 끝냈으면 나의 발표에 대해서 피드백을 해야 하는 거죠.

위의 대화를 보면 다른 점이 느껴지실 겁니다.

[대화1]은 한 사람이 다른 사람에게 의견을 일방적으로 전달하고 있는 것이고 [대화2]는 두 명이 서로 의견을 교환하고 있습니다. [대화1]에 비해서 [대화2] 는 의견 교환을 통해서 다양한 아이디어를 낼 수도 있고, 자신에게 잘못된 의 견이 있었다면 다른 사람의 의견을 반영해 수정할 수도 있습니다.

이처럼 우리가 사람들과 대화를 나눌 때, 제가 어떤 주제에 대해서 이야기하면 상대방이 그 의견에 대해서 자신의 생각을 이야기하는 것. 그것을 바로 피드백(FEEDBACK)이라고 하는데요, 피드백을 통해서 서로 의견을 나누면서 쌍방향 소통을 할 수 있는 것이죠. 피드백은 프레젠테이션 능력을 향상시키기 위해서 가장 중요한 단계라고 할 수 있습니다. 제가 유피 스터디에서도 가장 강조하는 부분이 바로 이 피드백입니다.

2) 피드백 방법

그럼 피드백에 대해서 제대로 분석해 볼까요? 프레젠테이션에서는 피드백의 종류를 세 가지로 나눠볼 수 있습니다.

●실시간 피드백

우리가 프레젠테이션을 할 때 청중은 자신도 모르게 어떤 표정이나 몸짓으로 반응을 합니다. 발표가 재미있다면 어떻게 할까요? 미소를 짓거나 소리를 내면서 웃기도 하고 어떤 대목에서는 박수를 치기도 하겠죠. 또한 발표에 집중하면 몸을 프레젠터 쪽으로 가까이 붙여서 듣거나 눈을 반짝반짝 빛내면서 들을 겁니다. 반대로 발표가 재미가 없다면 어떨까요? 졸고 있는 사람도 있을 것이고 폰을 만지는 사람도 있을 겁니다. '이 부분에서는 재밌겠지? 흐흐' 라고 생각하면서 준비한 말에 청중이 아무런 미동도 없을 수가 있습니다. 이게 바로 실시간으로 전달되는 피드백입니다. 비록 말을 하지는 않지만 말보다 더 강한 힘을 가질 수도 있죠.

프레젠터로서 우리가 할 일은 발표 후에 그 반응들을 영상으로 남겨두거나 기록해두는 거예요. 어떤 부분에서 재미가 있었는지, 어떤 부분에서 청중이 제대로 집중을 했는지 그리고 내가 웃기다고 생각한 부분에서 왜 청중들이 정색을 했는지에 대해서 최대한 상세하게 적어보고 그 감정들을 고스란히 간직하는 거예요. 그리고 더 나아가서 다음에 어떻게 하면 더 효과적으로 청중들과 소통할 수 있을지에 대해서 개선책을 적어보기도 하는 거죠. 만약 청중의 반응이 무덤덤하다고 해서 상처받을 필요없어요. 청중의 반응은 나의 발표에 대한 즉각적인 신호입니다. 이 신호를 놓치지 않고 잘 기억해둔다면 다음에는 더 발전된 프레젠테이션을 할 수 있는 발판을 마련할 수 있을 거예요. 단, 이것은 발표가 끝나면 최대한 빨리 해두는 게 좋습니다. 무대에서의 생생한 기억은 하루만 지나도 생각이 잘 나지 않을 수가 있거든요. 내 기억 속에서 쿵쾅쿵쾅 심장이 뛸 때 기록을 해 두자고요.

● 셀프 피드백

PT를 처음 기획할 때부터의 과정으로 돌아가 혼자서 기획 – 디자인 – 발표에 대해서 꼼꼼히, 그리고 곰곰히 살펴보는 겁니다. 발표를 준비하는 과정에서는 완벽한 공사라고 생각했을지라도 막상 끝나고 보면 구석구석에 빈틈과 균열들이 발견되거든요. 기획이든, 디자인이든, 발표든 신기하게도 발표를 마치고 어느 정도 시간이 지나면 좀 더 객관적으로 볼 수 있게 됩니다. 발표를 하기 전에는 '이 정도면 괜찮겠지'라고 생각했던 것들이 많이 있습니다. 하지만 발표를 하고 나면 그 껍질들이 벗겨져서 제대로 된 그림이 보이기 시작합니다. 그러면 그 때부터 좀 더 객관적인 입장에서 피드백을 할 수 있는 거예요. 일단 이 과정을 위해서는 팀원끼리 기록을 잘 해두어야 해요. 기획 단계에서 썼던 브레인스토밍 과정부터 회의 내용들, PPT 파일, 대본 그리고 발표할 때 찍어둔 영상들을 처음부터 돌아가서 차근차근 다시 보는 겁니다. 문제점이 어디서 발생했는지 파악하고, 개선책을 찾고, 다시 기획도 하고, 디자인도 바꿔보고, 발표도 새로 해보면서 다듬는 과정을 거치는 거죠. 이 과정, 굉장히 부끄러울 거예요. 부족한 점이 너무 많이 보일 수도 있습니다. 영상 보는 데 손발이 오그라들고 컴퓨터를 던져버리고 싶을 수도 있어요. '내가 정말 이랬어? 으으! 이거나 아니야' 할 겁니다. 하지만 꾹 참고, 한 번 보고 또 보세요. 이 과정은 기획부터 발표까지 직접 참여한 우리 자신만 할 수 있는 겁니다. 이 과정을 거치고 나면 프레젠테이션을 보는 안목이 높아져 있을 거예요.

피드백 체크 리스트	
원 메시지는 제대로 잡혔는가?	청중과의 아이스 브레이킹은 괜찮았는가? 다른 방법은 어떤 게 있을까?
복장은 잘 갖추었는가?	대본에 필요 없는 내용이 들어가지는 않았는가?
발표 자세는 어땠는가?	목소리는 멀리까지 잘 들렸는가? 내 목소리에 거부감은 없었는가?
청중 분석은 제대로 이루어졌는가?	청중들의 반응은 어떠하였는가?
전체적으로 원 메시지와 관계가 없는 내용들이 있지는 않았는가?	PPT에 필요 없는 내용이 있지는 않았는가?
내 질문은 적절하였는가?	돌발 상황이 있지는 않았는가? 잘 대처했는가? 다음에는 어떻게 대처해야 할까?

이런 식으로 피드백 용지를 만들어서 발표 후에 정리한다면 유용할 거예요. '타인에겐 관대하게! 자신에게는 냉정하게!'는 바로 여기에 필요한 말입니다.

●다른 사람의 피드백

하지만 자신의 발표에 대해서 완전히 객관적인 시각을 갖기는 불가능해요. 그리고 우리가 전문가가 아니기 때문에 혼자서 미처 발견하지 못했던 부분이 분명히 많이 있을 겁니다. 이럴 때는 다른 사람에게 도움을 요청해야 해요.

바로 발표를 들은 청중들로부터 피드백을 받아야 하는 거죠. 유피에서는 매주 토요일 오후에 모임이 있습니다. 각 모임에서는 활동 기수들이 어떤 주제에 맞춰서 PT를 준비하고, 발표를 하면 그에 대한 피드백을 하는 시간을 가지죠. 한 사람이 주어진 시간 동안 발표를 하면 발표를 들은 사람들이 그 사람의 기획,

디자인, 발표에 대해서 5분에서 10분 정도의 피드백을 합니다. 여러 사람들의 다양한 이야기를 들을 수 있기 때문에 스터디 시간에서는 (제가 생각하기에) 가장 중요한 시간입니다. 유피스터디를 하는 이유이기도 하죠. 이 시간에는 다소 비판적인 이야기가 오가지만 발표자는 그 이야기에 대해서 고마워하고 피드백을 받아들입니다. PT를 준비할 때는 잘한 기획, 디자인이라고 생각했는데 막상 발표를 하고 나니 "도대체 무슨 내용을 말하려고 하는지 모르겠다."라고 하는 사람도 있고, 심하게는 "그래서 네가 하고 싶은 말이 뭔데? 내 시간 아까워 죽겠다."라는 사람도 있습니다. 하지만 내 발표에 대해서 사람들이 귀를 기울여 주고 거기에 대해서 이야기를 나눌 수 있다는 것이 절대 흔한 시간이 아니죠. 이 피드백 시간을 거치고 또 바꿔가는 과정을 통해서 한 층 더 발전할 수 있습니다.

그런데 나는 프레젠테이션 스터디를 하는 것도 아니고, 이렇게 피드백을 해줄 사람이 없으면 어떡하냐구요? 방법은 얼마든지 있습니다. 친구에게 발표 영상을 찍어서 보여주거나 친구 앞에서 발표 연습을 해보세요. 그리고 그것을 피드백해주라고 이야기 해보세요. "네가 보는 눈이 있으니까, 프레젠테이션 본 후에 느낀 점, 고쳐야 할 점에 대해서 이야기 좀 해줘."라고 하면 대부분의 친구들이 좋아할 거예요. 그리고 발표를 하기는 어렵지만 발표에서 어떤 게 잘못되었는지는 발견하기가 쉽거든요. 피드백을 해줄 수 있는 친구 몇 명만 만들어 놓으면 여러분의 프레젠테이션은 충분히 업그레이드 될 거라고 믿습니다. 또 다른 방법으로는 여러분의 영상을 저희 네 명에게 보내주시거나 유피홈페이지(www.univpt.com)에 올려주셔도 좋습니다. 유피에는 많은 회원들이 있고, 항상 나눔을 실천하기 위해서 노력하고 있습니다. 그리고 평소에 피드백을 많이 해보고, 들었기 때문에 다양한 이야기들을 들을 수 있을 거예요.

이렇게 세 가지로 나누어서 피드백에 대해서 알아봤습니다.

첫째, 실시간으로 전달되는 피드백 - 발표 직후에 바로 기록하자.
둘째, 스스로 하는 피드백 - 스스로에게 냉정해져야 한다.
셋째, 피드백 - 다른 사람이 해주는 피드백 - 부끄러워하지 말고 물어보자.

3) 다른 사람의 발표를 피드백하는 방법

다른 사람을 피드백을 하는 경우에는 어떻게 해야 할까요?

피드백에 분명 정답은 없습니다. 발표자나 발표주제, 시간, 장소, 분위기에 따라서 피드백의 내용도 달라져야 합니다. 다른사람을 피드백해줄 때도 기획에서처럼 3P(Purpose, People, Place)를 파악해야 합니다.

●피드백에서의 목적(Purpose)을 파악하자

피드백에서의 목적은 상대의 발표 실력과 PPT 제작 실력이 더 나아지도록 하는 것입니다. 이 목적에 부합하기 위해서는 그냥 문제점을 지적만 할 것이 아니라 어떻게 고쳐야 하는지 해결책을 제시해야 합니다. 그리고 지적이나 칭찬을 할 때에도 구체적으로 하는 것이 좋습니다. 위의 내용처럼 "피피티 색깔이 너무 예뻐요." 같은 내용을 들으면 일시적으로 기분이 좋을 수 있겠지만 발표자는 마음속으로는 '흠, 뭐가 예쁘다는 거지? 구체적으로 말해줬으면 좋겠어.' 라고 생각할 것입니다. 그러니 피드백을 할 때는 "이 디자인이 이렇게 해서 예쁘다. 프레젠테이션 주제와 잘 맞는 것 같다."와 같이 피드백을 하는 것이 좋습니다. 그리고 지적을 할 때는 "이 부분이 잘 안 되는 것 같은데, 이런 식으로 고쳤으면 좋겠다."라고 문제점과 해결책을 함께 이야기하면 더 좋습니다.

●피드백에서의 장소(Place)와 사람(People)을 파악하자.

피드백에서 장소는 어디를 말하는 것이고, 사람은 누구를 말하는 것일까요? 1차적인 청중은 분명히 방금 발표를 한 사람이겠죠. 하지만 피드백을 듣는 사람은 그 강의실에 있는 모든 사람입니다. 따라서 피드백을 할 때는 모든 사람이 들릴 수 있도록 이야기해야 합니다. 발표에서처럼 피드백에서도 목소리를 크게 하고 말을 조리 있게 하는 능력이 필요합니다. 피드백을 잘 알아들을 수 있게 설명해야 다음에 적용을 시킬 수 있으니까요. 피드백을 할 때도 발표자뿐만 아니라 다른 사람들과도 눈을 마주치고 소통을 하면 좋습니다.

●질문을 통해서 대답을 유도하자.

피드백에서는 질문을 통해서 대답을 유도하는 것이 좋습니다. 피드백을 받는 대부분의 사람들은 이미 문제에 대한 답을 알고 있는 경우가 많다고 합니다. 따라서 바로 지적하고 해결책을 제시해주기 보다는 질문을 통해서 스스로 답을 찾게 해주면 기억하기도 쉽고 생각의 범위도 넓어진다고 합니다. 예를 들어서 "시간이 넘어갔네요. 왜 초과했다고 생각하세요?"라고 질문을 하면 "연습을 별로 하지 못했습니다."와 같은 대답이 나올 겁니다. 그 상황에서 "연습을 어떤 식으로 하면 좋을까요?"와 같은 질문을 하면 피드백을 받는 사람은 자신이 생각하는 연습 방법을 이야기하겠죠? 답을 직접 찾는 과정을 통해서 한 번 더 고민해보고 자신만의 방법을 찾아내는 겁니다. 또한 말을 한 번 내뱉으면서 머리 속에 기억되기 때문에 그냥 지적을 하는 것보다 더 큰 효과가 있습니다.

여기서 잠깐! 기획 : 디자인 : 발표 = 7:2:1 ?

PT에 대해서 관심을 가지다 보면 그에 관련된 책이나 강의를 자주 접하게 될 거예요. 그런데 많은 자료들에서 전체를 10으로 봤을 때 기획 : 디자인 : 발표를 7 : 2 : 1 정도로 두고 PT 기획을 해야 한다고 이야기를 합니다. 맞는 말입니다. 기획. 참 중요하죠. 그런데 이것을 잘못 해석하는 사람들이 있습니다. '발표는 덜 중요하구나.'라고요. 하지만 이 말은 PT에서 기획이 그만큼 중요하다는 것이지 절대 발표가 중요하지 않다는 말이 아닙니다. 기획에 많은 시간을 쏟다 보면 디자인과 발표에 대한 시간 투자를 소홀히 할 때가 있어요. 이것은 지양해야 합니다. 우리가 결국 마지막에 청중에게 보여주는 것은 기획이 아니라 발표니까요. 기획을 하는 과정도 분명 중요하지만 발표를 준비하고 마지막에 보여주는 것도 마찬가지로 중요하다는 것. 잊지 마세요!

Tip. 그래도 기획

앞서 말씀드린 것처럼 말을 잘하는 사람은 많지만 PT를 잘하는 사람은 흔치 않아요. 10분 동안 잘 떠들고 사람들 웃겨도 남는 게 없으면 PT는 실패입니다. 저도 발표를 1년 정도 했을 때는 그런 소리를 많이 들었어요. '야, 너 발표 잘 한다.' 그래서 저는 제가 PT를 잘하는 줄 알았습니다. 사람들 웃기고 호응 이끌어 내면 좋은 발표라고 생각했거든요. 하지만 시간이 지나면서 제 발표가 깊이가 없다는 것을 깨달았습니다. 예전에 했던 발표들은 'PT를 잘 했던 것'이 아니라 '말을 잘 했던 것'이라는 것을 알았죠. 그런 발표는 금방 사람들의 머릿속에서 잊혀갔습니다. 그 이후로는 발표를 할 때 항상 기획에 대해서 많은 고민을 합니다. 청중과 내가 만족하는 제대로 된 PT는 제대로 된 기획으로부터 나온다는 것. 명심하세요!

프레젠테이션? 고.백.하.라!

기획부터 기획의 핵심인 스토리텔링, 디자인, 그리고 발표까지

아주 먼 길을 달려 오셨어요. 여기까지 오신 여러분께 일단 짝짝짝!

이제껏 낯설고 어렵게만 느껴졌던 프레젠테이션! 조금은 가까워지셨나요?

어떻게 하면 내 고백이 성공할 수 있을까를 고민하는 것, 기획

그 사람만을 위한 선물을 준비하는 것, 디자인

사랑받기 위해 나를 꾸미는 것, 발표

세 요소의 멋진 조화가 여러분의 성공적인 프레젠테이션을 만들어 줄 거예요.

프레젠테이션은 고백입니다.

사랑하는 사람에게 전하는 나만의 메시지가 되어야 합니다.

그 사람만을 위한 나만의 이야기요.

여러분과 이렇게 만나기 위해

슈퍼맨응가, 약파는속눈썹, 동동이, 엽스프레소도

아주 오랫동안 기다려왔는데요.

이 이야기 역시 여러분에게 전하는 저희들의 고백이었습니다.

저희의 고백을 받아주시겠습니까?
여러분의 모든 고백이 성공하기를 바랍니다.

이론에서 끝난다면? 에이, 섭섭하게.
유피가 했던 프레젠테이션 중 행사의 규모나 주제, 심사방식 등이 다른 세 가지 케이스를 준비했답니다. 앞에 내용들이 어느 정도 머리에 그려졌다면, 이제는 약파는 속눈썹, 슈퍼맨응가와 함께 실제 사례들로 기획부터, 디자인, 발표, 그 후 피드백까지 찬찬히 뜯어봅시다!

01 시간을 선물하다 "2012 대학생 프레젠테이션 경진대회 대상작"

02 Nice Catch "제 11회 전국 대학생 비즈니스 프레젠테이션 컨테스트 대상작"

03 버리다 "유피 vs 피클 연합 경쟁 프레젠테이션 출품작"

프레젠테이션!
이야기 셋, 보여
줄게!

chapter 1

〈시간을 선물하다〉
2012 대학생 프레젠테이션
경진대회 대상작

- **팀명 :** UnivPT
- **팀원 :** 3기 이가은, 4기 김성용, 4기 서형준, 4기 차한얼, 경희유피 염수민
- **발표자 :** 이가은
- **오퍼레이터 :** 김성용

대회 후 포토타임. 다 같이 윳!

첫 번째 케이스는 2012 대학생 프레젠테이션 경진대회 대상작 〈시간을 선물하다〉입니다. 2012년 3월 31일, CTS 아트홀에서 열린 이 대회는 파워포인트전문가클럽에서 주최했고 '기부'라는 주제로 대학생들의 이야기를 나눔과 동시에 행사에 쓰인 비용을 제외한 모든 수익금은 어린이재단에 기부하는 행사였습니다. 이 대회는 두 가지 특징이 있었어요. 7개의 PT동아리가 모여 MBC의 〈나는 가수다〉 형식으로 PT경연을 벌인다는 것과 참여한 청중 모두가 심사위원이라는 것이었지요. 즉 7개의 PT동아리가 '기부'라는 동일한 주제로 400여

명의 청중평가단 앞에서 15분 동안 각 팀만의 이야기를 풀어낸 뒤 청중평가단
의 투표로 승패가 가려지는 자리였습니다. 청중평가단은 1인당 3팀에게 투표
할 수 있었고 UnivPT팀은 70.9%의 득표율로 대상을 받았습니다.

2013년 11월 유투브 '프레젠테이션' 검색 시 화면

현재 PT영상은 유투브(www.youtube.com)에서 '프레젠테이션' 검색 시 시
청 가능하며 ([공식] 2012 대학생 프레젠테이션 경진대회_대상) UnivPT 카페
(www.univpt.com)의 수상내역 게시판과 본 도서의 게시판에서도 확인할 수
있습니다. 사실, 저희 팀의 PT는 '기부는 쓰레기다'라는 조금은 어이없는 아이
디어에서 출발했어요. 어우, 저걸로 갔으면 큰일 날 뻔 했네요. 하하. 그럼 '기
부는 쓰레기다'가 어떻게 〈시간을 선물하다〉로 변신할 수 있었는지 이야기해
보겠습니다.

무조건 기획싸움이다!

"경쟁자들은 모두 쟁쟁한 PT동아리!
그 중에는 빵빵한 멘토진들의 교육까지 받는 팀도 있다.
슬라이드의 화려함이나 언변의 유창함으로 승부수를 띄우기에는?
위.험.해.
그렇다면 무조건 기획싸움. 그리고 진정성.
어디 한번 해볼까?"

1) PURPOSE

●공통목적 : 기부 문화 정착, 기부합시다!

'기부 문화 정착'을 위한 것이기 때문에 저희의 이야기가 단순 PT대회에서 그치기보다는 계속 여운이 남을 수 있으면 좋겠다고 생각했어요. 대회 이후 일상에서도 저희의 이야기가 생각나고 그러면서 행동할 수(기부할 수) 있는 가능성을 열어둔다면 정말로 멋진 일이니까요. 그러려면 우선, 말하는 저희가 기부를 하지 않으면서 '당신은 하세요.'라고 말할 수가 없었지요. 때문에 먼저 기부할 수 있는 무언가를 찾아보기로 했어요. 그 무언가는 사람들이 보통 기부하면 떠올리는 아이템이 아닌, 정말 사소하지만 잘 모르고 있는 무언가면 더 좋겠다는 생각으로 말이에요. 즉, 주제가 동일하니까 아이템으로 차별화를 두고 실제로 행해지는 것을 보여주자는 것에 의견을 모았습니다. 또 [기부]라는 말이 조금 진부할 수 있잖아요. 기부라는 게 좋은 일인지 몰라서 못하는 사람은 없을 테니 말이에요. 그래서 '반전'의 요소가 들어가면 좋겠다는 생각을 했어요. 이런 이유에서 처음에 **기부는 쓰레기다**라는 아이디어가 나왔던 거예요. '쓰레기로도 기부할 수 있다, 우리가 생각하지 못하는 아주 사소한 것으로도 큰 의미를 만들어 낼 수 있다'는 메시지를 전하고 싶었거든요. 그런데 쓰레기라는 단어가 주는 부정적인 어감이 반전의 효과보다 더 크게 느껴진다는 피드백을 받았어요. 때문에 우리가 먼저 진짜 기부할 수 있으면서 쓰레기를 대체할 수 있는 '쓰레기스러운' 아이템을 찾았고, 그렇게 찾은 아이템이 바로 [머리카락 기부]였지요. 그리고는 앞으로 머리카락을 보면 생각이 나게끔, 머리카락 기부 캠페인을 알려주는 것이 저희만의 새로운 Purpose가 되었지요. 그러기 위해서 머리카락 기부 캠페인을 하고 있는 단체를 찾아가고 병원을 찾아가고 재단을 찾아갔습니다. 최대한 현장의 소리를 듣고 현장의 경험을 담아내는데 신경을 썼어요. 동시에 유피에서 머리카락 기부 캠페인을 먼저 진행했고 발표 당시 유피가 먼저 모은 머리카락을 직접 보여줄 수 있었지요. (머리카락 기부란 25cm 이상의 머리카락을 기부 받아 어린 소아암 환자들을 위한 항암 가발을 만드는 것이랍니다.)

●우리의 원 메시지를 잊지 않도록, 그리고 유피도 기억할 수 있게.

기부하자는 똑같은 이야기를 7번이나 들어야 하는 청중은 꽤나 지루할 거예요. 더구나 저희 팀은 첫 번째 타자였기 때문에 자칫 청중이 기억하지 못할 수도 있겠다는 생각을 했지요. 왜 〈나는 가수다〉에서도 첫 번째 순서는 불리하다고 말하잖아요.

'우리만의 원 메시지가 정말 강력해야 한다. 우리 팀을 잊지 않을 수 있는 어떤 장치가 필요하다.' 그래서 유피컵에 대한 아이디어가 나왔습니다. 유피의 로고는 거꾸로 돌리면 하트모양이 됩니다. 기부는 결국 타인을 사랑하는 마음에서 이어지는 행동이니까 기부를 하는 마음과 유피를 연결시킬 수 있겠다는 판단을 한 것이지요. 이는 후에 머리카락을 모으는 과정에 활용할 수 있게끔 연결이 되었습니다.

2) PEOPLE

이 대회의 가장 큰 매력은 100% 청중평가단의 투표로 심사가 이루어진다는 점이었어요. 무엇보다 청중 분석이 무척 중요했지요. 청중평가단 중 141명은 동아리 사람, 261명은 외부사람으로 접수가 완료됐었어요. 물론 준비할 때는 구체적 수치를 알 수 없었기 때문에 반은 타동아리 사람, 반은 외부사람일 것이라 예상하고 분석했었지요. 외부사람은 프레젠테이션 또는 기부 문화에 대해 관심 있는 대학생, 직장인, 전문가 정도가 될 것. 즉, 청중들은 모두 저희와 동등관계이거나 저희보다 윗사람일 것이라 생각했어요. 그래서 내린 결론!

선도적인 이야기로 풀 게 아니라 모두가 생각하게 되게끔, 여운을 남겨야 한다.

때문에 저희 팀은 최대한 팩트를 배제하려고 했어요. 통계자료나 뉴스 기사와 같은 자료는 다른 팀들에게서 분명 나올 거라고 판단했기 때문이었어요. 객관적 자료를 제시하기 보다는 정말로 우리가 경험하고 느꼈던 이야기로 차별화하자고 이야기했지요. 진짜 이야기 들려주는 느낌을 주기 위해 처음부터 끝까지 스토리텔링으로 진행하기로 했습니다.

'나는 했는데 너넨 안 해?'라는 위압적인 이미지를 주면 안 된다는 것.

앞에서도 이야기 했지만 기부가 착한 일이라는 걸 모르는 사람은 없지요. 그런 사람들에게 '착한 일인 거 알면서도 왜 안 해요? 착한 일인 거 알면 하세요.'라는 어감은 청중에게 반발심을 느끼게 할 수 있지요. 소위 '네가 뭔데 착한 척이야?'하는 느낌이요. 때문에 저희가 PT를 준비하면서 겪은 과정과 느낌들을 솔직하게 다 풀어내기로 했어요. 때문에 발표자의 실제 경험부터 대회를 준비하면서 느낀 감정들도 PT에 녹여내었지요.

또한 경쟁팀들은 쟁쟁한 PT동아리였어요. 그 안에서도 제일 잘한다는 팀이 나올 테고 그 중에는 빵빵한 멘토진이 있는 동아리도 있었지요. 또 이런 팀 7개 모두가 '기부하세요.'라는 아주 착한 이야기를 하겠지요.

모든 팀이 기부 이야기를 할 테니까 기부로 시작하고 기부로 끝내면 재미없을 것.

그래서 기부라는 말을 다르게 표현할 수 없을까를 많이 고민했어요. 기부이야기를 하지만 기부라는 단어를 아예 쓰지 않을 수는 없을까를 생각한 거지요. 그 방법을 찾기 위해 머리카락 기부가 기부를 하는 사람과 받는 사람에게 어떤 의미를 가지는지를 고민했습니다. 기부를 하는 사람의 입장에서는 어차피 빠지거나 자르면서 버려지는 머리카락이고 기부를 받는 입장에서는 그 머리카락이 치료에 큰 도움이 될 수 있었어요. 이 부분을 기존에 나왔던 '시간'이라는 아이디어와 연결시켜 아래와 같은 새로운 이야기를 만들 수 있었지요.

치료로 인해 빠져버린 머리카락.

머리카락의 상실은, 나에게서 단장이라는 시간을 앗아간 것.

나도 다른 친구들처럼 거울을 보면서 머리를 땋아보고, 묶어보고 싶기도 한데,

지금의 나는 가질 수 없는 시간.

머리카락이 1cm가 자라는데 한 달.

기부가 가능한 25cm의 머리카락이 자라려면 25개월. 약 2년이라는 시간.

쉽게 빠지는 25cm 이상의 머리카락 한 올은

나와 2년이라는 시간을 함께 한 것.

그렇지만 그동안은 무심코 버려져왔던 것.

그렇게 시간으로 시작해서 시간을 선물하다로 마무리할 수 있었어요.(시간에 대한 아이디어는 어떻게 나왔느냐? Place 분석에서 이어집니다.)

다 프레젠테이션 동아리, PT 좀 한다는 친구들이니까
발표실력이나 피피티 디자인으로 승부수를 띄우면 위험할 수 있다.

앞에도 말씀 드렸었지요? 때문에 저희의 슬라이드는 오직 이미지로만 이루어져 있습니다. 직접 단체와 병원 등을 컨택하고 이야기 했던 것들도 슬라이드에 담았었지요. 최대한 편하게 대화를 나누는 느낌을 만들기 위해서 툴은 철저히 툴로써만 활용하자는 이야기를 했었고 실제로 그렇게 진행했습니다. 디자인 부분에서 다시 말씀 드릴게요^^

Place에 대한 분석은 두 방향이 있습니다. 그 장소가 어떤 자리인지. 즉, 사람들이 모이는 그 장소가 가지는 '의미'를 분석하는 방향과 발표할 때 실질적으로 활용할 수 있는 것은 무엇인지를 분석하는 방향이 그것이었죠. 이 장소는 어떤 자리? 기부 문화 정착을 위한 자리. 대회가 열리는 장소는? 노량진에 있는 CTS 아트홀. 장소 리허설은 대회 당일 각 팀당 10분만 가능했고 사진으로만 볼 수 있었어요. 즉 대회 전 저희가 알 수 있었던 표면적 정보는 무대가 가로로 넓은 편이고 2층으로 되어 있다는 것이 다였습니다.

결국 기부도, 이 자리에 오는 사람도 모두 각자의 시간을 빼어야 하는 일

이 장소는 기부를 위한 자리. 기부를 하지 않는 이유는? 결국 귀.찮.아.서.(돈으로 하는 기부 말고. 재능기부와 같은.) 즉 자신의 시간을 따로 낼 마음이 없는 것. 시간이라는 공통된 키워드가 있는데… 연결할 수 없을까? 이렇게 시간이라는 아이디어가 나왔고 위에 나온 것처럼 머리카락 기부와 연결시킬 수 있었던 거지요.

무대가 가로로 넓고 나 혼자 무대에 서 있으니 무대 활용을 잘 해야겠다.

저희는 슬라이드로 색다른 자극을 보여주지 않고 발표자도 한 명이었기 때문에 자칫 무대가 허전해보일 수 있겠다고 판단했어요. 때문에 무대를 심심하지 않게 잘 활용해야겠다고 생각한 것이지요. 지나고 보니 좀 많이 돌아다닌 것 같다는 생각도 듭니다. 하하.

시선처리 중요하겠다.

아이컨택이 중요하지 않은 PT가 어디 있겠느냐만 특히 대회장은 가로로 청중이 넓게 앉아있고 2층에도 청중이 있었어요. 때문에 양 가와 2층의 청중이 소외감을 느끼지 않도록 더 신경을 써야겠다고 판단했어요.

무대 아래에서 처음부터 끝까지 진행하는 건 어떨까!

처음에는 기부에 대한 이야기를 하는데 높은 무대에 올라가 청중을 '내려다보고' 이야기를 한다는 게 불편하게 느껴졌어요. 때문에 무대 아래로 내려가 처음부터 끝까지 진행하고 싶다는 생각을 했었지요. 그러나 당일 확인했을 때 무대에서 내려가면 2층에선 아예 보이지가 않더라고요. 그래서 무대 아래로 내려가는 것은 포기해야했고 대신 항암가발을 보여줄 때만이라도 다가갈 수 있는 청중에게 가까이 다가가 보여주기로 했답니다.

조금 복잡하죠? 다시, 3P 분석을 통해 저희가 뽑아 낸 인사이트를 기획의 순서대로 정리해볼게요.

✓ **먼저 기부할 수 있고, 쓰레기를 대체할 수 있는 '쓰레기스러운' 아이템!**

   "머리카락 기부! 좋아!"

✓ **머리카락 기부 캠페인을 알리자!**

   "머리카락 기부를 하는 방법도 넣어야 하겠네?"

✓ **기부로 시작하고 기부로 끝내면 안 돼!**

   "시간으로 시작해서 시간을 선물하자로 마무리!"

✓ **여운을 남겨야 한다!**

   "통계자료, 뉴스자료는 과감히 삭제! 처음부터 끝까지 스토리텔링"

✓ **진정성이 핵심이다!**

   "우리가 먼저 경험한 후 진짜 이야기를 들려줘야겠다!"

✓ **슬라이드의 화려함 버리기!**

   "오직 이미지로만, 하나의 영상을 보는 듯한 느낌으로!"

✓ **첫 번째 팀을 잊지 않게 하기 위한 장치!**

   "유피컵? 콜!"

여기까지 보니 3P 분석을 통해 찾은 인사이트가 조금씩 겹쳐진다는 게 느껴지시나요? 3P 분석을 통해 결국 하나의 PT 만드는 것이기 때문에 각각의 요소가 제각각의 결과를 만들어내는 것이 아니라 겹치는 결과가 나오기도, 다른 것을 지지해주는 어떤 것을 만들기도, 전달하는 방법에 대한 아이디어를 만들기도 해요. 앞에서 기획은 잘라내기와 연결하기의 과정인데 그것의 기준이 3P 분석이 된다는 이야기, 기억하시죠?

4) 우리만의 원 메시지는? '시간을 선물하다.'

치료로 인해 빠져버린 머리카락.

머리카락의 상실은, 나에게서 단장이라는 시간을 앗아간 것.

나도 다른 친구들처럼 거울을 보면서 머리를 땋아보고, 묶어보고 싶기도 한데,

지금의 나는 가질 수 없는 시간.

머리카락이 1cm가 자라는데 한 달.

기부가 가능한 25cm의 머리카락이 자라려면 25개월. 약 2년이라는 시간.

쉽게 빠지는 25cm 이상의 머리카락 한 올은

나와 2년이라는 시간을 함께 한 것.

그렇지만 그동안은 무심코 버려져왔던 것.

시간이라는 키워드를 중심으로 머리카락 기부를 받는 사람과 주는 사람의 입장에서 의미를 풀어보니 이렇게 연결이 됐었지요. 그러고 보니 '주거니 받거니'가 됐어요. 주는 사람 입장에서는 어차피 버려지는 것이 받는 사람에게는 큰 희망이 될 수 있는 거요. 나아가 받는 사람의 그 희망이 사회적으로 긍정적인 의미를 가질 수 있다는 것까지 공감할 수 있었지요. 또한 시간이라는 키워

드 덕분에 '머리카락 기부합시다.'라는 자칫 심심할 뻔했던 이야기를 '시간을 선물하다.'라는 카피로 예쁘게 포장할 수 있었답니다.

5) 〈시간을 선물하다〉를 가장 잘 전달할 수 있는 스토리라인은?

저희가 스토리라인에서 잡았던 포인트는 '반전'이었어요. 또한 머리카락은 지나가버린 우리의 시간이라는 새로운 의미를 부여했기 때문에 이 부분이 끊어지지 않도록 하기 위한 반복도 꼭 필요하다고 판단했고요. 어차피 몇 시간 동안 청중은 '기부기부기부기부기부……'라는 이야기를 들을 테니까 저희는 기부라는 단어를 최대한 쓰지 않기로 했습니다. 주제가 기부인 것을 알고 오는 사람들에게 기부 이야기는 하지 않고 시간에 대한 이야기를 해서 청중들이 어리둥절할 찰나, 생각지도 못한 곳에서 기부로 이어지게 하겠다는 조금은 당.돌.한 생각을 했지요. 그 당돌함이 만들어 낸 스토리라인은 이랬습니다.

① **우리가 중요하게 여기는 시간.**

　일상에서는 흔히 시간을 되돌리고 싶다는 생각을 하는 우리.

　시간을 되돌리는 건 불가능 하지. 그럼, 시간을 주울 수는 없을까?

② **우리에게 중요한 시간 중 하나는 바로 나를 단장하는 시간.**

　그 중에서도 중요하다는 머리 손질. 소위 '머리빨'이라는 말이 있듯.

　그리고 그 머리 스타일 자신의 감정 변화에 따라 아주 쉽게 바꿔.

　혹 맘에 안 든다 할지라도 어차피 다시 자라니까 그다지 신경 쓰지 않아.

③ **누구나 가지고 있는 줄 알았던 그 시간을 가질 수 없는 아이가 있어.**

　머리카락이 다 빠져버렸기 때문에 머리카락을 손질하는 시간은 없어져버렸지. 머리카락이 빠질 때 느끼는 상실감은 이래.

④ **그 상실감은 우리의 '시간'을 주움으로써 채워줄 수 있어.**

　그 '시간'은 그동안 우리가 무심코 버려왔던 '시간'들이야.

　그 '시간'을 아이에게 새로운 시간으로 만들어주는 건 어때?

⑤ **시간을 줍는 방법(머리카락 기부 방법)은 이래.**

그리고 실제로 유피가 먼저 해봤어.

유피 뿐 아니라 많은 사람들이 이미 줍고 있더라고.

⑥ **우리는 지나가버린 시간을 되돌릴 수는 없어.**

하지만 버려진 시간을 주울 수는 있었어.

지나가버린 시간을 모아 새로운 시간을 만들어주는 건 어때?

이렇게 뼈대를 잡고 대본을 만들었습니다. 팀원 모두가 수십 번은 읽고 들으면서 대본을 완성시켰어요. 1, 2번에서 시간에 대한 이야기로 흥미를 불러일으킨 뒤 분위기 반전. 3번에서 살짝 무거운 이야기를 했다가 4번에서 앞의 이야기와 연결. 5번에서 실제 방법에 대한 이야기. 그리고 6번에서 반복하면서 강조하고 마무리. 이렇게 정리할 수 있겠네요.

1) 전달해야 하는 느낌에 맞게 두 가지 툴을 쓰자.

저희는 두 가지 툴을 사용했습니다. 앞부분은 프레지로, 뒷부분은 파워포인트로 만들었는데요. 프레지는 슬라이드의 확대와 축소 기능이 있습니다. 줌인, 줌아웃 기능이라고도 하지요. 즉 시점 이동이 자유롭기 때문에 저희가 원했던 '상큼, 발랄, 경쾌'의 이미지를 파워포인트 보다 효과적으로 전달할 수 있다고 판단했기 때문입니다. 또한 포인트가 반전이었기 때문에 앞부분은 조금 빠르게 프레지로 흡입력을 높이고 뒷부분은 파워포인트로 은은한 영상의 느낌을 주면 효과적일 거라 생각했습니다. 호환의 문제를 걱정했었는데 이 부분은 '암전'을 활용해 커버할 수 있었어요. 암전이 되지 않는 경우를 대비해 오퍼레이터를 맡았던 친구가 정말 '초스피드'로 두 개의 툴을 바꾸는 연습도 엄청나게 했었지요. 지금 와서 하는 말이지만 원래 오퍼레이터를 맡았던 팀원이 대회 전날 리허설을 하면서 너무 떨려하는 거예요. 자기 실수 하면 어떻게 하냐고요. 그 바람에 대회 전날 오퍼레이터를 바꾸기도 했었지요. 하하. 그 떨린다고 했던 팀원은 PT때 기부 받은 머리카락을 들고 나오는 역할을 했습니다. 지금 생각하면 재밌는 추억이네요.

2) ONLY 이미지로만!

처음부터 끝까지 이미지로만 구성한 것에 대해서는 기획 단계에서 말씀 드렸었지요? 텍스트를 넣음으로써 어떤 정보에 대해 습득한다는 느낌이 아니라 정말 이야기를 듣는 느낌을 주기 위함이었습니다. 원하는 느낌의 이미지를 구하지 못했을 때는 실제 사진으로 대신했지요. 그렇게 완성된 파워포인트의 모든 슬라이드는 전체가 하나의 영상처럼 보이기 위해 이동 애니메이션을 활용해 아주 천천히 움직이도록 했습니다. 또한 발표자의 감정(머리카락이 빠졌을 때의 감정에 대한 것과 기부 PT를 준비하면서 느꼈던 감정)을 직접 이야기 하는 부분이 있는데요. 그때는 오직 발표자의 목소리에 집중할 수 있도록 하기 위해

블랙스크린을 활용했습니다.

<시간을 선물하다> 슬라이드 중 일부

3) BGM을 활용하자.

분위기 조성에는 음악만한 게 없죠. 시간에 대한 이야기를 하다가 암전 후 환아에 대한 이야기를 합니다. 그 분위기를 조금 더 고조시켜주는 배경음악이 있으면 좋겠다고 생각했어요. 음악의 힘! 느.낌.아.니.까. 그리고 엔딩 때 같은 음악을 활용함으로써 처음 그 환아 이야기를 들었을 때 느꼈던 먹먹함이랄까요. 조금은 짠-했던 그 느낌이 다시 희망적인 느낌으로 긍정적인 분위기가 이어질 수 있도록 연출하기로 했습니다.

대회장 들어가기 직전! 파이아!

1) 오퍼레이터는 필수! 오퍼레이터와 함께 하는 수십 번의 리허설!

기계류 조작에 종사하는 사람을 흔히 오퍼레이터라고 부르는데요. 프레젠테이션에서는 툴을 조해주는 사람을 오퍼레이터라고 부릅니다. 오퍼레이터를 따로 둔 이유는 발표자의 손을 조금이라도 자유롭게 해주면서 편한 제스처가 나오고 그러면서 청중이 보다 편안하게 이야기를 듣는 분위기를 만들기 위해서였어요. 발표자가 포인터를 손에 쥐고 있음으로써 청중이 PT를 보고 있다는 느낌을 받는 것을 아예 없애고 싶었지요. 중요하게 여겼던 부분이 진짜 이야기를 듣는 분위기를 만드는 것이었으니까요. 더구나 저희 팀은 마이크를 드는 것뿐 아니라 발표 도중 보여줘야 하는 소품이 많았습니다. 즉, 손을 써야할 부분이 많았던 거지요. 이 경우, 발표자의 손을 묶게 되는 포인터는 오퍼레이터에게 넘기는 것이 좋겠다고 생각했습니다. 오퍼레이터를 따로 두면요. 좋은 점은 앞서 말한 것처럼 발표자의 손이 자유롭다는 것이고요. 안 좋은 점은 한번 어 긋나면 그 PT는 시쳇말로 '망……'이라는 것입니다. 때문에 발표자와 오퍼레 이터 간 호흡이 무척 중요하지요. 한 번의 끊어짐 없이 부드럽게 쭉쭉 넘어가 는 것이 저희 PT의 관건이었습니다. 리허설을 정말 많이 했습니다. 대본을 공 유하고 넘어갈 부분을 똑같이 체크하고. 이야기 하는 박자에 맞추어서 딱.딱! 발표자 경우도 대본과 토시 하나 다르게 하면 안됐었지요. 오퍼레이터도 긴장 을 하고 있는데 자신이 생각했던 말과 발표자의 말이 달라지면 당황할 수 있기 때문입니다. 발표자는 오퍼레이터를 믿고 이야기를 거침없이 이어 나가야 했 고 오퍼레이터 역시 발표자가 다르게 말할 수 있는 가능성을 열어두고 최대한 배려를 해야 했지요. 실제 PT 시 세 군데 정도 애드립(청중의 호응에 반응하는 정도)이 들어갔는데 다행히 실수는 없었습니다. 대회 전날 9시간 동안의 리허 설로 충분한 신뢰가 쌓인 덕분이라고 생각합니다.

2) 스토리에 반전, 발표 역시 분위기가 다르게! 조명 활용

발표 역시 기획의 연장선상에 있습니다. 결국 하나의 PT이기 때문이지요. 스 토리에 반전이 있다면 발표 역시 반전이 있어야 했어요. 때문에 앞부분에서는 발표자가 최대한 '상큼, 발랄, 경쾌'한 느낌을 주어야 했고 뒷부분에서는 다소 무겁더라도 진솔하고 희망적으로 전달해야 했지요. 목소리의 톤, 속도, 호흡부 터 무대 활용까지 앞부분과 뒷부분의 느낌을 다르게 주었습니다. 앞부분에서 는 목소리를 조금 높고 빠르게 하고 무대를 많이 움직였다면 뒷부분에서는 조 금 낮고 느리게, 호흡은 군데군데 자주. 무대를 움직일 때도 천천히 조금씩만. 그 동시에 청중에게 강조해야 할 이야기를 할 때는 무대 중간으로 와서 혹은 멈춘 채로 전달하고자 했습니다. 대회 당일 조명 활용이 가능하다는 것을 알았 고 이 이야기를 할 때 핀 조명을 쓰면 더 집중될 수 있겠다는 생각을 했었지요. 여기서 말씀드리고 싶은 부분은 목소리 높낮이, 속도 등 하나하나를 체크해서 연습하는 것이 아니라 먼저 몸에 체화시키라는 말씀을 드리고 싶어요. 저희 팀 역시 하나하나 연출한 것이 아니라 계속해서 리허설을 하면서 자연스레 목소 리의 변화나 제스처, 동선이 몸에 뱄고 다시 피드백을 하는 과정에서 감정의 전달이 잘 되는지 안 되는지를 체크했기 때문입니다. 즉, 대본을 쓰는 과정이 내 말로 어떻게 표현되는지 확인하는 과정이었다면 리허설을 하는 것은 내 이야기가 온 몸으로 어떻게 표현되는지를 확인하는 과정인 것이지요.

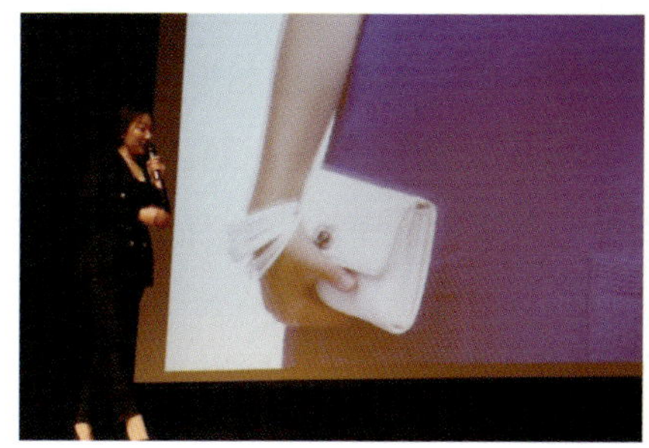

전반부 PT   후반부 PT

3) 소품 활용 : 항암 가발, 머리카락 기부 받은 실제 머리카락들, 유피컵

PT의 목적 중 하나는 실제 머리카락 기부 캠페인을 알리자는 것이었어요. 그 과정에서 실제 캠페인을 하고 있는 단체와 직접 만날 수 있었고 관계자 분들도 뜻을 함께 해주셨습니다. 그래서 실제 항암가발과 기부 받은 머리카락을 모은 상자를 빌려주셨지요. 저희는 이를 청중에게 직접 보여주기로 했습니다. 백번 듣는 것 보다 한번 보는 게 낫다는 말이 있듯이 말입니다. 또한 초반에는 머리를 묶고 있었고 PT 중간에 머리카락에 대한 이야기를 할 때 머리를 풀고 진행했습니다. 유피컵의 경우 기획 단계에서도 잠깐 언급했는데요. 첫 번째 순서를 잊지 않도록 하자는 이유에서 대회가 시작하기 전 청중에게 한 개씩 나눠드렸고 PT에서 저희의 원 메시지와 연결해서 이야기 했습니다.

전반부 PT   후반부 PT

4) 몸에 체화된 딱 그만큼만!

대회 당시를 떠올리면 지금도 심장이 쿵쾅쿵쾅 거립니다. 무대 올라가기 직전까지 '하던 대로만, 하던 대로만'을 되뇌며 몸이 긴장하지 않도록 계속 움직여주었습니다. '400명의 청중 앞에서 이야기를 하는 건 어떤 기분일까.'하는 생각에 긴장이 안 될 수가 없었어요. '잘 해야 되는데, 실수하면 어떡하지.'하는 생각은 하지 않았습니다. 잘할 수 있다와 하던 대로만 하자는 생각만 했었지요. 저 나름의 마인드컨트롤 방법이었습니다. 처음에 무대에 발을 내딛고 청중을 보았을 땐 조명 때문인지 잘 보이지가 않더라고요. 그런데 인사를 하고 다시 얼굴을 들고서 청중을 보니 한 명 한 명의 얼굴이 보이는 겁니다. 그 중에는 저를 웃는 얼굴로 보는 청중도 있었고 팔짱을 끼고 보는 청중도 있었습니다. 어우, 긴장됐지요. 한번 호흡 후 이야기를 조금씩 이어 나갔습니다. 시간이 지남에 따라 청중들이 제 이야기에 집중해주고 있다는 느낌을 받았고 15분이 무척 빨리 지나갔습니다. 이건 정말 수십 번 리허설의 힘이었습니다. 마지막 인사를 하기 직전에 처음에 팔짱을 끼고 저를 보던 청중이 웃고 있는 게 보였어요. 부끄럽지만 그때 소름이 쫙 돋더라고요. 그 느낌은 지금까지도 잊히지 않습니다.

5) 대회 후 이야기

대회로부터 지금까지 1년 반이 넘는 시간이 지났습니다. 대회에서는 70.9%의 득표율로 대상을 받았지만 저희는 프레젠테이션을 공부하는 사람들이기에! 어떤 점이 70.9%의 마음을 잡았고 29.1%까지도 잡으려면 어떻게 해야 했을까를 고민해야 했지요. 그러던 2012년 4월, 대회 영상을 보신 한 분이 SNS로 피드백을 주셨습니다. 이 분은 대림산업 건설기획팀의 김정헌 차장님으로 파워포인트전문가클럽에서 '잡스에미치다'로 활동하시는 분이었습니다.

"전하고자 하는 메시지도 정확했고, 메시지가 진부하지 않게 비유도 잘하셨고, 무엇보다 '기부'하면 진부해질 수 있는 이야기들,

예를 들어 '왜 기부를 안 할까?', '돈과 시간이 없어서 못하시나요?'

또는 '그저 감동이나 불쌍함만 강조'하는 그런 이야기가 아닌
주제를 잡고 전개의 인과관계를 놓치지 않은 스토리에 반했습니다."

저희가 의도했던 바를 그대로 말씀해주셔서 무척 기뻤습니다. 우리가 전달하고자 한 것이 청중에게 제대로 전달됐다는 것이 느껴지고 그것이 다시 피드백으로 돌아올 때, 정말 PT의 매력을 느낄 수 있는 것 같습니다. 여기에서 그치지 않고,

"한 가지 아쉬운 점을 꼽자면,
'시간을 줍는 법을 알려 드리겠습니다' → '머리카락이 시간이다.'로 넘어갈 때
연결고리가 있었으면 했습니다. 두 이야기가 갑자기 끊어져서.
예를 들어, 시간이 바쁘다는 이야기와 몸을 꾸미는 이야기를 연결 할 때,
'우리는 이렇게 1분이 항상 모자랄 만큼 바쁨에도 불구하고 어딜 나갈 때
예쁘게 꾸미는 시간은 빼먹을 수가 없죠. 특히 여성분들은 말이죠.
저도 오늘 어쩌고 저쩌고……' 라고 (생략)"

취약했던 연결고리에 대해서도 말씀해주셨어요. 차장님의 말씀대로 이 부분이 들어갔다면 조금 더 매끄러웠을 것 같습니다. 같은 메시지를 전달하더라도 저희 PT의 키워드인 '시간'을 직접적으로 말해주느냐, 그러지 않느냐는 큰 차이가 있으니까요. 중요한 키워드의 반복! 청중이 조금이라도 놓치지 않을 수 있도록! 아차 싶었지요. 또 하나 인상적인 피드백은 〈인포그래픽 비주얼씽킹〉의 저자이신 샌들코어 우석진 대표님께서 해주신 것이었는데요.

'항암'이라는 자칫 예민할 수 있는 단어 사용에 더 조심스러워 했다.
굳이 반전을 연출해서 '퍼포먼스화' 시켜야 했을까?

실제 치료의 과정을 경험했거나 가까이서 지켜 본 적이 있는 청중이 있었다면 저희 PT에서 들리는 단어들이 자칫 상처를 건드릴 수 있었다는 말씀이었습니다. 이런 부정적인 인상이 생긴 상태에서 반전의 요소로 꾸민 것이 오히려 진정성이 떨어져 보일 수 있었다는 말씀이었지요. 이 부분은 정말 생각지 못한

부분이었기 때문에 무척 많은 생각을 들게 했습니다. 만약 알았더라면, 그 단어를 다른 방법으로 표현할 수 있지 않았을까 하는 생각에 아쉬움이 컸습니다.

준비한 사람이 생각지도 못한 부분을 청중이 느꼈다는 것은 발표자의 큰 실수입니다. 고백하는 사람이 고백 받을 사람을 충분히 배려하지 못한 것이기 때문이지요. 이미 끝나버린 PT를 다시 되돌릴 순 없지만 두 분과 같은 진심어린 피드백들 덕분에 다른 PT를 준비할 때 조금 더 깊이 고민할 수 있는 시각을 가질 수 있었다고 생각합니다. 이 글을 빌어, 저희에게 진심어린 응원과 피드백 주셨던 모든 분들께 감사하다는 말씀 드립니다.

chapter 2

〈Nice Catch〉
제11회 전국 대학생 비즈니스 프레젠테이션 컨테스트 대상작

- **팀명 :** 난타전
- **팀원 :** 유피 5기 민세희, 5기 박민경, 5기 백성찬, 5기 정양선
- **발표자 :** 민세희
- **오퍼레이터 :** 정양선

대회 후 포토타임

두 번째 사례는 제 11회 전국 대학생 Business Presentation Contest(이하 BPC) 대상작으로 난타전팀이 우정출연을 해주었어요. 우릴 위해 우정출연을 해준 난타전팀에게 고맙다는 말을 전하면서 이제부터는 직접! 그들의 이야기를 들어보겠습니다.

저희 난타전이 출전했던 BPC는 조선일보와 경북대학교, 산업연구원이 공동 주최하고 지식경제부와 인키움이 후원하는 대회로 대상에겐 지식경제부 장관상과 700만원의 상금이 수여되는, PT에 관심 있는 대학생이라면 한번쯤 욕심낼만한 큰 규모의 대회였습니다. 11회 BPC 대회에는 70개 대학, 240개 팀 540명이 참가해 참가자 수에 있어서도 큰 규모를 자랑했습니다. BPC는 예선, 본선(PPT 및 동영상평가)을 거쳐 최종적으로 대한상공회의소에서 결선에 진출한 10팀이 현장에서 프레젠테이션을 해 순위를 가리는 방식으로 진행되었습니다. 발표영상과 PPT는 BPC 공식홈페이지(www.bizpt.or.kr)나 UnivPT 카페(www.univpt.com) [수상내역 게시판]에서 확인하실 수 있습니다.

"이건 어때?" "음 글쎄…"

좀처럼 답이 나오지 않았습니다. 주제를 정해야 시작을 할 텐데 좀처럼 의견이 모아지지 않았습니다. 서로 다른 전공을 가진 팀원들이 각자 자신의 전공과 관련된 주제들을 제안했기 때문이죠. 이 때 생각했습니다. 모두가 공감할 수 있는 주제를 잡는 게 중요하겠구나! 우리 팀원들조차 설득시키지 못하는데 청중들을 설득시킬 수 있을까? 우리 모두가 인정할 수 있는 주제를 찾는 것이 우선이다!

심사위원, 청중, 심지어 다른 참가팀까지도 쉽게 받아들일 수 있는 주제는 어떤 게 있을까?

그러던 중 평소 스포츠에 관심이 많았던 팀원이 스포츠마케팅을 해보는 것이 어떻겠냐고 제안했습니다. '스포츠'는 앞서 각자 제안했던 주제들과 다르게 서로 언어가 통하지 않아도, 전공이 달라도 남녀노소 누구나 하나로 묶을 수 있는 힘이 있기 때문입니다. 준비를 하는 우리도 즐겁게 준비할 수 있고, 청중입장에서도 듣기 편한 주제라고 생각했습니다. 모두가 동의했습니다. 그렇다면 스포츠 중에서도 무엇으로 할까. 축구, 야구, 배구, 농구… 얘기하던 중 프로야구의 신생구단인 NC다이노스에 대한 이야기가 나왔습니다. 딱이었습니다! 신생구단이기에 기존 방식에 얽매이지 않고 보다 자유로운 시각으로 접근할 수 있었습니다. 일주일 정도의 기나긴 회의 끝에 드디어 이렇게 우리의 대략적인 주제가 잡혔습니다.

"프로야구 신생구단인 NC다이노스에 대한 마케팅 방안"

1) PEOPLE

PEOPLE 분석에서는 우리의 발표를 듣는 청중뿐만 아니라 경쟁팀에 대한 분석도 이뤄집니다. 그런데 사실 저희는 다른 경쟁팀들이 어떤 주제를 가지고 프레젠테이션을 할지는 대회 당일에서야 알 수 있었습니다. 현실적인 여건상 구체적인 경쟁팀 분석은 어려웠던 것이지요. 하지만 우리가 선정한 주제에 자신이 있었습니다. '야구'라면 청중이나 상대팀이 누가 되든지 일단 다른 주제보다는 어필하기 쉬울 것이라는 판단이었습니다. 그렇다면 이제 우리의 발표를 듣는 청중은 누가될 것인가! 저희는 청중을 크게 3개의 그룹으로 분류해 보았습니다.

●기업 임원, 대학 교수, 관련 전문가로 구성된 심사위원

심사위원 역시도 대회 당일까지 철저히 비밀리에 부쳐졌습니다. 다만 기업임원, 대학교수, 전문가라는 직위의 특성상 40대 이상으로 구성되지 않을까 예상했습니다. 또한 여자보다는 남자 심사위원이 더 많을 거라 생각했습니다. 이렇게 되면 프로야구원년이 1982년이니 10~20대 시절에 야구를 직접 경험한 세대일 것이었습니다. 또한 박찬호 선수가 메이저리그에서 활동하던 시절을 생생히 기억하는 세대였습니다. 따라서 예시를 들 때 박찬호 선수 등의 이야기를 활용하면 심사위원들의 공감대를 이끌어내는데 도움이 될 수 있을 거라 생각했습니다.

'심사위원들이 공감할 수 있는 예를 사용해서 감정 이입을 극대화하자!'

심사위원들이 누구인지는 알 수 없었지만 평가 항목은 미리 공지가 되었습니다. 말하기/커뮤니케이션 능력과 같은 프레젠테이션 스킬은 물론이고 기업에서의 사업성 및 유용성, 분석 및 자료의 충실성 등도 평가항목에 포함되었습니다. 대학생이니까 아마추어처럼 해도 괜찮다? 아니오. 절대! 심사위원들은 각 분야의 전문가로 구성될 것이고 실제 사업성까지 고려해 평가하기 때문에 실제 기업에서는 어떤 식으로 PT가 진행되는지 파악하는 것이 중요했습니다. 또한 사업성을 인정받기 위해선 우리의 아이디어가 실현가능한 것인지 직접 보여주든 전문가의 견해를 인용하든 일단 명확한 데이터, 사실(Fact)을 근거로 활용해야겠다고 생각했습니다.

●NC다이노스 구단

또 다른 청중은 NC다이노스 구단이었습니다. NC다이노스 구단이 대회 당일 우리의 발표를 듣는 실재하는 청중은 아니었습니다. 하지만 주제가 'NC다이노스의 마케팅 방안'인 만큼 이 프레젠테이션을 듣는 사람이 NC다이노스의 구단주, 마케팅팀이라는 생각을 가지고 발표를 해야 한다고 생각했습니다. 그리고 그렇다면 NC다이노스 구단의 좋은 점만을 부각시키는 것은 오히려 매력적이지 못할 것이라고 생각했습니다. 내가 NC다이노스의 구단주이고 마케팅을 해야 하는 실무자라면 사탕 발린 말을 듣기를 원할까요? 아니오. 단언컨대 아닐 겁니다. 그들이 원하는 것은 자신이 미처 생각하지 못했던 구단의 문제점을 예리하게 짚어내고 대안을 제시하는 것입니다. 따라서 저희가 발표를 준비할 때도 내가 정말 비즈니스 전략을 세워 회사에서 발표를 한다는 생각으로 임했습니다. 발표 때도 어휘 선택, 의상에 이르기까지 비즈니스적인 요소에 대한 고려가 필요하다고 생각했습니다.

●일반 청중 및 다른 참가팀

BPC는 심사위원들의 평가로 순위가 가려집니다. 따라서 일반 청중이나 참가팀의 호응이 점수에 반영되지는 않습니다. 하지만 그렇다고 이들을 배제할 수는 없었습니다. 그들도 엄연히 우리의 청중이고 청중과 공감하지 못한다면 결코 좋은 분위기에서 프레젠테이션을 이끌어갈 수 없기 때문입니다. 일반 청중이나 다른 참가팀은 저희 또래의 20대 대학생일 것이었습니다. 20대는 트렌드, 재미에 민감합니다. 비즈니스 프레젠테이션이라는 형식 때문에 전형적인 방식으로 준비를 했다가는 지루해져 외면받기 십상이라는 생각이 들었습니다. 여기서 저희는 비즈니스 프레젠테이션이지만 반드시 어떤 식으로든 우리만의 [스토리라인]을 만들어 녹여내기로 했습니다. 이것이 다른 팀과의 차별성이 될 수 있다고 본 것입니다.

'우리만의 스토리라인을 가져가자!
우리만이 할 수 있는 '발표를 해야 한다.'

청중분석을 바탕으로 이제 '프로야구 신생구단인 NC다이노스에 대한 마케팅 방안!'이라는 주제를 구체화하는 작업이 필요했습니다. 그리고 구체화시키기 위해선 자료가 필요했습니다. 그렇다면 어떤 자료를 찾아야 하나? 우리의 주제가 'NC다이노스의 마케팅 방안'이니까 야구, 마케팅 관련 분야의 자료에 한정해 찾아야 하나? 아니었습니다. 저희는 직접적인 관련이 없어 보이는 내용의 자료들도 활용할 수 있다고 생각하며 최대한 많이 모아보기로 했습니다. 대신 '날것'(生)의 데이터를 공유하는 것이 아니라 어떻게 하면 우리의 주제와 연결시킬 수 있을지 자신의 생각을 정리해서 실시간으로 공유하기로 했습니다. 이 원칙에 따라 스포츠 동향 기사부터 시작해 스포츠마케팅 관련 서적을 찾아보며 스포츠마케팅 이론에는 무엇이 있는지, NC다이노스는 어떤 기업인지, NC다이노스의 연고지인 창원시의 인구 및 특징, 2012년 검색어 분석을 통한 우리만의 트렌드분석 등에 이르기까지 다양한 조사를 진행했습니다. 또한 당시 스포츠마케팅 동아리 스마터에서 넥센히어로즈 조태룡 단장의 특강을 진행했는데 우리의 주제와 관련해서 한마디라도 들을 수 있지 않을까 싶어 신청해서 강의를 들으러 가기도 했습니다. 또 현장조사라고 직접 프로야구를 보러 가서 응원을 하며 현재 다른 구단에서는 어떤 마케팅을 펼치고 있는지, 어떤 이벤트가 좋았고 어떤 점이 보완이 필요했는지 등을 파악하기도 했습니다. 이렇게 하다 보니 굉장히 많은 자료들이 모였습니다. 이제 이 데이터들 간에 연결고리를 찾는 작업이 필요했습니다. 시장분석, 자사분석 그리고 후에 들어갈 우리의 마케팅 방안까지 하나로 관통할 수 있는 그 무언가 바로 원 메시지를 찾아야만 했습니다.

조사한 자료를 바탕으로 칠판에 마인드맵을 그리듯 NC다이노스에 대한 나뭇 가지를 확장해나갔습니다. 그리고 찾았습니다. 바로 '꿈'이었습니다. NC다이 노스의 홈페이지에 가면 이러한 소개가 있습니다.

야구는 어린 시절을 떠올리게 하는 추억의 일기장입니다.

야구는 연인의 사랑, 친구와 우정이 쌓이는 놀이 마당입니다.

그 속에는 사람이 있고, 꿈이 있습니다.

NC다이노스는 야구를 통해

사람들이 힘을 얻고, 세상이 즐거워지는 꿈을 그리고 있습니다.

– 출처 : NC다이노스 홈페이지 –

또한 NC다이노스의 김택진 구단주가 출연한 다큐멘터리를 보고 저희는 우리 의 마케팅 컨셉을 '꿈'으로 가져가야 한다는 확신을 했습니다. 야구를 이야기하 며 눈물을 흘리기도, 웃기도 하는 모습에서 정말 야구가 누군가의 꿈이 될 수 있음을 진심으로 느꼈기 때문입니다. 그리고 저 정도로 야구에 대한 애정이 있 고 야구를 보며 꿈을 키워온 사람이 구단주라면 우리의 마케팅 컨셉인 '꿈'도 단순한 마케팅에서 그치는 것이 아니라 진정성을 가질 수 있겠다 싶었습니다.

'기업이 원하는 이미지와 프레젠테이션의 원 메시지를 일치시키자!'

이렇게 앞서 '프로야구 신생구단인 NC다이노스에 대한 마케팅 방안!'에서 '꿈 을 위한, 꿈에 의한 NC다이노스의 마케팅' 여기까지 진전됐습니다. 다음 질문 은 이것이었습니다.

'꿈을 이용한 마케팅을 어떻게 할 수 있을까.

그리고 우리의 마케팅은 누구를 위한 것이 되어야 하는 거지?'

일전에 수집했던 자료를 바탕으로 NC다이노스가 속해있는 프로야구 시장의 특징 그리고 현재 NC다이노스가 펼치고 있는 마케팅 분석을 통해 문제점을 분석해보기로 했습니다. 현재 NC다이노스는 신생구단임에도 불구하고 기존

구단의 마케팅과 큰 차이가 없었습니다. 하지만 마산, 창원, 진해를 통합한 '창원시'의 출범이라는 지역 특징에 맞춰 지역 통합을 위한 '주니어 다이노스 클럽, 창원시민의 날 행사' 운영 등의 마케팅을 펼치고 있다는 특징이 있었습니다. 그런데 저희가 자료조사 단계에서 찾은 자료에 따르면 현재 프로야구의 최대 관심층과 소비층은 20대였습니다. 그리고 전에 주제와 관련해 한마디라도 들을 수 있을까 싶어 신청해서 들으러 갔다던 강의에서 넥센히어로즈 조태룡 단장은 '스포츠의 특성상 기존의 다른 팀의 고객을 끌어오는 것보다 신규고객을 확보하는 것이 보다 효과적일 수 있다'라는 말을 했습니다. 그래서 저희는 지금 프로야구 신생구단인 NC다이노스에게 필요한 것은 '창원시에 거주하는(지역마케팅) 야구에 무관심한(신규고객 확보) 대학생들(20대)을 대상으로 한 마케팅'이라는 결론을 도출해냈습니다. 또 불현듯 자료조사 단계에서 트렌드 분석을 해뒀던 게 생각났습니다. 당시 구글 인기검색어 등의 분석을 통해 〈개그콘서트〉를 필두로 한 '재미'에 대한 선호도가 어느 때보다 높다는 것을 파악해뒀던 우리였습니다. 따라서 저희는 마케팅 방안에 대해 고민할 때 '재미' 있게 할 수 있는 방향으로 고민해보자고 생각했습니다. 자료조사 단계에서 이게 도움이 될까 싶었던 자료들까지 광범위하게 수집해두었던 것이 아이디어 도출 단계에서 빛을 발하는 것을 느끼는 순간이었습니다.

NC다이노스의 대학생 팬 지지 기반 확립을 위한 마케팅 방안

이렇게 자료수집, 자료분석 과정을 통해 구체적인 주제까지 확정되었습니다. 저희는 이 주제에 맞춰 계속해서 아이디어 회의를 진행했습니다. 그리고 구단의 입장에서 사람들을 야구장으로 불러 모을 수 있는 '꿈'을 잡을 수 있는, 관객의 입장에서도 야구장을 찾음으로써 자신의 '꿈'을 잡을 수 있는 마케팅 전략. 최종적으로 'Nice Catch, Dinos'라는 프로세스를 도출해냈습니다.

구체적인 목표를 바탕으로 저희는 'Nice Catch Dinos' 이 아이디어의 세부 프로세스를 크게 3단계로 나누었습니다. 우리의 타깃이 야구에 무관심한 대학생이었기 때문에 일단 야구에 대한 흥미를 불러일으켜 야구장을 방문하게끔 한 다음, 야구장에서의 긍정적인 경험을 바탕으로 팬이 될 수 있게끔 해 지속적인 방문으로 이어질 수 있도록 하고 경기장 외의 공간에서도 마케팅을 함으로써 최종적으로 NC다이노스의 확고한 팬으로 남을 수 있도록 하는 것입니다. 조금 더 구체적으로 살펴보면, 1단계에서는 응원가 부르기, 플래시몹 이벤트를 통하여 기존에 야구에 무관심하던 대학생들의 관심을 유발하여 NC다이노스의 인지도를 상승시키고 NC다이노스와 야구에 대한 관심을 불러일으킵니다. 2단계로는 실시간으로 전광판에 사진이 업로드 되는 '공룡발자국' 등의 대학생들이 야구장에서 능동적으로 참여할 수 있는 방안을 통하여 야구가 대학생활의 스트레스를 풀고 재미있게 즐길 수 있는 여가 활동이라는 인식을 확립시킨 다음, 3단계에서 장학사업과 NC다이노스 인사들의 특강을 통해 야구장뿐만 아니라 대학생활에 깊게 침투하여 대학생들의 공감을 이끌어 낼 수 있는 하나의 프로세스를 형성한 것입니다. 한마디로 정리하면 이렇습니다.

마케팅은 전략이다! 구체적인 발전 단계를 제시하자.

느끼셨을지 모르겠지만, 저희는 기획 단계에서 최대한 Step, 일종의 '단계'를 구분하려고 했고 각각의 기획에 대해서는 모두 '이름'을 부여했습니다. 비즈니스 프레젠테이션에서 아이디어의 내용만큼 그것을 기억하도록 하는 게 중요하다고 생각했기 때문에 프로세스를 나눠 청중이 이해하기 쉽도록 배려하고 내용을 하나의 단어로 기억해 나중에라도 쉽게 떠올릴 수 있도록 한 것입니다.

2) PURPOSE

이쯤에서 다시 한 번 정리하고 넘어가볼게요! 준비 초반에 저희 프레젠테이션의 목표는 'NC다이노스가 활용할 수 있는 마케팅 방안을 제안해 그것이 실제 활용될 수 있도록 인정받는 것'이었습니다. 그런데 이것은 주제를 NC다이노스로 잡은 사람이라면 누구나 얘기할 수 있는 것이었습니다. 따라서 여기에 우리만이 얘기할 수 있는 강력한 원 메시지가 필요했습니다. 이 발표를 통해서 우리가 말하고 싶은 게 무엇인지 그리고 우리만이 말할 수 있는 것은 무엇인지 보다 명확하고 세부적인 목표를 설정할 필요가 있었던 거죠. 이 필요에 의해 프레젠테이션을 관통할 수 있는 **꿈**이라는 하나의 컨셉을 정했던 거고 그 결과 "NC다이노스의 입장에서도 관객을 잡을 수 있는 **꿈**을 잡는, 관객도 야구장에

서 **꿈**을 찾을 수 있는 실현가능한 마케팅 방안을 제안한다."라는 목표를 구체
화할 수 있었던 것입니다.

3) PLACE

대회는 대한상공회의소 중규모강당에서 진행됐습니다. 조명, 음향, 동선 등을
자유롭게 활용할 수 있는 공간이었습니다. 그러나 규모가 꽤 있는 편이기에 가
만히 서서 PT를 하면 혼자 무대 위에 '덩그러니' 있는 것 같은 느낌이 들 수 있
을 것 같았습니다. 무대를 활용할 필요가 있었습니다. 무대는 그렇게 높지 않
았고, 심사위원들과의 거리도 가까운 편이었습니다. 따라서 무대 위에서만 이
야기하고 내려가는 것이 아니라 청중에게 가까이 다가가 이야기할 수 있었습
니다. 소품을 활용하기에도 무리가 없는 환경이었습니다. 저희가 프레젠테이
션에서 어떤 식으로 공간을 활용했는지는 이후 발표 부분에서 자세히 이야기
해드리도록 하겠습니다!

전체적인 기획이 완성되고, 각각의 항목을 어떤 내용으로 채워 넣을지 결정했다면 이제 PPT 디자인에 대해 고민할 순간입니다. 우선 저희는 파워포인트 내에서 제공하는 템플릿이나, 다른 사이트에서 제공하는 템플릿 사용은 지양했습니다. 템플릿을 찾다보면 마음에 드는 것도 잘 없을뿐더러, 발표를 가장 효과적으로 드러낼 수 있는 템플릿을 저희가 만드는 것이 더욱 효과적이라 생각했기 때문입니다. 이제 그럼 보다 구체적으로 PPT 디자인에 있어서 저희가 어떤 고민들을 했는지 함께 살펴보겠습니다.

1) 최대한 기업과 닮은 PPT를 만들자!

비즈니스 PT를 위한 PPT를 디자인할 때, 가장 쉽고 효과적인 방법은 해당 기업의 컨셉을 따라가는 것입니다. 기업의 홈페이지나 인쇄물, 광고 등을 참고하면 컬러, 구성, 폰트 등 많은 부분에서 도움을 얻을 수 있거든요. 저희는 NC DINOS의 홈페이지에 들어가 로고에는 어떤 색이 사용되었는지, 글씨체는 무엇인지, 함께 사용된 다른 색들은 무엇이 있는지 일일이 확인하고 이를 PPT 안으로 가져왔습니다. 홈페이지에 있는 다양한 소스들을 활용하여 어떤 색을 주로 사용할 것인지, 강조할 때는 어떤 색을 사용할 것인지, 어떤 폰트를 사용할 것인지 결정하고 기본적인 레이아웃을 갖춘 템플릿을 직접 만들었습니다. PPT는 청중들의 '시각'을 사로잡는 또 다른 발표자입니다. 해당 기업의 컨셉을 차용해서 디자인을 한다면 기본 템플릿을 가져다 쓰는 것보다 훨씬 더 의미 있는 PPT를 만들 수 있습니다.

2) 한 장의 슬라이드를 찾아서

슬라이드 디자인을 하면서 저희가 또 중요하게 생각한 것은 한 장의 슬라이드에 하나의 메시지를 전달하는 것이었습니다. 슬라이드의 핵심 메시지가 무엇인지, 그 슬라이드를 통해서 무엇을 전달하고 싶은 것인지 확실하게 짚고 넘어 갔습니다. 특히 저희 팀은 한 슬라이드에 2개의 정보를 병렬적으로 나열하여 제시하는 경우가 많았는데, 이 경우에도 두 가지 정보를 결합하면 결국 하나의 메시지로 이어졌죠. 그리고 하나로 연결된 메시지를 슬라이드 하단에 글로써 정리하여 직접 청중에게 보여줌으로써 각 슬라이드의 핵심 메시지가 무엇인 지 청중들에게 확실히 와 닿도록 했습니다.

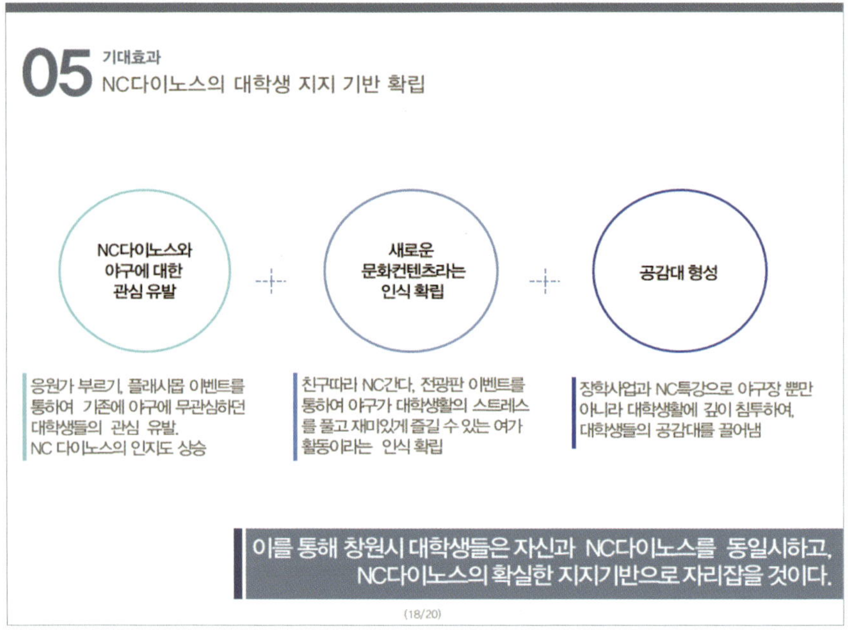

원 슬라이드 원 메시지, 핵심 메시지는 하단에 명시했다.

또한 비즈니스 PT는 상대방을 설득하고, 우리 팀의 주장을 더욱 탄탄하게 만 들기 위해 설문조사 결과와 같은 많은 수치 자료를 사용하게 됩니다. 다양한 자료를 사용해 주장의 설득력을 높이는 방법은 좋으나 안타깝게도 우리가 쓸 수 있는 시간은 10분으로 한정되어 있었습니다. 모든 내용을 주절주절 말로 설명하기엔 턱없이 시간이 부족했죠. 일일이 설명할 수 없었기 때문에, 이 자 료가 무엇을 말하고자 하는지 한 눈에 파악되도록 디자인했습니다. 청중이 나 서서 굳이 이 그래프나 표가 무엇을 의미하는지 일일이 살펴보지 않고서도 직 관적으로 그 의미를 바로 알 수 있도록 배치하고, 중요한 부분을 강조하는 것에 중점을 두었습니다. 같은 맥락으로 강조해야 하는 부분은 다른 부분들과 다른 색을 사용한다던가, 두꺼운 폰트를 사용하거나 폰트 크기를 키우는 등 다양한 방법을 사용하여 청중에게 한 눈에 들어오도록 만들었습니다.

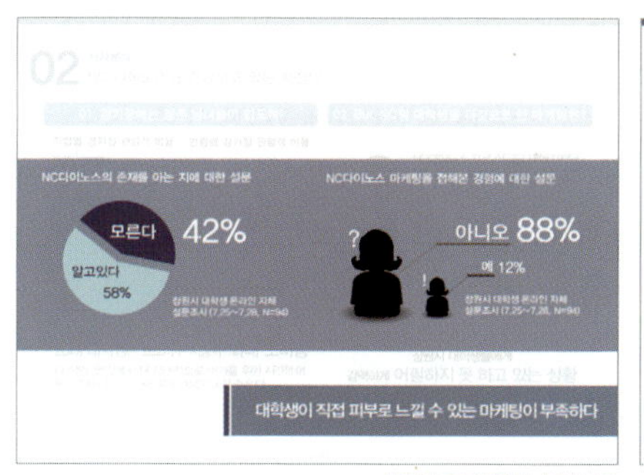

그래프를 활용한 슬라이드

이미지를 활용한 슬라이드

한 눈에 들어오는 그래프를 만드는 것과 같은 맥락으로 슬라이드를 구성할 때에 적절한 이미지를 활용하는 것도 중요합니다. 딱딱한 비즈니스 PT라고 해서 꼭 글로만 가득 채워져 있으란 법은 없으니까요. 여러 줄의 논리적인 글보다 한 장의 이미지가 사람들에게 더 많은 임팩트를 전달할 때도 있습니다. 실제로 위의 이미지를 활용한 슬라이드의 경우 발표자가 셀카를 찍는 것처럼 포즈를 취한 다음 찰칵 소리와 함께 발표자의 사진이 나오도록 효과를 주었습니다. 인터넷상의 이미지가 아니라 발표자의 이미지를 사용함으로써 조금 더 센스있는 연출을 할 수 있었던거죠. 적재적소에 맞는 이미지를 활용하면 전달의 효과는 배가 됩니다!

지금까지 살펴본 것처럼 각각의 슬라이드를 디자인 하는데 있어서, 어떻게 하면 전달하고자 하는 메시지를 청중들에게 가장 쉽고 효과적으로 전달할 수 있을지 고민하는 것이 디자인의 출발점이 되었습니다. 하지만 각각의 슬라이드를 효과적으로 표현하는 것만큼이나 전체적인 슬라이드를 구성하는 것 또한 중요한 문제이죠. 저희 팀의 경우, 마케팅 전략 부분이 나오는 부분에서 '분위기의 전환'을 줄 필요가 있었습니다. 마케팅 전략이 나오기 이전에는 객관적인 상황이나 정보를 전달하는 내용이 주를 이루었고, 마케팅 전략 부분은 본격적으로 우리의 의견이 담긴, 청중을 설득하는 내용이 주가 되었습니다. 비슷한

PPT 양식으로 많은 내용을 속사포처럼 쏟아내는 발표에 청중이 지루함을 느낄 즈음, 마케팅 전략이 등장하였기 때문에 저희는 청중의 주의를 환기시킬 필요가 있다고 생각했습니다.

3) 슬라이드를 이용해 프레젠테이션에 대한 집중도를 끌어올리자!

그래서 마케팅 전략이 등장하기에 앞서, 과감하게 PPT 한 장 전체를 할애하여 크게 타이틀을 적음으로써 임팩트를 주어 분위기를 환기시켰죠. 정말 중요한 내용이라면 가끔은 PPT 한 장 전체를 통 크게 쓸 줄도 알아야 합니다. 그러면 그만큼 효과는 배가 될 수 있죠.

NC다이노스의 상징색을 활용한 슬라이드, 슬라이드를 통 크게 활용하는 것도 방법!

또한 발표 전체적인 맥락에서 저희 팀의 가장 특징적이었던 부분은 발표 앞, 뒤에 스토리가 들어간다는 점이었습니다. 비즈니스 프레젠테이션 대회였지만, 처음 부분과 끝 부분은 스토리텔링을 통해 전달함으로써 청중들의 공감을 이끌어내고자 하였죠. 그렇다 보니 많은 그래프와 글로 된 분석이 주를 이루는 본문에 비해 처음과 끝은 이야기 그 자체로 흘러갔습니다. 이럴 땐 어떻게 슬라이드를 디자인해야 할까 고심한 끝에 분위기를 강조하는 검은색 배경에 흑백의 이미지를 사용하였습니다. 이를 통해 이야기를 하는 발표자의 역할을 강조하고 슬라이드는 잔잔한 배경 역할을 하도록 했죠. 이처럼 디자인은 슬라이드의 목적과 역할에 따라 달라질 수 있으며, 이를 가장 잘 드러낼 수 있는 방법으로 표현하도록 노력하는 것이 좋은 디자인을 하는 핵심이라고 할 수 있습니다.

1 템플릿 직접 만드는 것 어렵지 않다. 기업의 컨셉을 모방하라!
▶ 기업의 홈페이지, 인쇄물, 광고 등은 템플릿을 만드는 좋은 소스가 될 수 있다.

2 정보의 70%는 시각을 통해 전달된다.
▶ 슬라이드는 단순히 정보를 나열하는 공간이 아니다. 우리가 전하고자 하는 메시지를 가장 효과적으로 보여주어야 하는 공간이다.

3 끊임없이 손을 움직여라!
▶ 내용이 효과적으로 전달되는 한 장의 슬라이드를 만들기 위해서는 수 십 번 배치를 바꿔보고 여러 가지 요소를 변화시켜 보는 실험정신이 필요하다.
▶ 디자인을 잘하려면 = 끊임없이 시도하는 도전정신 + 끈기 + 세심함

4 1 Slide = 1 Message
▶ 하나의 슬라이드에는 무조건 하나의 핵심 메시지가 담겨야 한다.

5 그래프는 한 눈에 들어오도록!
▶ 색, 두꺼운 폰트, 폰트 크기 등을 최대한 활용하여 한 눈에 파악할 수 있는 그래프를 만들어라.

6 적절한 이미지 사용도 필요하다.
▶ 백마디 말보다 한 장의 이미지가 내용을 더 쉽고 효과적으로 전달할 때도 있다.

7 분위기 전환이 필요할 땐 슬라이드 한 장을 통 크게 활용해봐라!

8 슬라이드의 목적, 역할에 따라 디자인은 바뀐다

PPT 디자인 제작 때 고려했던 요소들

재.밌.게!

우리의 팀명인 '난타전'처럼 청중의 입장에서 어떻게 하면 재밌는 프레젠테이션이 될 수 있을지를 가장 많이 고민했습니다. 자칫 딱딱하게 흐를 수 있는 비즈니스 프레젠테이션을 지루하지 않게, 청중들이 몰입할 수 있도록 끌고 갈 수 있느냐가 승패를 좌우할 것이었기 때문입니다.

1) 청중의 마음을 움직이는 것은 감성

"안녕하세요. 저희는 난타전팀입니다."

이렇게 시작한다면 식상할 것이 분명했습니다. 시작부터 뭔가 다르다는 인상을 주는 것이 중요했습니다. 그래서 저희는 기획단계에서도 잠깐 언급했던 NC다이노스의 구단주인 김택진 사장의 인터뷰 영상을 오프닝에 삽입했습니다. 어떤 멘트도 없이 암전한 상태에서 눈물을 흘리며 야구에 대한 애정을 드러낸 NC다이노스 구단주의 영상을 먼저 공유함으로써 청중과 공감대를 형성하기로 했습니다. 그리고 영상이 끝난 뒤에야 비로소 청중에게 질문을 던졌습니다.

"야구를 보며 꿈을 키워본 적 있으십니까?"

오프닝에서의 이러한 간단한 질문은 청중으로 하여금 한번쯤 그 답에 대해 생각해보게 합니다. 우리가 준비한 프레젠테이션의 메인 주제가 'NC다이노스도, 관객도 모두 야구를 통해 **꿈**을 잡을 수 있다(Nice Catch).'라는 것이었기 때문에 이 주제에 접근하기 위해 청중들도 한 번씩 자신이 야구를 통해 꿈을 꿔본 적이 있는지, 야구가 누군가에겐 꿈일 수 있다는 생각을 해 볼 수 있도록 질문을 던진 것이죠. 맨 마지막의 클로징에서도 마찬가지였습니다.

97년, IMF 외환위기 당시,

박찬호 선수의 1승, 1승의 소식은 우리나라 국민들에게

IMF를 '극복할 수 있다, 할 수 있다.'라는 희망의 메시지였습니다.

이렇듯 야구는 도전하게 하는 삶의 원동력이 될 수 있습니다.

야구를 좋아했던 꼬마의 꿈이 야구단을 만들었고,

그 야구단은 지금 우리에게 꿈을 안겨줄 채비를 하고 있습니다.

팬들의 꿈, 선수들의 꿈, 창원시의 꿈

새롭게 탄생한 NC다이노스가 모든 이의 꿈을

멋지게 캐치할 그 날을 기대해 봅니다. Nice Catch!

앞서 기획 단계에서 청중분석을 할 때 심사위원들은 박찬호 선수가 메이저리 그에서 활약하던 시기를 직접 경험한 세대일거라고 판단했다고 이야기 드렸 죠? 설사 아니라 하더라도 대한민국 국민이라면 박찬호 선수를 모르는 사람 은 거의 없을 겁니다. 즉 모두가 공감할 수 있는 박찬호 선수를 이야기함으로 써 다시 한 번 저희는 사람들의 시선을 주목시켰습니다. 그리고 IMF 당시 박찬 호 선수의 승리 소식이 국민들에게 힘을 줬던 것을 언급하며 우리의 마케팅 전 략 역시 누군가의 **꿈**이 될 수 있음을 강조하며 청중들에게 여운을 줄 수 있도 록 한 것입니다.

2) 모든 정보는 정확한 수치로 신뢰감 있게!

비즈니스 프레젠테이션의 특성상 또 하나 중요한 것이 바로 '전문성'입니다. 바로 이 '전문성'은 실제 심사위원들의 평가항목이기도 했고요. 오프닝과 클로 징에서 감성적으로 어필하긴 했지만 감성만으로 청중을 설득할 수 있는 것은 아니었습니다. 저희 팀은 설득력 있는 PT를 하기 위해 말하는 것 하나하나에 따른 명확한 근거를 제시하려고 노력했습니다. 시장분석 상황에 대해서 이야 기할 때도, "프로야구 관중이 매년 꾸준히 늘고 있습니다."가 아닌

한국프로야구의 관중은 꾸준히 증가해왔습니다.

> 2012년 프로스포츠 사상 최초로 700만 관중을 돌파하며
> 역대 최고 흥행을 기록 중입니다.

와 같은 식으로 구체적인 데이터를 가지고 명확한 수치로서 청중에게 보여주었습니다. 한 가지 더 예를 들어보면, 단순히 "야구장을 찾는 관중을 살펴보면 대학생의 비중이 높은 것을 확인할 수 있습니다"가 아니라

> 00통계에 따르면 현재 야구장을 찾는 관중을 직업별로 구분했을 때
> 학생이 41%나 되고, 연령별로도 20대가 64.5%로 과반수가 훨씬 넘습니다.

와 같은 식으로 데이터를 근거로 설득력 있는 PT를 한 것이죠. 이와 같이 수치, 전문가의 말 등을 인용하여 데이터에 기반해 말을 하게 되면 상대는 비교적 더 쉽게 설득될 수 있습니다. 이 프레젠테이션이 단순히 우리의 주관적인 생각을 말하는 것이 아니라 증명된 사실을 바탕으로 한 것이기에 듣는 사람으로 하여금 신뢰성을 높일 수 있는 것이죠.

3) 프레젠테이션은 가만히 서서 하는 게 아니다!

> 무대, 소품, 심지어 프리젠터까지 활용하기

대회에서 우리에게 주어진 시간은 10분이었습니다. 그런데 만약 10분 동안 움직이지 않고 한자리에서 프레젠테이션을 한다면 어떨까요? 지루할 것 같았습니다. 그래서 저희는 동선을 활용해보기로 했습니다. 시장 및 자사분석에서 우리의 아이디어 제안이 있는 부분으로 내용 전환이 있는 부분에서 의도적으로 자리를 무대 오른쪽에서 왼쪽으로 이동한 것입니다. PPT의 화면전환 효과를 이용하여 프레젠터가 직접 슬라이드를 옆으로 미는 것과 같은 착시효과를 주면서 자리를 이동했습니다. 집중력이 흐트러질 수 있는 시점에, 우리가 강조하고 싶은 내용이 등장하는 시점에 맞춰 자리를 이동함으로써 다시 분위기를 환기시키고 사람들이 집중할 수 있도록 구성을 한 것입니다.

저희는 다른 팀과 다르게 야구공이라는 소품을 활용하기도 했습니다. 우리의 주제가 'Nice Catch, Dinos! 네 꿈을 잡아라"인만큼 이 주제를 사람들의 머릿속에 각인시키기 위해 팀원 중 한명이 무대 아래서 야구공을 던져주면 그걸 받아서 "Nice Catch!"라고 우리의 캐치프레이즈를 외치면서 마무리를 하는 것이었죠. 리허설 때 가장 우려했던 것 중 하나가 실전 무대에서 '이 야구공을 못 받으면 어떡하지?'하는 것이었는데 실제로 이렇게 소품을 활용하게 되니 사람들의 시선을 끌게 됐고 아직까지도 친구들이 난타전의 비즈니스 PT를 'Nice Catch'로 기억하게 되는 강렬한 '한방'이었던 것은 분명한 것 같습니다.

4) 연습도 실전처럼! 무대, 의상 등 실전과 가장 비슷하게

하지만 아무리 완벽한 PPT가 있고, 완벽한 대본을 작성했다고 하더라도 리허설이 뒷받침되지 않는다면 무용지물입니다. 3개월여의 기간 동안 우리가 준비한 것들을 잘 어필하기 위해선 무대에서 떨지 않을 수 있을 만큼의 리허설이 필요했습니다. 대본이 있긴 했지만 한자 한자 그대로 외우려고 하진 않았습니다. 가장 먼저 슬라이드 별로 '키워드'를 정해 그것을 기억하고 계속 반복해서 말해보면서 자연스럽게 이야기하는 것처럼 들릴 수 있도록 가장 신경을 썼습니다. 그렇게 연습하고 나니 대회 날, 어느 슬라이드를 갑자기 가리키더라도 내용을 말할 수 있을 정도가 됐습니다. 또한 오퍼레이터를 따로 뒀습니다. 오퍼레이터를 따로 뒀을 때의 장, 단점! 바로 앞의 사례, 〈시간을 선물하다〉에서 보셨지요? 리허설을 정말 많이 했습니다. 이렇게 리허설을 열심히 하면 그 진가는 실전 무대에 섰을 때 가장 큰 힘을 발휘하는 것 같습니다. 긴장이 전혀 안 됐다면 거짓말이지만 "연습처럼만 하고 오자."라고 생각하고 무대에 들어가니 생각만큼 떨리지 않았거든요. 결국 무대에 서게 되었을 때 믿을 건 나 자신뿐입니다. 내가 많이 긴장하고 있다고 해서 다른 누가 대신해줄 수 있는 부분이 아니기 때문이죠. 그렇다면 무대에서 당당하게 PT를 하기 위해선 어떡해야 할까요? 답은 하나입니다. 오직 연습만이 살길이다!

아직도 꿈만 같은 그 날의 기억. '동아리 밖 더 큰 무대에서도 우리의 발표가 통할까?'라는 호기심에서 출발했던 대회에서 저희는 너무나 많은 걸 배웠습니다. 결국 '좋은 프레젠테이션'은 누가 더 프레젠테이션에 대해 진지하게 고민을 했느냐의 차이라고 생각합니다. 저희가 BPC에서 좋은 성적을 거둘 수 있었던 이유도 다른 팀보다 특별히 무언가를 잘해서가 아니라 모두가 공감할 수 있는 '야구'라는 주제를 선정했던 것, 어떻게 하면 지루하지 않은 프레젠테이션이 될 수 있을까하고 비즈니스 프레젠테이션에 '스토리'를 가져가려고 했던데 있지 않을까 싶습니다. 실제로 '야구'를 주제로 삼은 저희를 비롯해, 금상을 차지한 팀의 경우에는 '카카오스토리'를, 은상 팀의 경우에는 각각 '프레젠테이션', '인천국제공항공사'를 주제로 삼았습니다.

제 목	2012 제11회대회 수상작		등록일	2013-04-03
파 일			조회수	5988

수상	팀이름	발표주제
대상 (아이디어상)	난타전	NCC다이노스 대학생 팬 지지기반을 위한 마케팅 전략 [동영상보기][Download]
금상	Moma	'카카오스토리' 가족 소통의 장을 열다 [동영상보기][Download]
은상	PnM	Presentation Network System(By PnM) [동영상보기][Download]
은상 (엘리베이터피치상)	사삼삼	인천국제공항공사를 위한 사회공헌활동 제안 [동영상보기][Download]
동상	4,200원	스케쳐스 브랜드 인지도 향상 및 이미지 제고를 위한 IMC 캠페인전략 [동영상보기][Download]
동상	Project Joe	벅스의 음원 시장률 증대를 위한 전략 제언 [동영상보기][Download]
장려상	공존	CSV 함께하는 가치창출을 꿈꾸다 [동영상보기][Download]
장려상	공감백배	독립문화창작자를 위한 소셜펀딩 [동영상보기][Download]
장려상	Tourist	하나투어와 함께하는 새로운 여행 트렌드'TourList' [동영상보기][Download]
장려상	안테나communications	블루터치 이미지 구축을 위한 IMC전략 방안 [동영상보기][Download]

제11회 Business Presentation Contest 수상팀 명단
출처: BPC홈페이지(www.bizpt.or.kr)

이미 주제가 정해져 있는 대회가 아닌 경우에는 청중이 얼마나 공감할 수 있는 주제를 선택하는지도 수상에 있어 중요한 역할을 한다는 것입니다. 또한 다른 팀과 다르게 영상이나, 소품을 적극 활용하고 비즈니스 프레젠테이션임에도 불구하고 '꿈'이라는 하나의 컨셉을 가지고 스토리라인을 만들어 프레젠테이션을 끌고 갔다는 것도 저희가 대상을 받는데 큰 몫을 했다고 생각합니다.

한 가지 아쉬웠던 점이 있다면 심사위원이셨던 윤영미 전 아나운서가 의상에 대해서 피드백해주신 부분입니다. 그 때 대회에 참가했던 대학생들 모두가 정장차림으로 발표를 했는데 굳이 그럴 필요가 있었느냐는 것이죠. 특히 저희의 경우 아이디어의 분위기와 의상의 느낌이 맞지 않았다는 것입니다. 의상도 결국 발표의 한 요소인데 그 점을 간과했던 거죠. 발표내용에 맞는 의상을 입는 것도 발표의 감정선을 이어가는 중요한 요소라는 점을 대회를 통해 다시 한 번 배울 수 있었습니다.

응원와준 친구들과 다같이 기념사진!

좋은 프레젠테이션을 하기 위한 정해진 답은 없는 것 같습니다. 하지만 좋은 프레젠테이션에 대한 고민을 해보고 저마다의 답을 가지고 있는 사람들이 좋은 발표를 할 가능성이 높다는 것은 확실합니다. 프레젠테이션에서 그 진정성이 단번에 느껴지거든요. 이 글을 읽으신 분들 모두 좋은 프레젠테이션이란 무엇일지 고민해보시고 저마다의 답을 찾아보세요. 그리고 청중의 마음을 사로잡을 수 있는 멋진 프레젠테이션하시길 바랍니다. Nice Catch!

chapter 3

〈버리다〉
유피 vs 피클 연합 경쟁 프레젠테이션 출품작

- **팀명 :** 버리다
- **팀원 :** 유피 6기 송성덕, 6기 조윤석, 6기 최유나, 6기 최윤정, 경희유피 홍현의
- **발표자 :** 송성덕

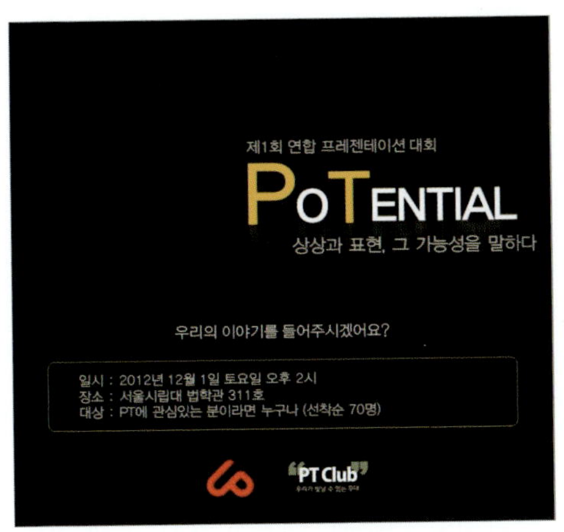

2012년 12월 1일 토요일 2시, 제 1회 연합 프레젠테이션 대회 〈PoTential〉이 개최되었습니다. 〈PoTential〉은 유피와 PT Club의 경쟁 프레젠테이션 대회입니다. 그리고 현재 2014년 1월 4일에 제 3회 대회가 개최되었으며 앞으로도 계속해서 개최될 예정입니다. 이번에 소개해드릴 케이스의 무대인 제 1회 〈PoTential〉은 총 4라운드로 각기 다른 주제로 진행됐습니다. 각 라운드에서 유피와 PT Club의 프레젠터는 발표 직전 제비뽑기를 통해 발표 순서를 부여받았죠. 그러므로 청중은 프레젠터가 어떠한 팀에 소속되어 있는지 알지 못한 채 PT만을 보고 더 잘한 팀을 결정했습니다. 각 라운드의 주제는 다음과 같았습니다.

- **1라운드** : 동아리 소개를 담은 '우.동.소'(우리 동아리를 소개합니다)
- **2라운드** : 버리다
- **3라운드** : K-POP 2013 새로운 아이돌을 런칭하라
- **4라운드** : 프레젠테이션은 독이다

각 라운드의 심사는 PT 선문가이신 심사위원 4분과 청중평가단 약 40분이 맡아주셨습니다. 그리고 전문 심사위원의 1표는 청중평가단의 10표와 같은 비중으로 계산됐습니다. 지금부터 2라운드로 진행됐던 [버리다]를 마지막 케이스로 소개해드리겠습니다. 발표영상은 http://cafe.naver.com/univpowerpoint/31251로 접속하시면 확인하실 수 있습니다. 그럼 시작해 볼까요?

1) PURPOSE

(1) '버리다'를 특별하게 해석하기!

PT의 목적은 당연히 경쟁PT에서 상대팀을 이기는 것이었습니다. 그러려면 상대팀과는 다르게 우리팀만의 특별한 '버리다'를 만들어 내야 했습니다. 그리고 우리만의 '버리다'를 가지고 청중과 소통을 보다 잘해내야 했지요. 그래서 특별한 '버리다'를 찾기 위해서 끊임없는 아이데이션 과정을 거쳤고, 어떠한 내용을 전달할까에 가장 많은 시간을 투자했습니다. 처음에는 주제가 '버리다'이기에 단순히 '○○을 버리다'로 시작했지요. 팀원들이 모두 모여 생각나는 모든 단어들을 '○○'에 넣어 봤습니다.

핸드폰을 버리다, 쓰레기를 버리다, 편견을 버리다

사물들, 사람, 생각 등등 모두를 넣어봤죠. 이렇게 여러 가지를 써놓고 그중에서 한 가지를 고르려고 했습니다. 모두가 지하철에서 핸드폰을 보니 핸드폰을 버리라고 말할까? 아니면 자신이 가지고 있는 편견을 버려라? 그런데 이러한 주제는 팀원들 스스로도 하지 못하고 있는 것들이라서 설득력이 없을 수밖에 없었습니다. 그리고 '버리다'라는 주제가 던져졌을 때 '○○을 버리다'는 누구나 생각할 수 있는 메시지였죠. 이에 조금 더 발전시켜서 뻔-하지 않게 '버리다'를 해석하고 싶었습니다. 그래서 다른 시각으로 '버리다'를 바라봤습니다. 단순히 '○○을 버리다'가 아니라 '○○해 버리다'로 생각하기 시작했죠. 그리고 역시 '○○'이 부분에 모든 단어들을 넣어봤습니다.

말해버리다, 사랑해버리다, 터트려버리다, 고백해버리다

이렇게 계속해서 '버리다'를 특별하게 해석할 수 있는 방법을 찾던 중 우연히 옛말에는 버리다가 '시작하다'라는 의미로 쓰였다는 것을 발견했습니다. 그리고 기획은 [버려진 강아지들, 유기견]으로 가닥으로 잡혔지요. '버리다'가 주제라고 해서 단순히 무언가를 '버리는 것'에 메여있지 말고, 오히려 **버리지 말자**로 시각을 달리해서 주제를 바라보자고 한 것이죠. 그리고 '버리다'의 옛

실제 발표 장면

의미였던 '시작하다'를 실천하자고 말입니다. 이렇게 저희의 버리다는 '시작하다'가 되었습니다.

(2) 유기견들이 정말 줄어들 수 있도록! 공감이 중요해!

청중들이 우리의 메시지에 공감을 할 수 있게 하기 위해서 감성PT를 선택했습니다. 버려지는 강아지들이 힘든 상황에 처해있다는 것을 전하고 "강아지를 버리지 마세요, 강아지와 새로 시작하세요!"라는 메시지를 전달하기에는 가장 효과적인 방법이니까요.

그런데 문제는 어떻게 스토리를 풀어낼 것인가.

처음부터 '버려진 강아지'가 등장한다면 청중들은 '아… 강아지 버리지 말라고?'라고 바로 생각할 수 있고, 이미 파악한 PT를 계속 듣자니 당연히 지루하겠지요. 원 메시지를 바로 눈치채지 못하도록 전혀 생각지도 못한 전개를 이끌어 내어 PT에 반전을 주는 가장 좋은 방법이 필요했습니다. how to say에 대해 계속해서 고민했죠. 이렇게 나온 아이디어가 의인화였습니다. 처음에 프레젠터가 나와서 자신의 이야기를 하는 것처럼 말합니다. 그렇지만 사실은 강아지의 입장에서 겪은 이야기를 들려주는 것이죠. 그러면 처음에 청중들은 프레젠터의 이야기가 그의 이야기인 줄 알겠지요. 그런데 발표 중반부에 자신이 듣고 있는 이야기가 사람의 이야기가 아니라 강아지의 이야기임을 깨닫게 됩니다. 프레젠터가 강아지의 입장에서 강아지의 시선으로 자신의(강아지의) 심정

을 담아 발표를 하는 것을 깨
닫는 거죠. 이렇게 하면 유기
견의 일상이 아니라 사람의
일이라고 생각했기에 PT에
보다 공감할 수 있죠. 그리고
반전을 통해서 원 메시지를
오래 기억할 수 있게 됩니다.
그런데 사람이 갑작스럽게
강아지가 되면 자칫 몰입했

자신의 경험처럼 발표하는 프레젠터

던 감정선이 깨어질 가능성도 있겠죠. 이에 사람이 아니라 강아지임을 조금씩
알아차릴 수 있도록 복선이 필요했죠. 이에 슬라이드에 강아지 사진을 삽입해
연결고리를 설정했습니다. 엄마가 옷을 사줬다고 하는 부분에서 강아지가 옷
을 입고 있는 사진을 넣고, 엄마와 카페에 놀러갔다고 하는 부분에는 애견 카
페 사진을 넣었습니다. 그리고 집에서 크리스마스 트리를 꾸몄다고 말하는 부
분에서도 바닥에 엎드려 있는 강아지 사진을 삽입했죠. 그리고 또 하나의 중요
한 것이 있었습니다. 바로 프레젠터가 유기견이라는 단어를 사용하지 않는 것
이었죠. 유기견이라는 단어에 부정적인 의미가 담겨 있기 때문에 자칫 청중들
이 거부감을 가질 수도 있습니다. 그리고 강아지의 시선으로 말을 전하는 프레
젠터가 자신에게 상처를 주는 단어인 유기견이라는 단어를 아무렇지 않게 사
용하는 것도 모순이겠죠. 그래서 사람의 시선으로 바라보는 청중이 직접 유기
견이라는 단어를 떠올려 사용하도록 유도하고, 자신은 사용하지 않도록 했습
니다.

(3) 버려진 강아지의 문제를 특수한 하나의 이야기로 만들지 말기

처음부터 끝까지 한 강아지의 이야기만을 한다면 현재 버려진 강아지들이 얼
마나 많은지, 그들이 어떤 고통을 받고 있는지 객관적으로 전달할 수 없었습
니다. 그러면 버려진 한 강아지의 이야기로 한정되고, 유기견 문제의 심각성이
제대로 전달되지 않을 수 있죠. 그래서 현재 상황에 대해서 객관적인 정보를
보여주고자 했습니다. 얼마나 많은 강아지들이 버림받고 있는지, 그리고 그들

이 어떠한 고통을 겪고 있는지에 대한 정보를 제공하는 것이죠. 그리고 딱딱하게 전달하지 않기 위해 강아지가 의인화된 상황이라는 설정은 계속해서 유지했습니다. 즉 강아지가 자신의 친구들 얘기를 들려주는 식으로 설명한 것이죠.

2) PEOPLE

(1) 전형적인 PT는 하지말자!

먼저 청중분석을 해봅시다. 연합 경쟁 프레젠테이션 대회에 청중평가단으로 신청하는 사람이라면 당연히 PT에 대한 관심도가 높고 많은 PT를 접해본 사람이겠지요. 물론 전문 심사위원도 그렇고요. 그래서 청중에게 원 메시지를 충분히 어필하고 설득하기 위해서는 기존에 많이 볼 수 있었던 전형적인 PT는 하지 말자고 했죠. 그들은 식상한 PT는 질려하니까요. 이를 위해서도 의인화는 좋은 방법이라고 여겨졌습니다. 강아지의 시선에서 강아지가 말을 하는 PT는 기존의 PT와는 색다른 방법이었고, 청중들이 재미있게 PT를 바라볼 수 있도록 도와주기 때문이죠. 그리고 버려진 강아지를 직접 섭외해서 보여주기로 했습니다. 귀가 들리지 않는다는 이유로 버려진 강아지지만 지금은 좋은 주인을 만나서 이렇게 예쁘게 자라고 있다는 것을 직접 보여주는 거죠. 이 방법을 통해서 강력하게 원 메시지를 전달할 수 있을 거라고 생각했습니다. 대신 강아지가 발표장소에서 돌방상황을 일으키지 않도록 하기 위해 미리 강아지와 몇 번의 리허설을 거쳤습니다. 그리고 강아지가 발표장소를 낯설어 하지 않도록 무대 앞에서 몇 번이나 안고 걸었죠.

강아지를 안고 발표를 진행하는 프레젠터

(2) 상대팀은 어떤 PT를 할까?

그리고 상대팀에 대한 분석도 빼놓을 수 없죠. 특히 라운드형식의 경쟁PT이기에 상대팀에 대한 분석이 정말로 중요했습니다. 그래서

●첫 번째, 다르게 해석해야 한다!

상대팀보다 좋은 PT를 하기 위해 기획을 하는 과정에서부터 상대팀은 어떤 주제를 선택할 것이냐, 어떠한 방식에 대한 고민을 할 것이냐를 생각해야 했습니다. 그래서 앞의 Purpose 부분에서 '버리다'를 특별하게 해석하는 과정은 People 부분에서도 필요한 과정이었죠.

●두 번째, 이미지 중심의 슬라이드를 만들자.

상대팀은 보다 PT공부를 오래 해왔습니다. 당연히 PT 디자인 측면에서 우리를 앞설 것이라 여겼죠. 그러므로 화려한 디자인 기술로 승부를 보기에는 우리팀이 경쟁력이 없다고 여겼습니다. 그래서 이미지 중심으로 슬라이드를 제작했습니다. 이미지 중심의 PPT는 2가지 장점이 있기 때문이죠. 먼저 텍스트가 써 있는 PPT를 자주 접한 청중이라면 이미지로만 이루어진 PPT는 신선하게 느껴질 수 있습니다. 두 번째로 슬라이드가 전달하는 정보가 적기 때문에 프레젠터에게 이목을 집중시킵니다. 청중과 소통이 관건인 감성PT에서 이미지 중심의 PPT는 청중의 시선을 빼앗지 않고 충분히 발표도구의 역할만을 해주는 것이죠.

3) PLACE

대회는 서울 시립대 법학관에서 이루어졌습니다. 발표장은 부채꼴 모양의 넓은 대형 강의실이었지요. 그리고 좌석은 계단식으로 이루어졌습니다. 그래서 뒤쪽에 앉게 되면 무대를 아래로 내려다보면서 PT를 듣는 구조였습니다. 이 강의실에서 효율적으로 발표하기 위해

실제 강의실 사진

(1) 넓은 강의실이니 자유롭게 움직이기! 뒤에 앉은 청중 신경 쓰자

무대가 넓어서 자유로운 이동이 가능했습니다. 그래서 이야기의 흐름이 바뀔 때마다 프레젠터가 이동해서 자연스럽게 흐름의 전환을 알리려고 했죠. 무대 위에서 이동시에 말의 템포를 더욱 더 천천히 하며, 청중들을 이야기에 몰입시킬 수 있게 했습니다. 그리고 감성을 자극해야 하는 부분에서는 프레젠터가 직접 자신에게 이야기하고 있다고 느끼게 하기 위해서 무대 앞으로 나아가 청중들과의 거리를 가깝게 했습니다. 그리고 이야기를 하는 듯이 발표를 해서 공감을 높이고자 했기에 마이크를 쓰지 않고 육성으로 진행하기로 했습니다. 이에 넓은 강의실인 만큼 맨 뒤에 앉은 청중들에게도 프레젠터의 말이 제대로 전달되는지 계속해서 신경 써야 했죠.

(2) 계단식 강의실이니 슬라이드를 자유롭게 이용하자

일반적으로 강의실은 뒤에 앉은 청중들은 슬라이드 전체가 보이지 않습니다. 특히 아랫부분은 거의 안보이기 때문에 이 부분에는 글씨를 쓰거나 중요한 내용을 담지 않는 게 좋지요! 그러나 계단식 강의실로 위에서 아래를 내려다 볼 수 있기에 화면 전체를 자유롭게 활용할 수 있었습니다.

(3) 주요 부분에서 강의실 조명을 껐다 키자

청중들의 감성자극을 극대화하고자 하는 장면에서 강의실의 불을 끄고 다시 키는 전략을 택했습니다. 빛이 사라졌다가 다시 켜짐으로써 청중들의 이목을 집중시킬 수 있죠.

다시 정리해보기

3P 분석을 한 것들이 명확하게 나뉘지 않고 서로 겹치는 게 느껴지시나요? 3P는 각각이 독립적으로 존재하지 않고 서로 밀접하게 연결되어있어서 각각을 분리해서 따로 놓을 수 없답니다! 그래서 서로 겹치는 분들이 꽤 많죠. 그럼 이제 3P 분석을 통해서 살펴본 것들을 다시 한 번 정리해 봐요!

기획	1. 버리다를 어떻게 해석할까? 색다른 방법으로!	강아지를 버리지 말자, 시작하자
	2. 어떻게 효과적으로 전달하지?	반전요소를 만들자, 실제로 강아지를 보여주자
	3. 반전을 만들려면?	처음에는 사람의 이야기인 것처럼 말하지만 사실은 강아지 이야기인 걸 깨닫게 하자.
	4. 유기견 상황이 심각한 걸 알리려면?	현재 상황에 대한 객관적인 자료도 포함시키자
디자인	5. 슬라이드는?	이미지를 중심으로 해서 프레젠터에 더 집중되게 하자. 화면의 전체를 이용하자. 강아지가 등장한 사진으로 슬라이드를 디자인해 복선을 주자.
발표	6. 이야기하듯이 발표하기 위해서!	마이크를 사용하지 않고 육성으로 말하자.
	7. 넓은 강의실 활용하기	이동을 통해서 자연스럽게 흐름 전환을 알리자.
	8. 조명 활용하기!	밝기 전환으로 집중을 극대화 시키자.

4) 스토리라인은?

도입부 : PT에 대한 몰입도 상승(웃음과 반전요소)

1. 다가오는 크리스마스 이야기로 시작을 해 청중과 공감대를 형성

2. 여자친구와 데이트를 했다고 말하지만 사실은 엄마라고 함.

중반부 : 버려진 강아지 이야기 전달(반전과 감동요소)

1. 자신을 사랑했던 엄마에게 버려진 이야기.

   사실 프레젠터가 말하는 이야기의 주인공은 강아지였고, 모든 이야기가 의인화된 거였음을

   청중 스스로 깨닫게 함.

2. 버려진 강아지 시점으로 찍은 유기견 영상 재생

3. 현재 우리나라의 버려진 강아지들의 상황을 전함

후반부 : 버리지 말고 시작하라는 원 메시지를 인상 깊게 전달

'버리다'의 옛말에는 '새롭게 시작하다'라는 뜻이 있음을 알림

이제는 버리지 말고, 새롭게 시작하라는 말로 마무리.

PT의 성공여부는 프레젠터가 얼마나 청중들과 감성적으로 소통을 잘 하느냐에 달려있었습니다. 그러기 위해서는 진정성을 담아서 발표해야 했죠. 저희 팀의 프레젠터는 유기견을 키워본 경험은 없었지만 진정성을 담기 위해 유기견을 키우고 있는 지인들을 통해 직접 이야기를 듣고, 그들의 마음을 이해하고, 생각해보는 시간을 가졌습니다. 또한 유기견의 입장이 되어야 한다는 생각에 가족들에게 버림받는 상황을 상상하며 발표를 준비했고, 스스로 유기견의 역할에 빠져들려고 했습니다. 또 하나의 중요한 요소는 자연스러움입니다. 청중들이 보기에 자연스럽지 않다면 메시지는 청중에게 전달되지 못합니다. 그래서 연습하고 피드백을 받는 과정을 반복해 대본이 몸에 익도록 해야 하죠. 그래서 프레젠터는 리허설을 할 때도 항상 감정이입을 해 실전처럼 임했고, 지하철은 물론 화장실에서도 대본을 들고 있었습니다. 그랬기에 본 발표 때 자연스러운 모습이 나올 수 있었지요. 덕분에 발표 직후 심사원분들의 피드백에서 프레젠테이션이 너무나 완벽하게 준비되어 있다는 평을 들었습니다. 프레젠터의 표정, 제스처, 동선, 목소리 모든 게 철저히 준비되어 있다고 말씀해주셨죠. 그런데 사실 저희는 30:11로 청중평가단에서는 앞섰지만, 전문 심사위원분들의 표를 얻지 못해 41:40으로 패하고 말았지요. 패인은 기획에 있었습니다. 처음에는 사람으로 보이지만 나중에 강아지임이 밝혀지는 스토리를 기획했지만 이 전환이 자연스럽게 이뤄지지 않아 청중이 어색하게 느끼게 된 거죠. 이에 대한 복선으로 PPT에 강아지 그림을 삽입하는 방법을 택했지만 이것만으로는 충분한 연결고리가 되지 못했습니다. 그래서 청중은 사람이라고 생각했던 프레젠터가 버려졌다고 하고, 자신이 사실은 강아지라고 하니까 이를 받아들이지 못하고 감정의 선이 깨어져 버리게 된 거죠. 또한 마지막에 전달하는 '버리지 말고 시작하라'라는 메시지도 연결고리가 깨어지면서 제대로 전달되지 않게 됐습니다. 그래서 도입부는 좋았지만 후반부는 전달하고자 하는 내용을 명확히 하지 못했고, 원 메시지가 카피에 그치고 말았지요. 이에 스토리라인이 자연스럽게 흐르는 논리적 과정에서 오류가 생겼습니다. 기획을 하고 대본을 짜는 과정에서 대본을 짠 당사자는 그 대본을 수도 없이 복기하면서 그 내용에 익숙해져 갑니다. 그래서 자신이 쓴 스토리의 흐름이 자연스럽다고 생각하게 되죠. 그렇지만 이 이야기를 처음 듣는 청중은 그렇지 않을 수 있습니다. 본인은 자연스러운 흐름이지만 받아들이는 사람이 그렇지 않다면 메시지가 제대로 전달되지 않을 수 밖에 없죠. 그러니 스토리 연결의 흐름이 자연스럽도록 만드는 연결고리가 제대로 구성되어 있는지 항상 신경을 써야 합니다. [버리다]는 말하고 싶었던 내용들을 제대로 청중에게 전달하지 못해서 개인적으로는 아쉬움이 남는 PT였습니다. 그렇지만 연결고리의 중요성을 다시 한 번 깨달을 수 있는 좋은 기회였지요. 여러분도 항상 연결고리가 제대로 설정되어 있는지, 스토리라인이 처음 듣는 사람도 이해할 수 있는 흐름인지 항상 확인해 보세요!! 그럼 이제부터는 연결고리와 자연스러운 스토리의 흐름을 확인하는 시간을 버려(시작해)보는 건 어떨까요?

이게 전부가 아니죠. 이제부터는 실전입니다. PPT 제작에서 사용하기 쉬운 팁을 드리고 또 드리고 싶은 마음으로 담았습니다. 염스프레소와 동동이가 엄선하고 엄선한 39가지 파워포인트 팁! 지금 확인해보시죠.

01 23가지 "파워포인트 도구 사용법"

02 16가지 "슬라이드 꾸미는 법"

프레젠테이션!
이야기 넷, 같이
해봐!

chapter 1

23가지
"파워포인트 도구 사용법"

1. 빠른 실행 도구 모음과 사용법

평소에 자주 쓰는 작업을 모아둔 단축 메뉴라고 보면 될 것 같습니다. 일일이 찾아서 들어갈 필요가 없고 버튼 하나만 누르면 되니까 많이 편하죠. 이것을 쓰면 빠르게 작업을 할 수 있습니다.

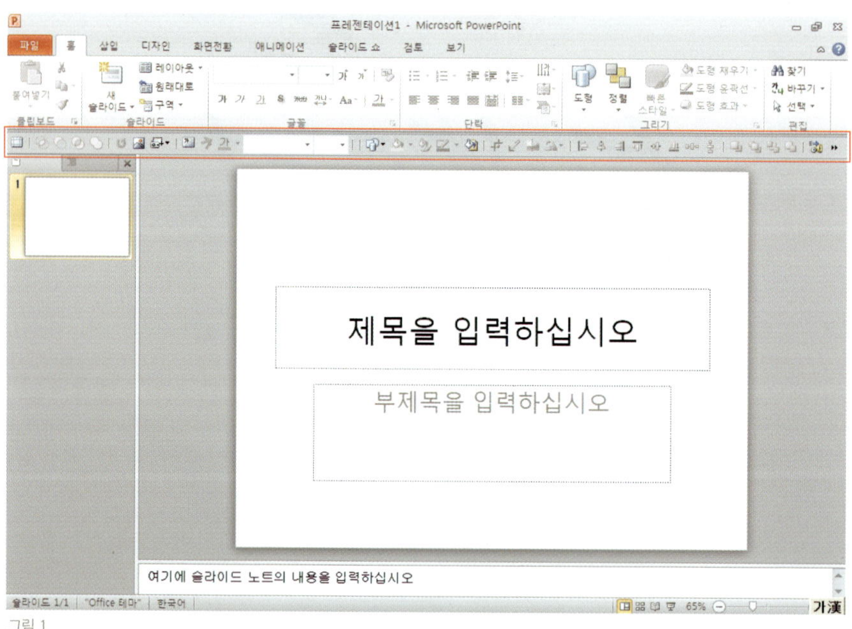

그림 1

위에 표시된 것이 빠른 실행 도구 모음입니다. 디자이너들도 대부분 이 도구를 사용합니다. 왜냐하면 편하니까요

1 [파일] – [옵션] – [빠른 실행도구모음]을 클릭해 주세요.

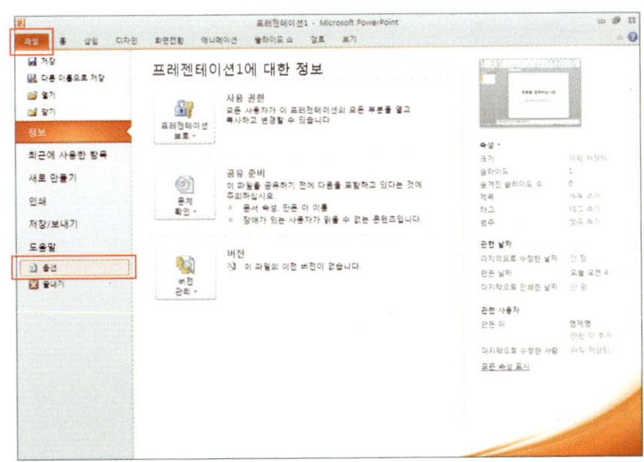

2 [다음에서 명령 선택]에서 스크롤바를 내리고 원하는 작업들을 고르고 [추가]를 누릅니다.

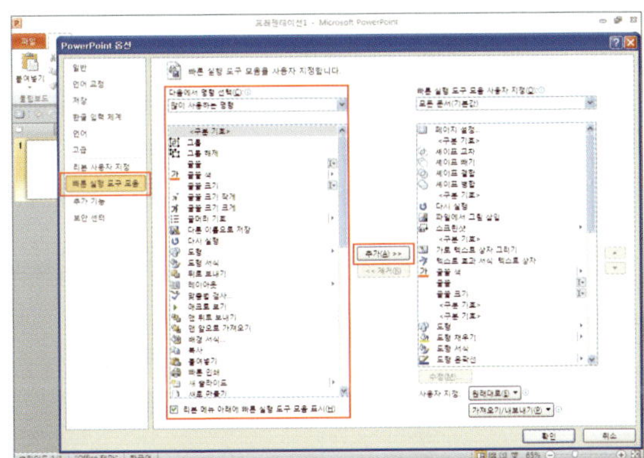

3 [확인]을 누르면 완료됩니다.

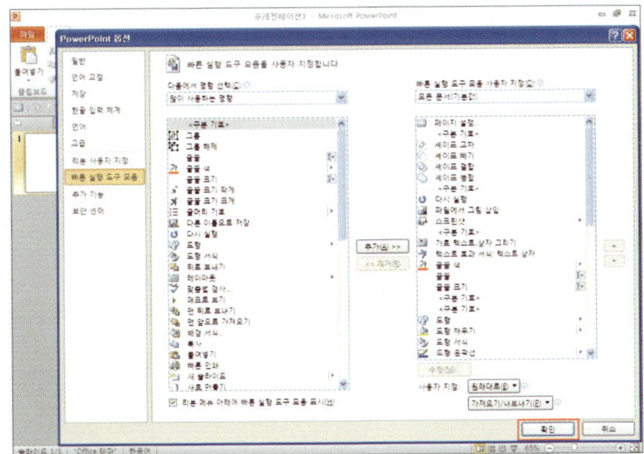

4 그런데 처음에는 위쪽에 도구 모음이 나타납니다.

이것을 처음 화면(그림1)과 같이 만들기 위해서는 마우스 오른쪽 버튼을 클릭해서 [리본 메뉴를 아래쪽으로 표시]를 선택해야 합니다.

이제 편하게 빠른 실행 도구 모음을 이용할 수 있습니다.

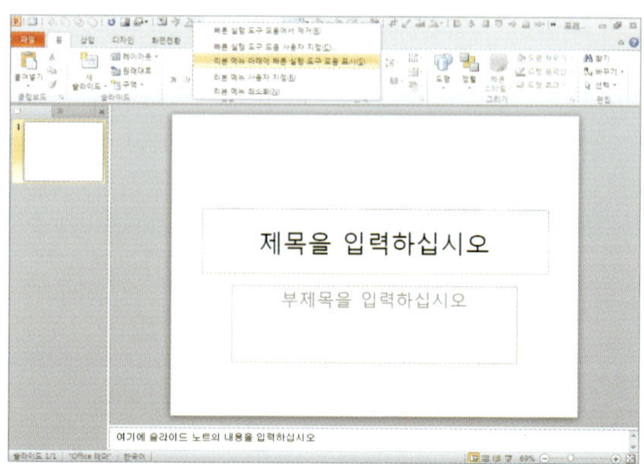

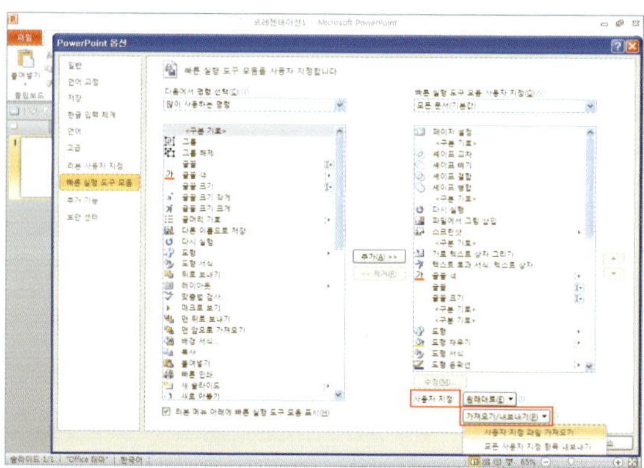

Tip. 가져오기 / 내보내기

아래의 [사용자 지정] – [가져오기/내보내기]에서 [내보내기]를 하면 도구 모음을 파일로 저장할 수 있습니다.

[가져오기]를 클릭하면 저장되어 있는 도구 모음을 불러올 수 있습니다.

내 컴퓨터가 아닌 다른 컴퓨터로 작업할 때 이 기능을 이용하면 유용합니다. 유피맨이 만든 단축 메뉴를 쓰시려면 아래에 있는 주소로 들어가 다운로드를 받으시면 됩니다. http://cafe.naver.com/univpowerpoint/31278

PPT를 만들다 보면 사진을 찾는데 시간을 굉장히 많이 사용하게 되는데요. 그 만큼 사진은 중요한 역할을 합니다. 좋은 사진을 찾는 방법에 대해 알아봅시다. 구글 외의 사이트들은 각각 사이트마다 특징이 조금씩 다릅니다. 따라서 원하는 컨셉에 따라서 다른 사이트를 들어가는 것이 좋습니다. 또한 주의할 점이 있습니다. 인터넷에서 검색해서 쓰는 사진은 개인적으로 사용하면 상관없지만 상업적으로 사용한다면 요금을 지불해야하는 경우가 많습니다. 사진도 개인의 지적재산이기 때문이죠. 상업적으로, 혹은 공개적으로 사용할 일이 있다면 저작권에 대해서 살펴보셔야 합니다.

●구글 검색

가장 많이 이용하는 사이트입니다. 왠만한 사진은 다 나오지요. 보통 구글에서 검색했는데도 나오지 않으면 다른 사이트를 찾아보는 편입니다. 단, 유의할 것은 PPT에 쓸 고화질의 사진을 얻기 위해서는 [검색도구] - [크기] - [큰 사이즈]를 선택해야 합니다.

www.google.co.kr

●Flickr

플리커는 사진에 특화되어 있는 SNS(소셜 네트워크 서비스)입니다. 한 계정에 1TB(테라바이트)의 용량이 제공되고 수준 높은 사진들이 많습니다.

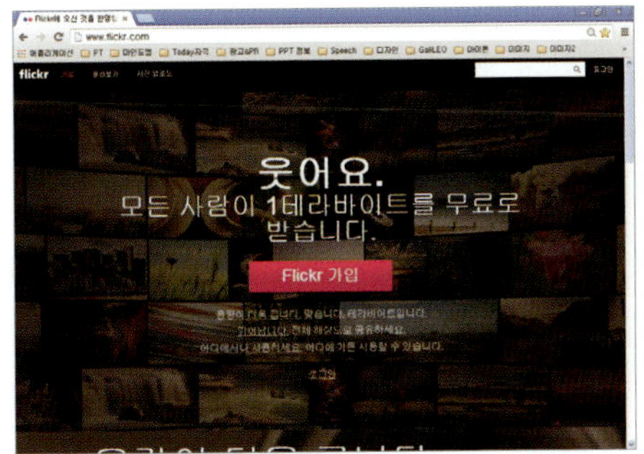

www.flickr.com

● Tumblr

텀블러는 조금 더 일상에 초점이
맞춰진 SNS 서비스입니다. 블로그
형태를 띠고 있기 때문에 좀 더 개
인적이고 트렌디한 사진들이 많습
니다.

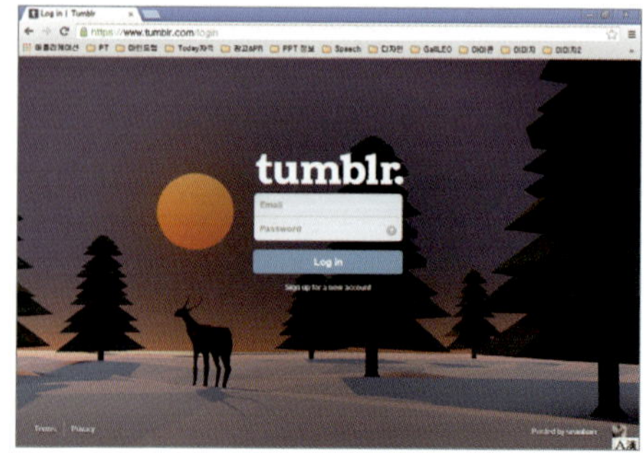

www.tumblr.com

● Getty image

일상에서의 사진이 아니라 작품
사진을 올리는 곳입니다. 사진도
종류별로 분류가 잘 되어 있고 큰
사진을 보려면 돈을 지불해야 합
니다.

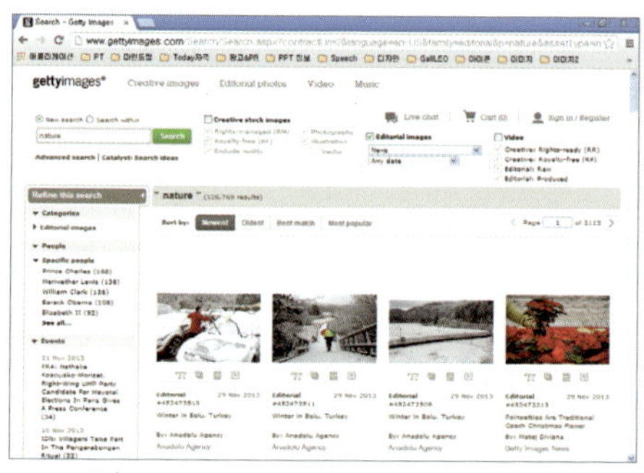

www.gettyimages.com

● Pinterst

핀터레스트는 관심사를 사진으로
공유하는 SNS입니다. 카테고리별
로 사진분류가 잘 되어있고 사진
의 질도 좋은 편이라서 자주 이용
합니다.

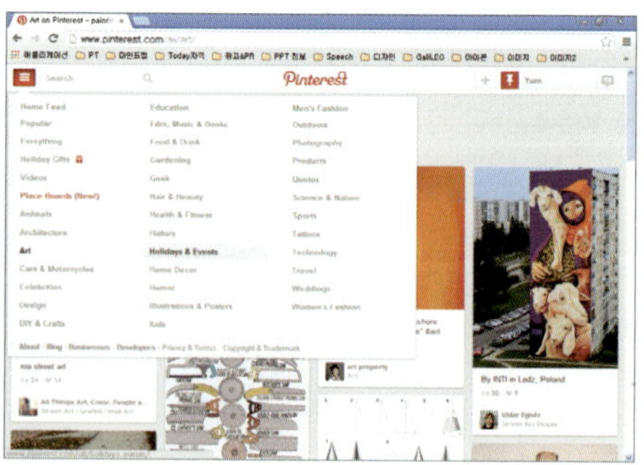

www.pinterest.com

인터넷을 보다가 프레젠테이션에 사용할만한 좋은 사진이나 영상을 발견할 때가 있습니다. 그런데 사진 복사가 안 되거나 영상을 다운로드 받는 방법을 모를 때가 많죠. 그 때를 대비한 두 가지 어플을 소개해 드립니다.

●Picpick

사진을 캡쳐하거나 색상을 추출할 때 자주 쓰는 프로그램입니다. 사용법이 간단해서 한 번에 익힐 수 있고 프로그램의 속도가 빠르다는 장점도 있습니다. 캡쳐와 스포이드 기능 외에 사진 편집 기능도 갖추고 있습니다. 홈페이지에 들어가면 무료로 프로그램을 설치할 수 있습니다.

www.picpick.org

●알툴바

인터넷 상에 있는 사진이나 영상을 캡쳐할 수 있습니다. 주로 영상을 다운로드 받을 때 씁니다. 단, 알툴바는 인터넷 익스플로러에서만 사용을 할 수 있습니다. 크롬이나 사파리 등의 프로그램에서는 작동되지 않습니다.

www.altools.co.kr

인포그래픽이라는 단어를 아시나요? 어떤 정보(Information)를 시각화(Graphics)해서 사람들이 보기 쉽게 하고 거기에 감성까지 더해서 공감을 이끌어내는 것을 인포그래픽(Infographic)이라고 합니다. 프레젠테이션에서도 요즘 인포그래픽이 주목받고 있습니다. 인포그래픽 자료를 많이 보고 분석하면 디자인 실력뿐만 아니라 기획력을 키울 수 있습니다. 요즘에는 인포그래픽 전문 사이트가 많이 만들어져서 쉽게 찾아볼 수 있습니다.

●인포그래픽 참조 사이트

visual.ly   해외 인포그래픽 수집 사이트

인포그래픽스.kr(info-graphics.kr)   국내 인포그래픽 수집 사이트

www.visualdive.co.kr   비주얼언론 비주얼 다이브

www.seri.org/db/dbInfographicsL.html   삼성경제연구소(SERI) 멀티미디어 보고서

www.wooseokjin.com   우석진 블로그

cafe.naver.com/ptwiz   피티위즈

www.yonhapnews.co.kr/medialabs   연합 뉴스 미디어랩

inside.chosun.com   조선닷컴 인포그래픽

www.vop.co.kr/list_infographic.php   민중의 소리 인포그래픽

nigelholmes.com   정보그래픽 디자이너 나이젤 홈즈 페이지

PPT 디자인에 있어서 색상의 선택은 매우 중요합니다. 색상에 따라서 프레젠테이션의 전체 분위기가 달라지기 때문이죠.
아래에 색상 조합과 선택을 도와주는 두 가지의 사이트를 소개합니다.

● 쿨러(kuler.adobe.com)

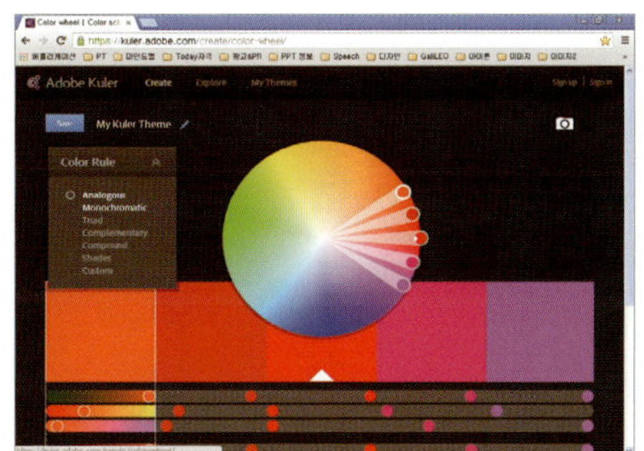

어도비(Adobe)에서 만든 사이트입니다. RGB 값을 입력하면 그 색에 맞는 색상 조합을 확인할 수 있습니다.

찾아주는 색상의 종류

- Analogous
- Monochromatic
- Triad
- Complementary
- Compound
- Shades
- Custom

찍은 사진을 올리면 사진에 있는 색상으로 조합을 만들어 낼 수도 있습니다.

● 칼라 러버스(www.colourlovers.com)

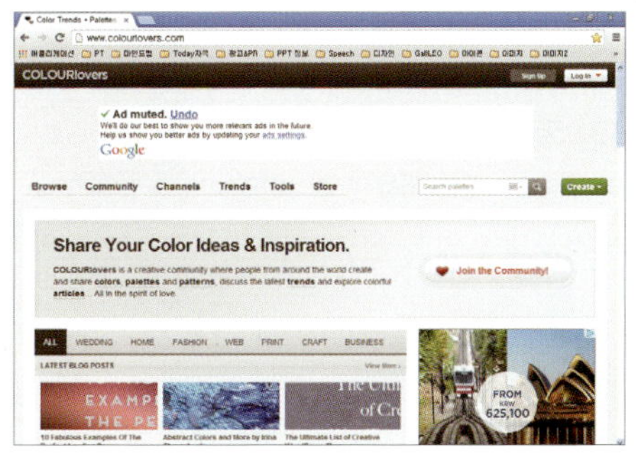

여러 가지 색들의 조합을 보여주고 직접 조합을 할 수도 있다는 점에서 쿨러와 유사합니다.
하지만 차이도 있습니다. 칼라 러버스는 많은 이들이 자신이 조합한 색상을 다른 사람들에게 보여주는 커뮤니티의 역할도 하고 있습니다.
잡지나 브랜드, 인테리어 등 우리의 일상에 있는 다양한 물건들을 소재로 삼은 색상의 조합들도 볼 수 있습니다.

6. PPT 크기 내 마음대로 만들기(세로형, 가로형, 와이드형)

PPT의 슬라이드 크기와 비율을 조절해서 사용할 수 있다는 것 아시나요?

1 [파일]-[페이지 설정]-[페이지 설정]을 클릭하거나 단축 메뉴에서 ▦ 을 클릭하세요.

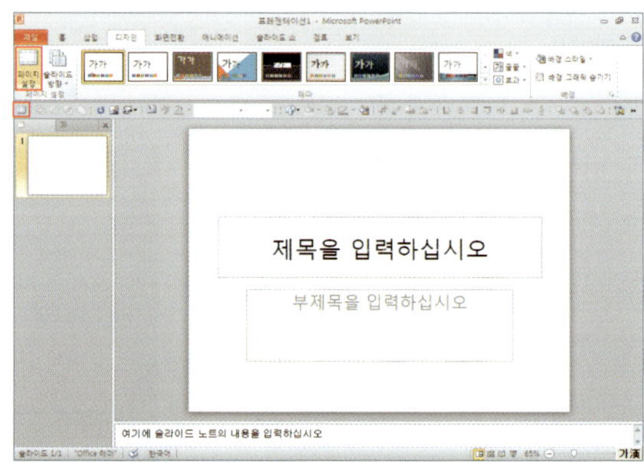

2 페이지 설정 메뉴가 나옵니다. 슬라이드 크기와 슬라이드의 방향을 설정할 수 있습니다.

파워포인트 2010에서 기본 슬라이드는 가로 25.4cm, 세로 19.05cm를 가지고 있습니다. 따라서 가로 세로 비율은 4:3이라는 것을 알 수 있죠.

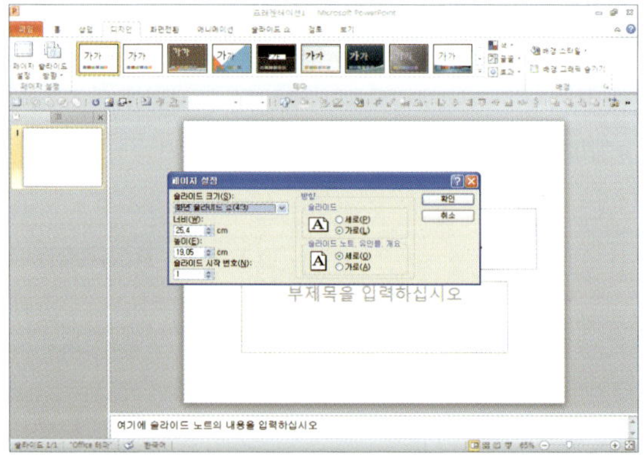

3 슬라이드 크기를 보면 4:3 외에도 16:9, A4 용지 등 다양한 사이즈를 선택할 수 있습니다.

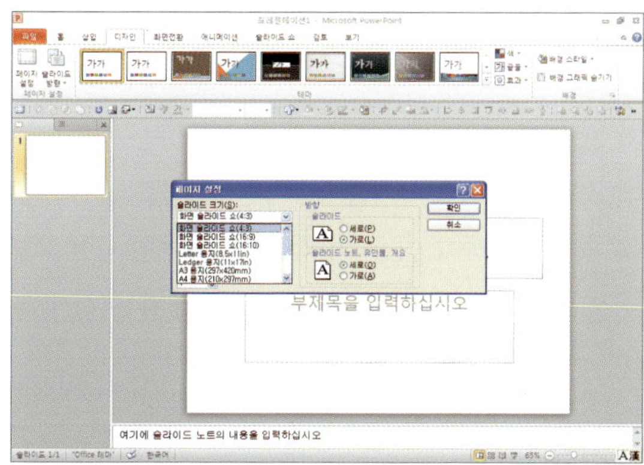

슬라이드를 다 만든 후에 슬라이드 크기를 변경하면 슬라이드에 맞춰 사진의 크기도 변형됩니다. 이를 방지하려면 슬라이드 크기를 먼저 변경해야겠죠?

원본 화면 (4:3)

바뀐 화면 (16:9), 가로만 늘어났다.

발표를 열심히 준비했는데 막상 발표를 할 때 PPT에 글씨체가 깨져 있는 경험을 해 보신 적이 있을 거예요. 컴퓨터에 글씨체를 설치하는 분들도 있지만 더 쉬운 방법이 있습니다. 글씨체를 PPT에 포함시켜 저장하는 방법입니다.

1 이렇게 파일이 있다면 대부분 그냥 저장을 합니다. 단축키 Ctrl + S 를 이용해서 저장을 하지요.
하지만 글씨체를 포함해서 저장을 하는 방법은 다릅니다.

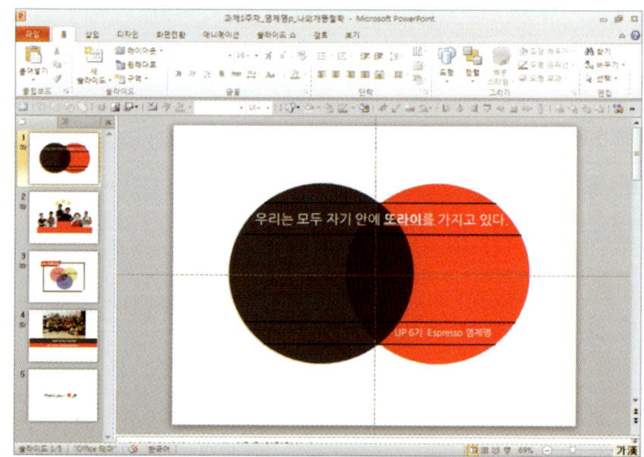

2 F12 를 눌러서 다른 이름으로 저장을 불러냅니다.

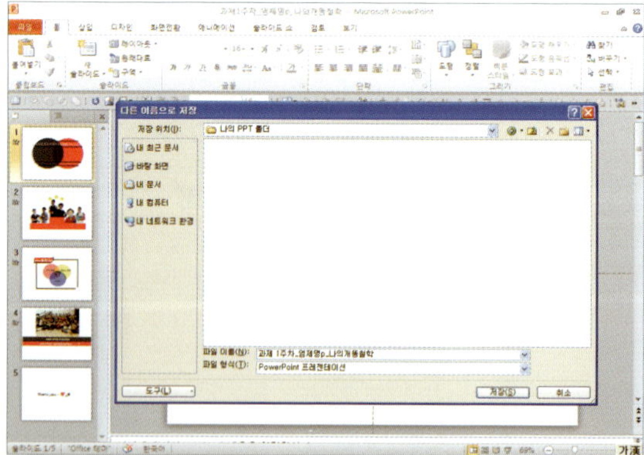

3 [도구] – [저장 옵션]을 클릭
합니다.

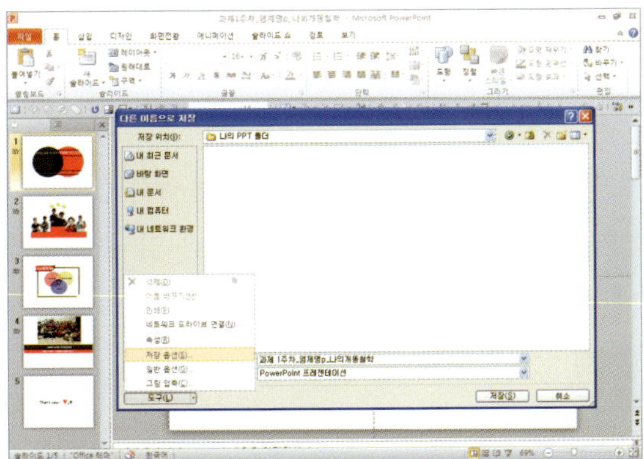

4 [파일에 글꼴 포함]을 체크
하고 [확인]을 누르면 저장 완료!

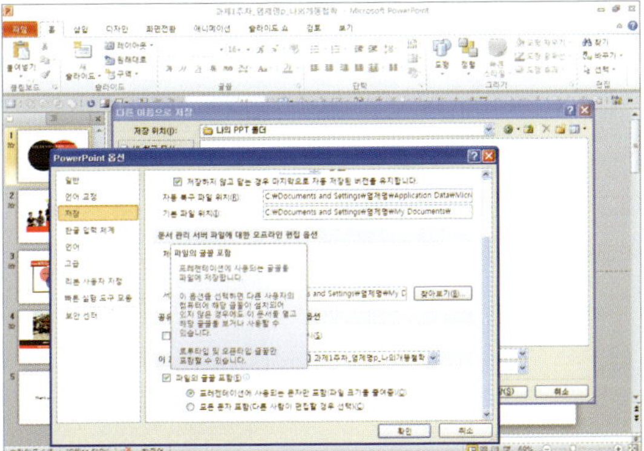

도형이나 글상자에 글자를 적고 자세히 살펴보면 테두리가 지저분하게 보인다는 것을 알 수 있습니다. 이를 깔끔하게 해결하는 법이 바로 [텍스트 윤곽선] 만들기입니다

1 우선 텍스트를 모두 클릭하여 선택한 후, [서식] – [WordArt 스타일]의 우측 하단에 있는 작은 [텍스트효과 서식: 텍스트 상자]라고 표기되는 화살표 모형을 클릭해주세요.

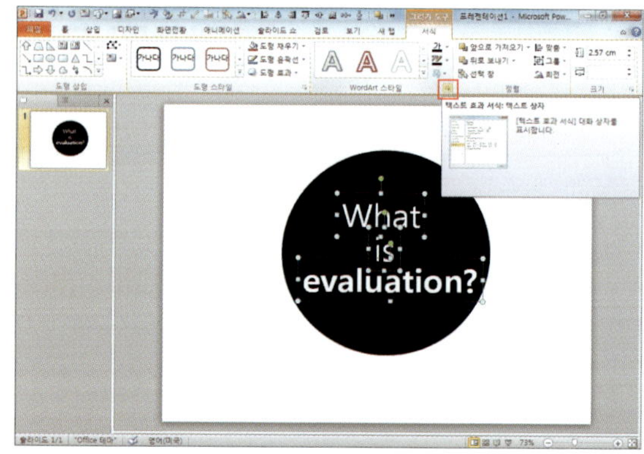

2 모형을 클릭하면 다음과 같은 [텍스트 효과 서식]창이 뜹니다. [텍스트 윤곽선] – [실선] – [색:흰색]을 클릭해주세요

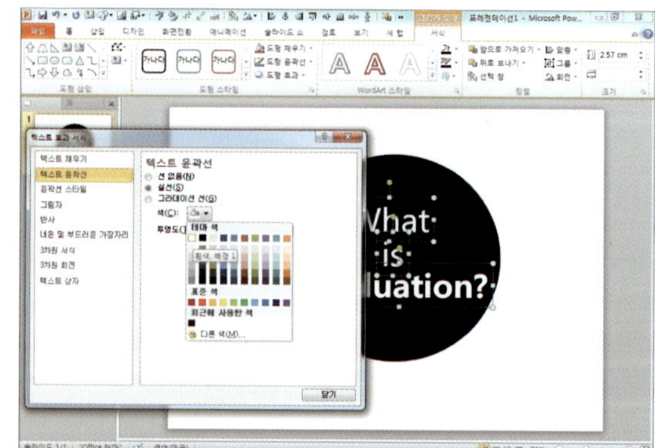

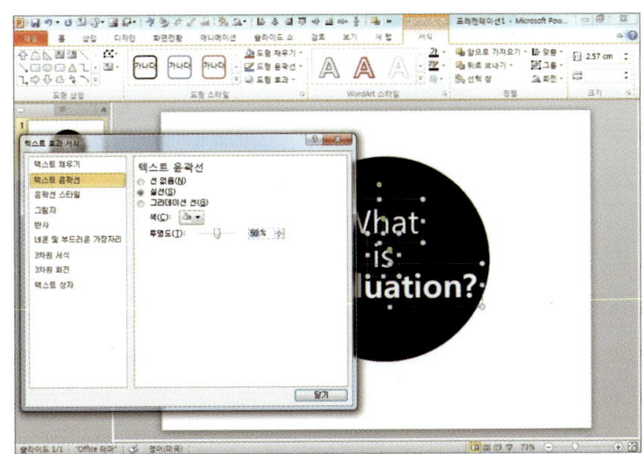

비교해 볼게요. 보이시나요?
아주 미묘한 차이! 이런 사소하고
미묘한 차이가 PPT제작에서는 보
는 이에게는 큰 차이를 느끼게 해
준답니다.

서식 복사로는 텍스트와 도형의 서식을 복사할 수 있습니다.
말이 어려워 보이지만 텍스트와 도형에 있는 효과를 그대로 가져온다고 생각
하시면 됩니다. 이 기능을 사용하면 텍스트나 도형에 들어있는 효과(글씨체,
글자 크기, 투명도, 윤곽선 스타일, 그림자 등)를 한 번에 바꿀 수 있습니다.

처음에 '안녕하세요'라는 글자를 적어서 글상자를 만들었습니다.

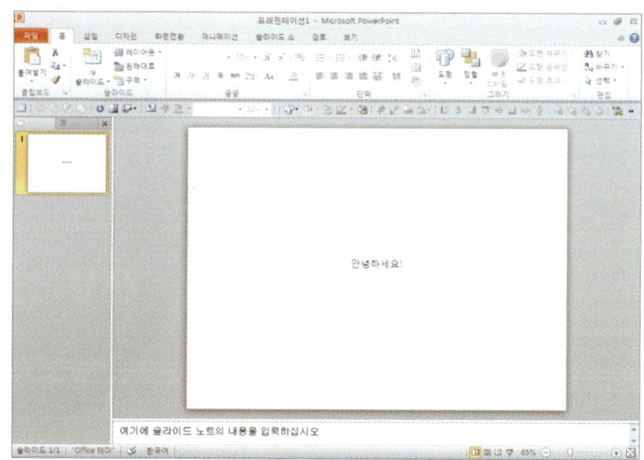

오른쪽과 같이 만들기 위해서는 글자 윤곽선, 글자 크기, 글씨체, 텍스트 효과를 바꿔야 합니다.

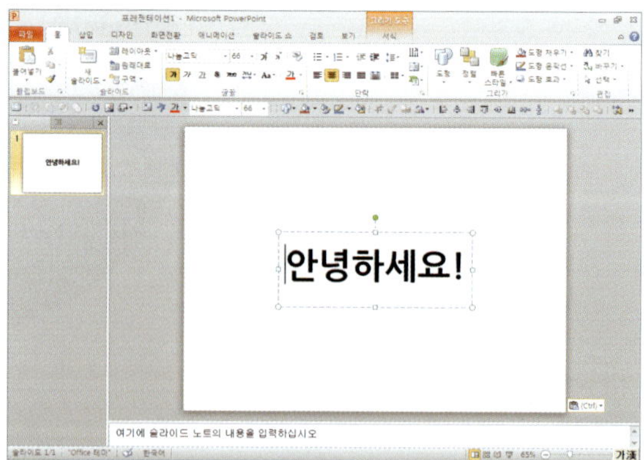

다음 슬라이드에 있는 글
씨에도 같은 효과를 주고
싶다면 효과를 각각 입히
는 것보다 서식 복사를
사용해서 편하게 바꿀 수
있습니다.

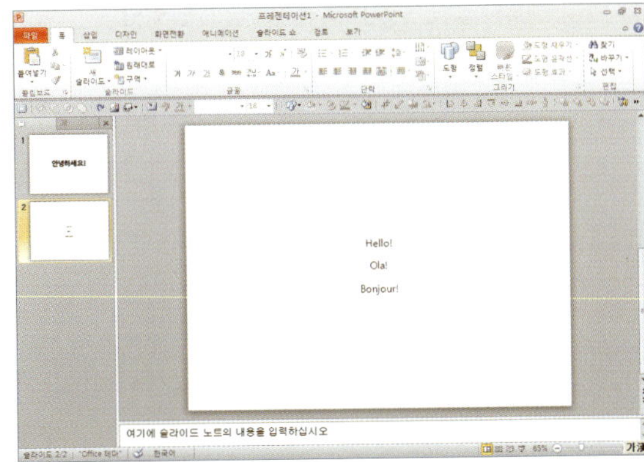

효과를 입힌 모습입니다.

●서식 복사

글자를 드래그 한 후 서식 복사를 합
니다.

(단축키 Ctrl + Shift + C 사용)

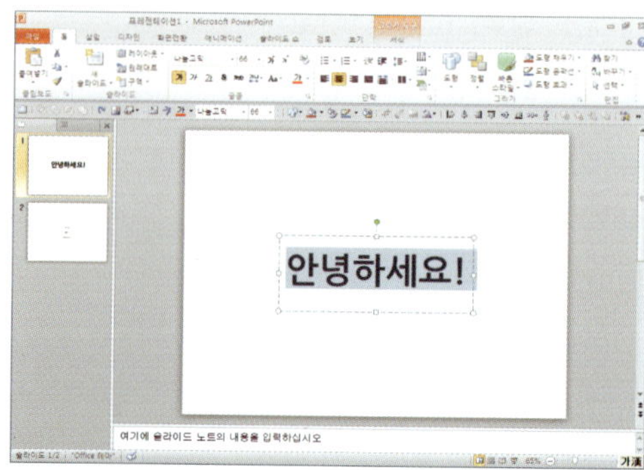

●서식 붙여넣기

글자 드래그 후 서식 붙여넣기를 합니다. (단축키 Ctrl + Shift + V 사용)

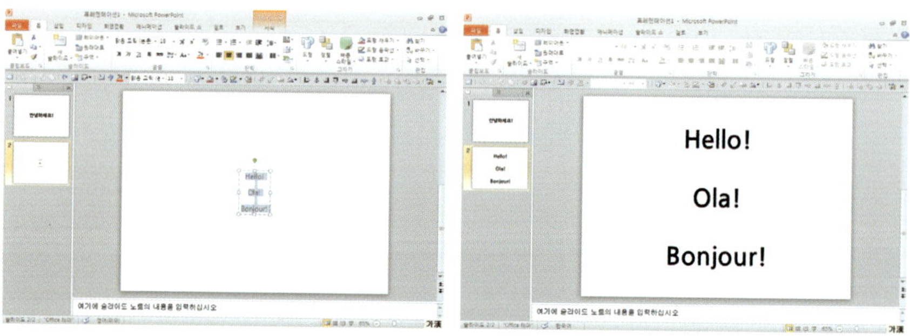

●도형 서식 복사

서식 복사는 도형에서도 쓸 수 있습니다. 서식 복사를 원하는 도형을 선택해서 Ctrl + Shift +
C 를 누르고, 효과를 주고 싶은 도형을 선택해서 Ctrl + Shift + V 만 해주면 변신 완료!
도형의 윤곽선, 색 뿐만 아니라 글자 서식까지 한 번에 바꿀 수 있죠!

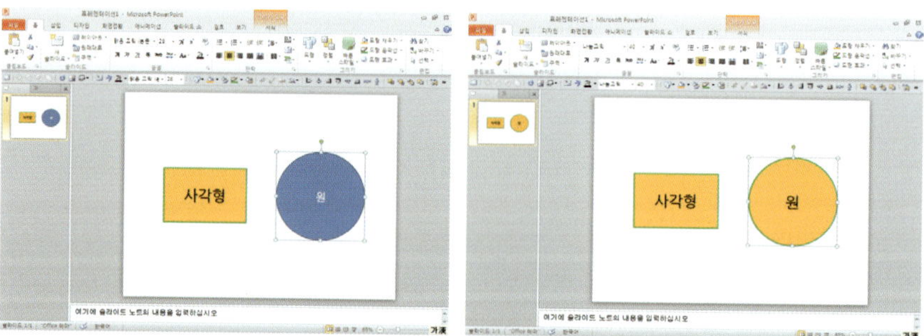

도형 편집을 할 때 세 개의 기능키를 이용하면 편하게 작업할 수 있습니다.
방향키(←, ↑, ↓, →)와 Shift, Alt, Ctrl 을 함께 사용할 때를 정리한 표
입니다.

도형을 우선 선택한 후

방향키(←, ↑, →, ↓)	각 방향으로 이동을 합니다.
Alt + 방향키(←, →)	각도를 15°씩 조절합니다.
Shift + 방향키(↑, ↓)	세로를 확대, 축소합니다.
Shift + 방향키(←, →)	가로를 축소, 확대합니다.
Ctrl + 방향키(←, ↑, →, ↓)	각 방향으로 미세 이동을 합니다.
Shift + Ctrl + 방향키(↑, ↓)	미세하게 세로를 확대, 축소시킵니다.
Shift + Ctrl + 방향키(←, →)	미세하게 가로를 축소, 확대시킵니다.
Shift + Alt + 방향키(←, →)	각도를 1°씩 조절합니다.

마우스와 Shift, Ctrl 을 함께 사용할 때는 어떤 기능이 있는지 다음 그림들
을 함께 보겠습니다.

● **도형 그리기**

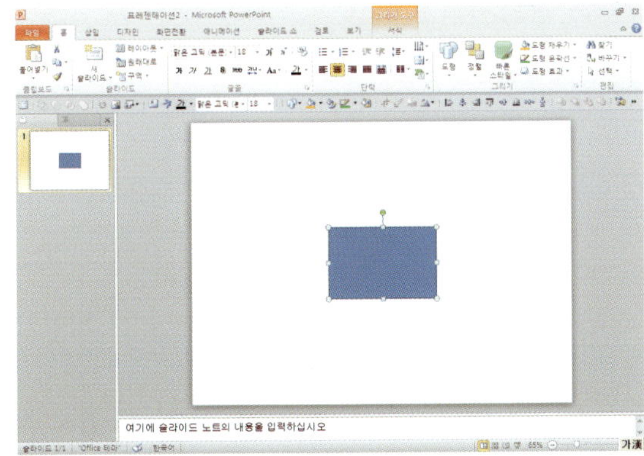

● 모서리 드래그

도형 크기를 확대하거나 축소할
수 있습니다.

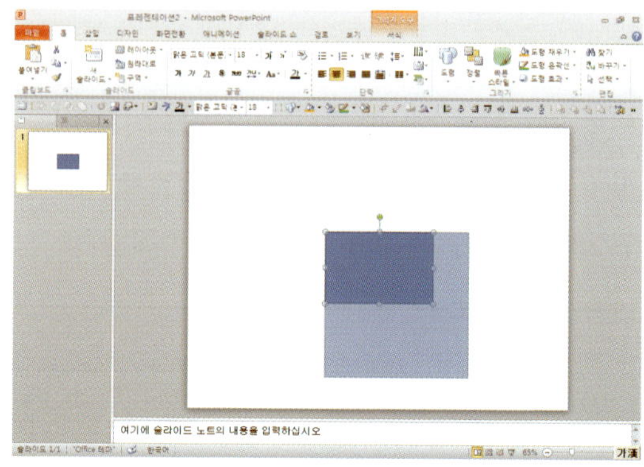

● ⟨Shift⟩ + 모서리 드래그

가로 세로 비율을 유지하면서 도
형 크기를 확대하거나 축소할 수
있습니다.

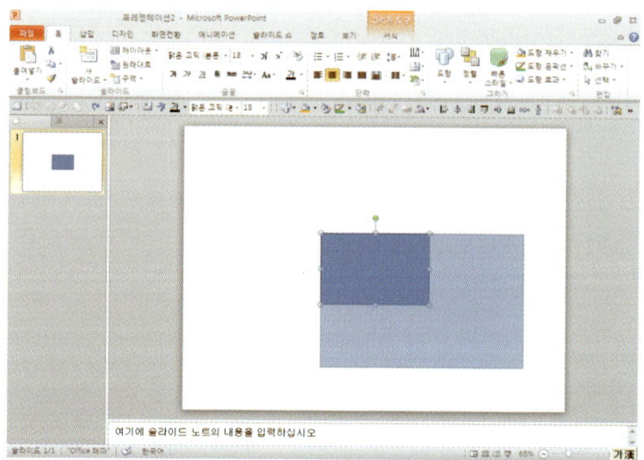

● ⟨Ctrl⟩ + 모서리 드래그

도형 중심을 축으로 잡고 도형 크
기를 자유자재로 확대하거나 축
소할 수 있습니다.

● **Shift** + **Ctrl** + **모서리 드래그**

도형 중심을 축으로 잡고 가로 세
로 비율을 유지하면서 확대하거나
축소할 수 있습니다.

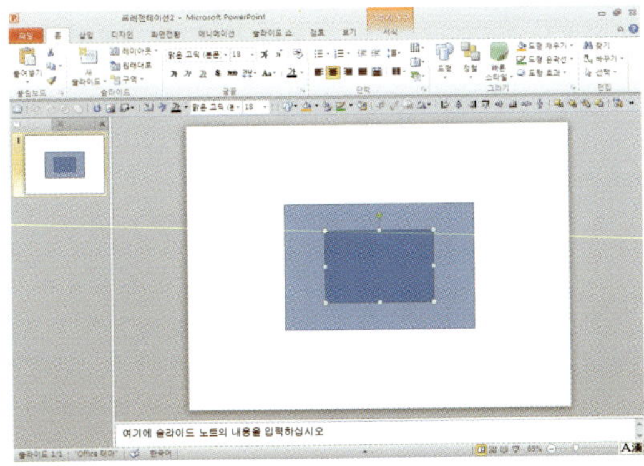

11. 글씨체 모두 바꾸기

모든 슬라이드의 글꼴을 한 번에 바꿀 수 있는 방법이 있나요? '글꼴 바꾸기'기
능을 통해 한 번에 글꼴 변경이 가능합니다.

1 [홈] – [편집] – [바꾸기] –
[글꼴 바꾸기]를 클릭합니다.

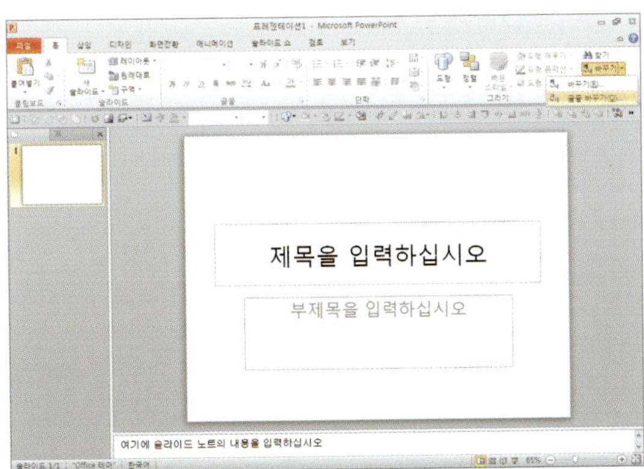

2 현재 사용하고 있는 글꼴을 원하는 글꼴로 한 번에 바꾸실 수 있습니다.

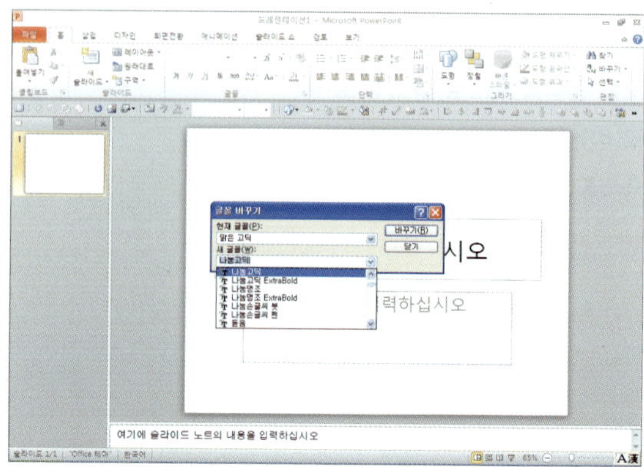

3 나눔 고딕으로 바꿔보았습니다.

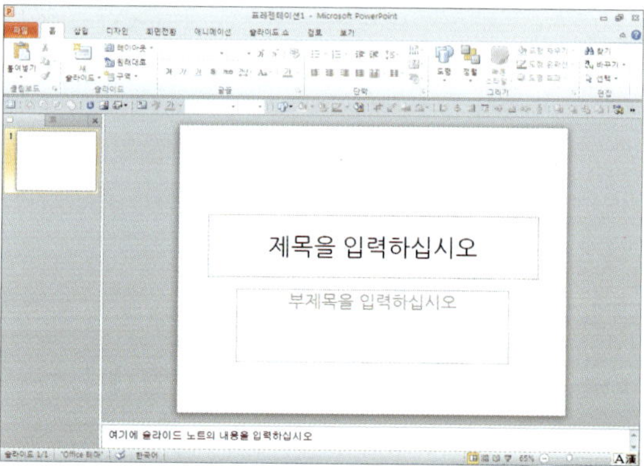

위의 사진처럼 사진에서 필요없는 부분을 제거하고 원하는 부분만 남기는 것을 자르기라고 합니다. 한 번 해볼까요?

1 [삽입] – [이미지] – [그림]을 선택해서 원하는 사진을 불러옵니다.

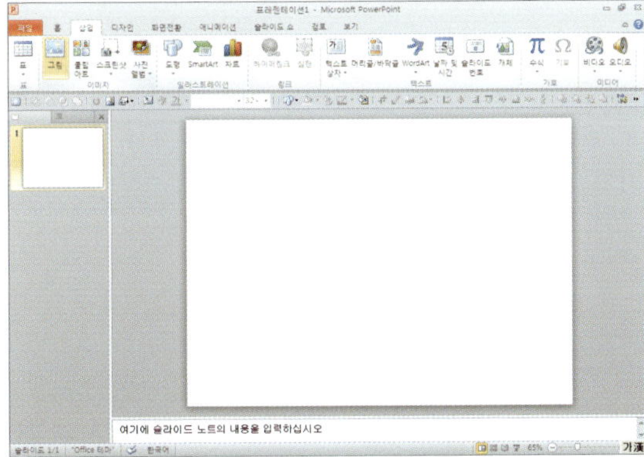

2 사진을 클릭한 후에 [서식]을 선택합니다.

3 [크기] – [자르기]를 클릭하거나 단축 메뉴 도구 모음에서 ✂ 마크를 선택합니다.

4 마우스를 이용해서 원하는 크기대로 사진을 줄입니다.

완성본입니다.

자르기를 이용해서 간단한 슬라이드를 만들어 보았습니다.

1 사진을 가져옵니다.
[서식] – [조정] – [배경제거] 클릭! (빠른 실행 도구 모음에서 를 클릭하셔도 됩니다.)

2 이렇게 보라색의 띠가 나옵니다.
보라색 영역은 지워지는 부분입니다.
빨간색으로 표시한 부분을 사용해서 배경제거 할 부분을 자세히 선택할 수 있습니다.

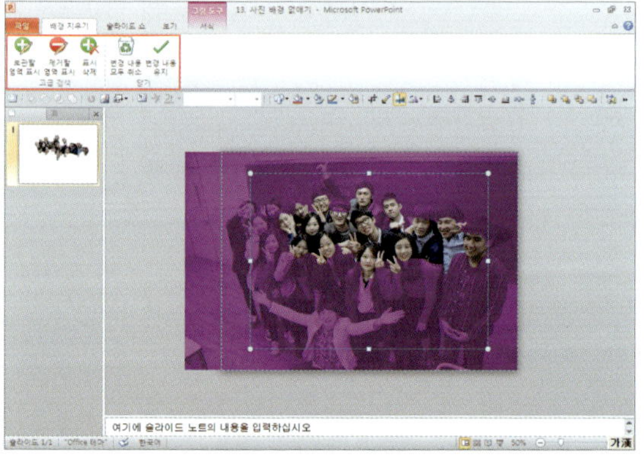

3 남기거나 지우고 싶은 부분은 보관할 영역 표시, 제거할 영역 표시를 클릭해서 드래그를 이용해 영역지정을 해주고 ESC를 누르면 완성됩니다.

4 배경이 제거되었습니다.

포토샵처럼 깨끗하게 배경을 제거하긴 힘들지만 유용하게 쓰일 수 있습니다.

14. 배경색

간단하게 배경을 색상, 사진, 패턴으로 채우는 방법에 대해서 알아보겠습니다.

1 기본화면에서 마우스 오른쪽 버튼을 누르고 [배경 서식]을 선택합니다.

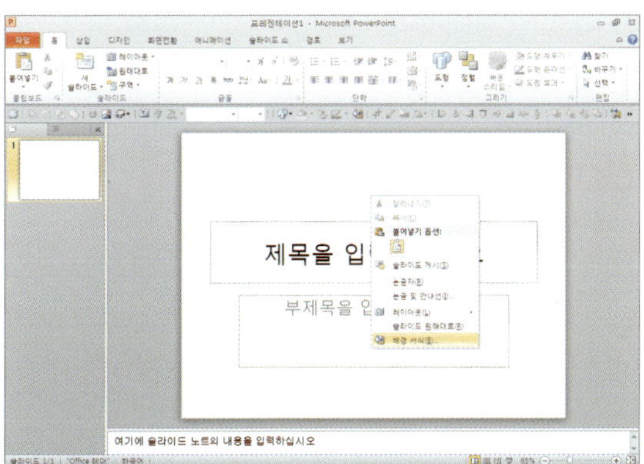

2 [단색 채우기]와 [그라데이션 채우기]에서는 원하는 색이나 그라데이션을 선택해 배경을 꾸밀 수 있습니다.

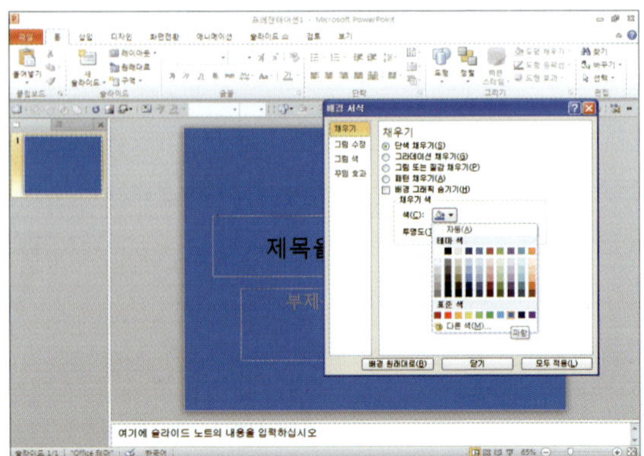

3 [그림 또는 질감 채우기]에서는 원하는 색을 채우고 싶은 그림이나 파워포인트 안에 있는 질감을 사용합니다.

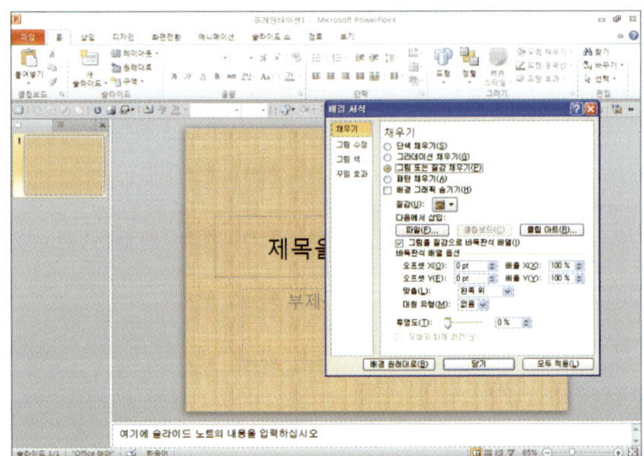

4 [패턴 채우기]를 이용해서 패턴을 채울 수도 있습니다.

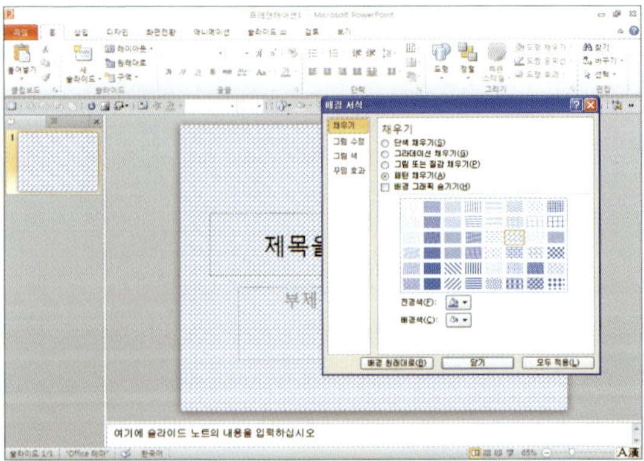

1 글자, 도형, 그림을 가져옵니다.

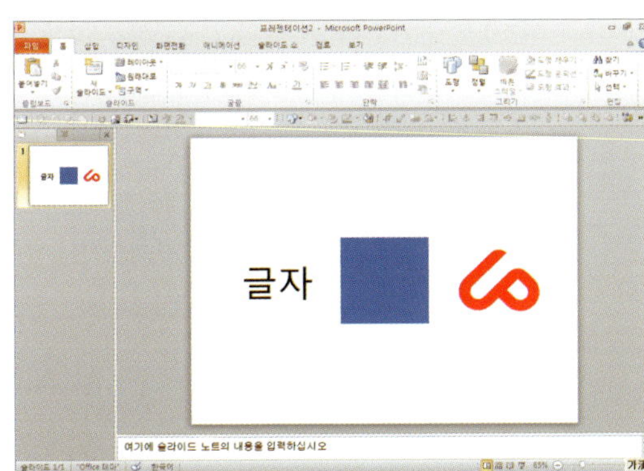

2 글자에 그림자 넣기입니다. 글 상자 안에 있는 글자를 드래그하고 마우스 오른쪽 버튼을 눌러 [텍스트 효과 서식]을 클릭합니다.

3 원하는 그림자 형태를 선택합니다.

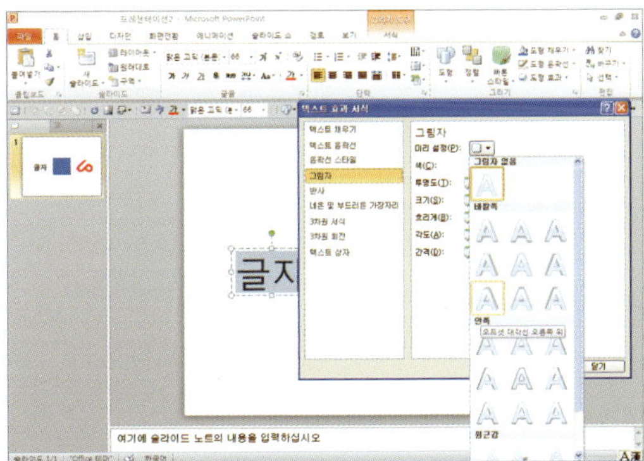

4 도형과 그림도 같은 과정으로 그림자를 선택합니다. 대신 도형은 [도형 서식], 그림은 [그림 서식]을 클릭해야 합니다.

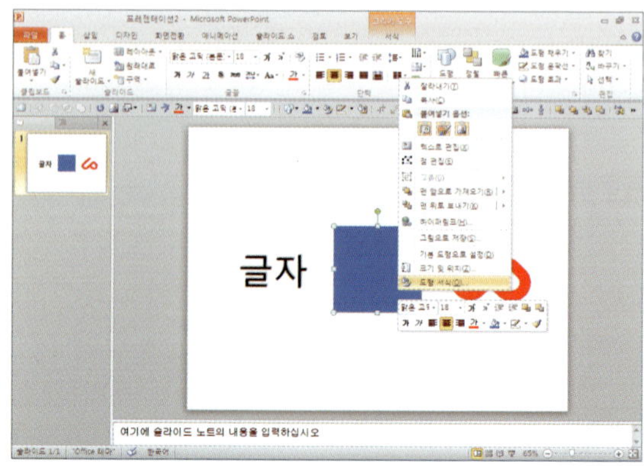

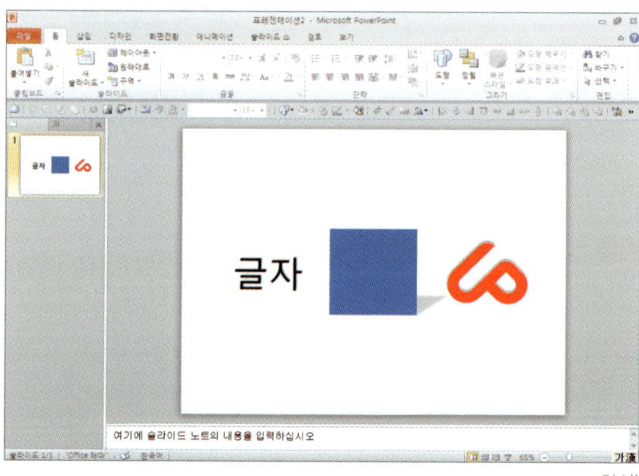

완성!

1 먼저 [삽입] – [도형]에서 아무 도형이나 슬라이드에 삽입해주세요! 저의 경우 화살표를 삽입하였습니다.

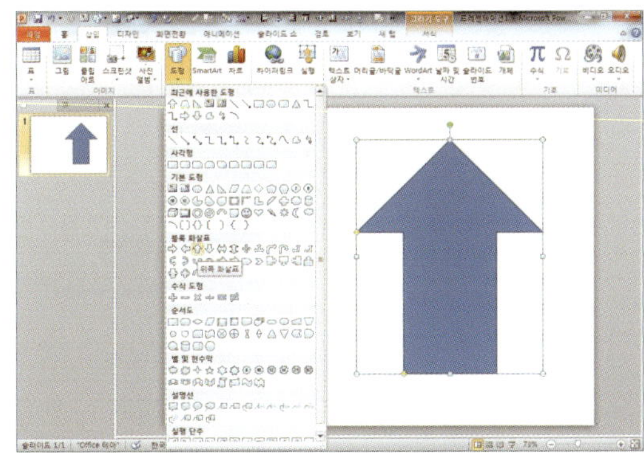

2 삽입된 화살표를 마우스 오른쪽 버튼을 눌러 [채우기] – [그림 또는 질감 채우기]를 클릭해주세요.

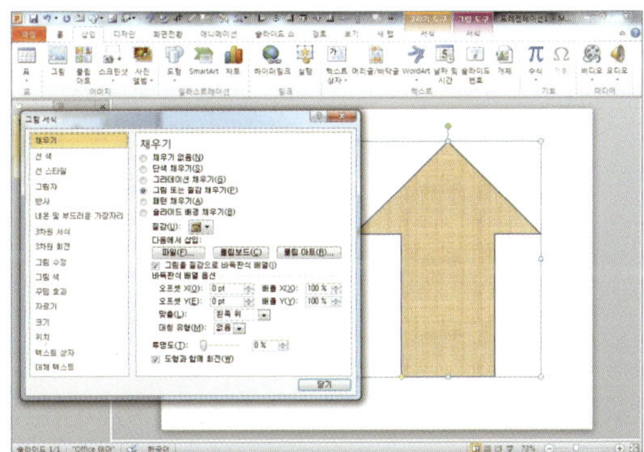

3 [파일]을 눌러 자신이 가져올 사진을 가져오면 도형에 이미지가 적용되는 모습을 확인하실 수 있습니다.

4 쨘! 이미지가 도형에 삽입되었습니다.

[그림을 질감으로 바둑판식 배열]에 체크하지 않으면 자동으로 도형의 크기에 맞게 사진이 삽입됩니다.

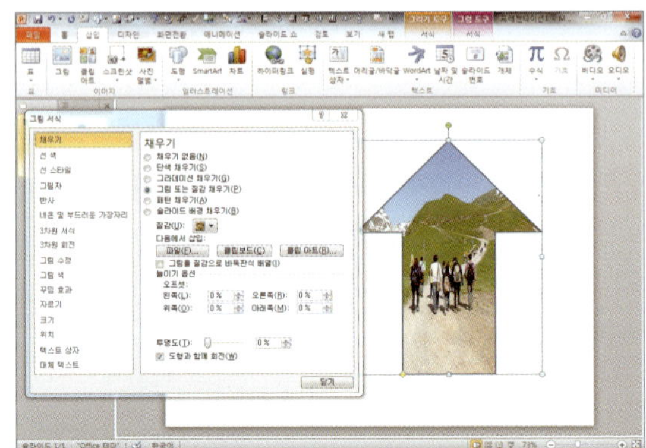

5 [그림을 질감으로 바둑판식 배열]에 체크를 하면 원본 크기로 사진이 도형에 들어갑니다.

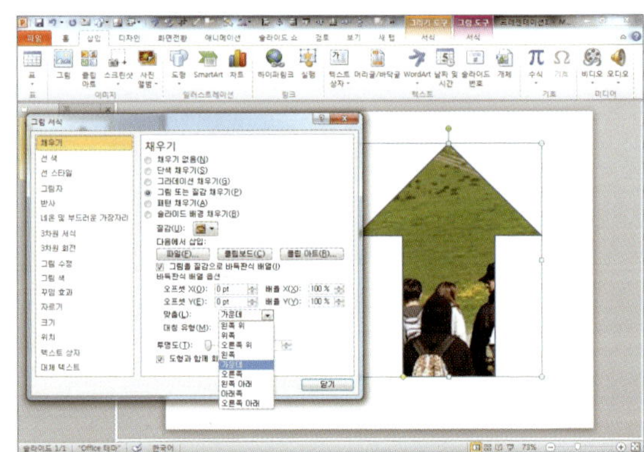

6 [오프셋 X]의 수치를 조절하면 사진의 위치가 위아래로 움직입니다.

[오프셋 Y]의 수치를 조절하면 사진의 위치가 좌우로 움직입니다.

[배율 X]는 높이의 비율을, [배율 Y]는 넓이의 비율을 조절해 줍니다.

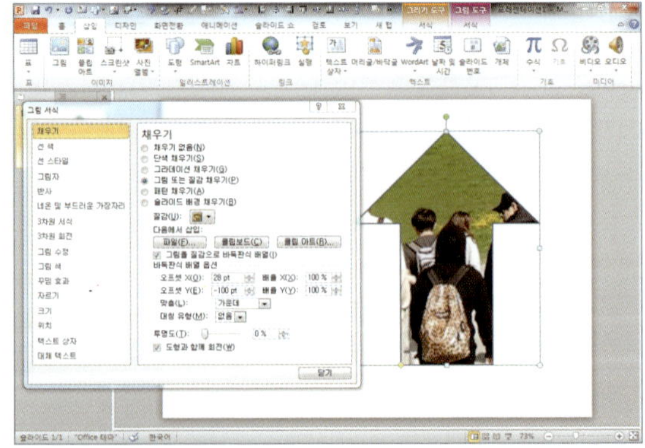

1 도형을 하나 선택하고 마우스 오른쪽 버튼을 눌러 도형 서식에 들어갑니다.

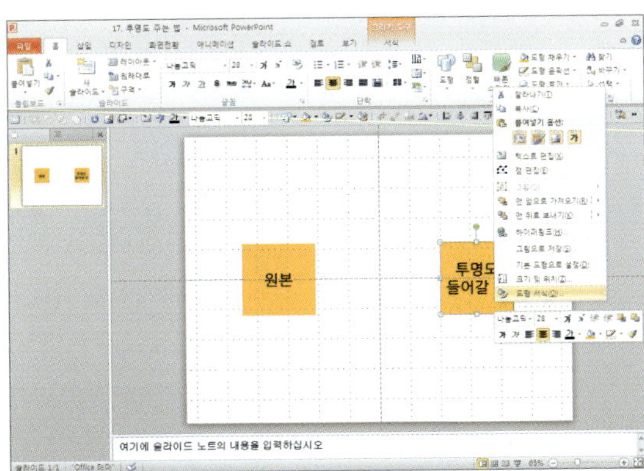

2 원하는 색을 선택하고 투명도를 줍니다. 50%를 적용합니다.

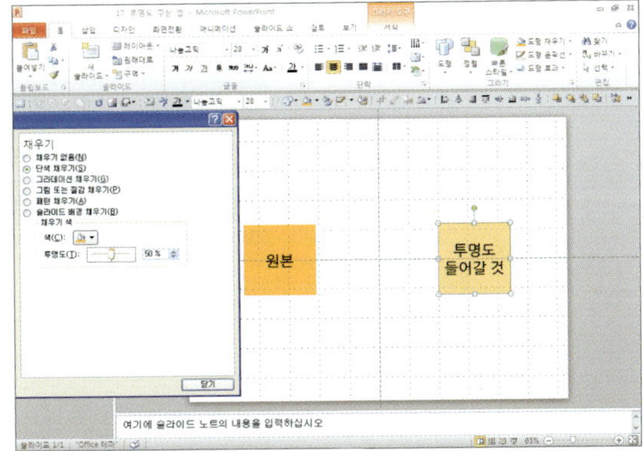

3 배경 사진 위에 제목을 넣을 때 유용하게 쓰입니다. 간단하게 표지를 만들 수 있습니다.

확대해 봤습니다.

이런 식으로 꾸미는 것은 어떨까요?

슬라이드를 만들다 보면 도형의 수가 많아질 때가 있습니다. 그때는 서로 관련된 것들끼리 묶어줄 필요가 있습니다.

1 함께 묶어줄 도형들을 선택하고 단축키 Ctrl + G 를 사용해 그룹을 지정해 줍니다. (혹은 [서식] – [정렬] – [그룹] – [그룹]을 클릭합니다.)

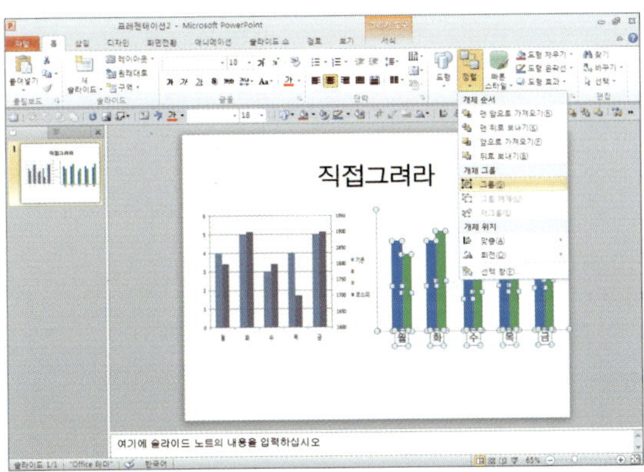

2 그룹 지정이 완료되었습니다.

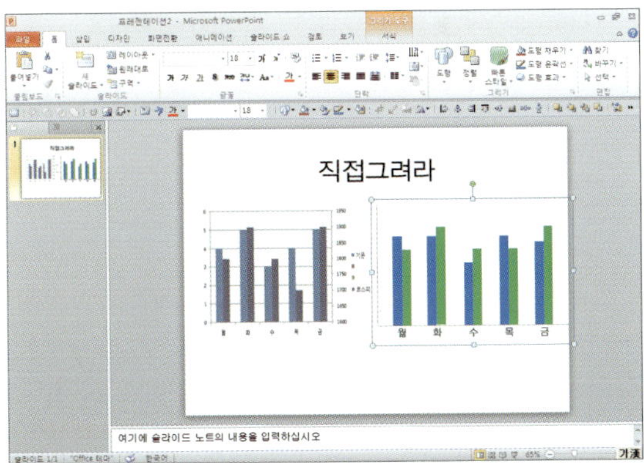

3 다시 그룹을 풀어주려면
단축키 Ctrl + Shift + G 를
사용해 그룹을 해제시켜 줍니다.
(혹은 [서식] – [정렬] – [그룹] –
[그룹해제]를 클릭합니다.)

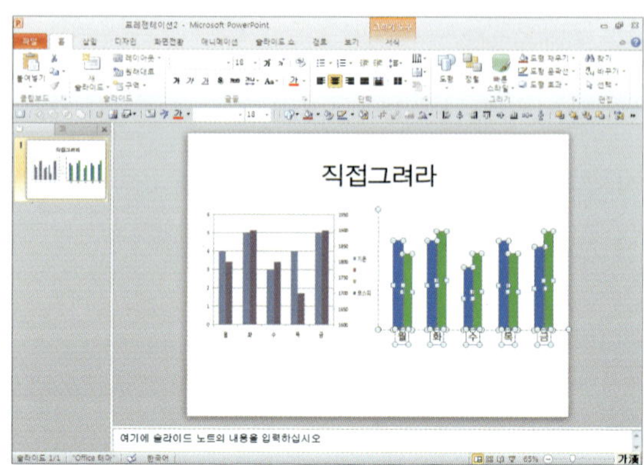

4 그룹지정을 하면 이렇게 확
대와 축소를 비율에 맞춰서 할 수
있습니다.

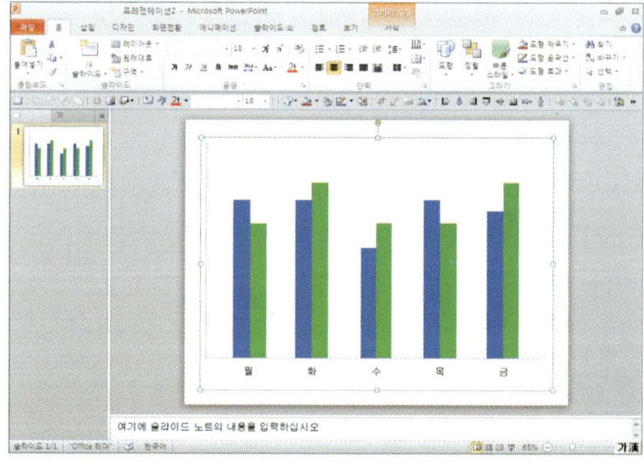

1번 도형 위에 2번 도형이 오는 애니메이션을 생각해 봅시다.

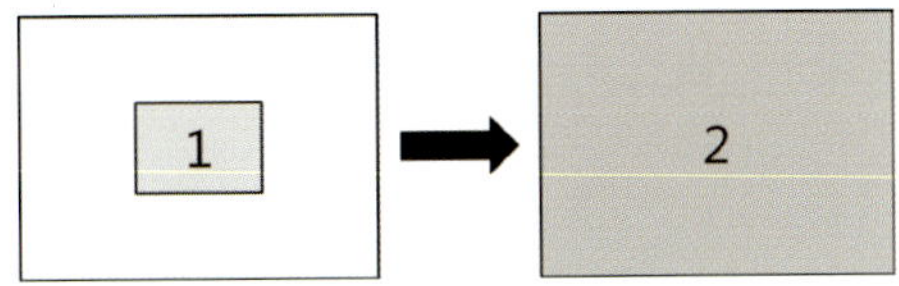

배치는 이렇게 됩니다. 1번 도형 앞에 2번 도형이 오는 형태를 가지게 되겠죠?

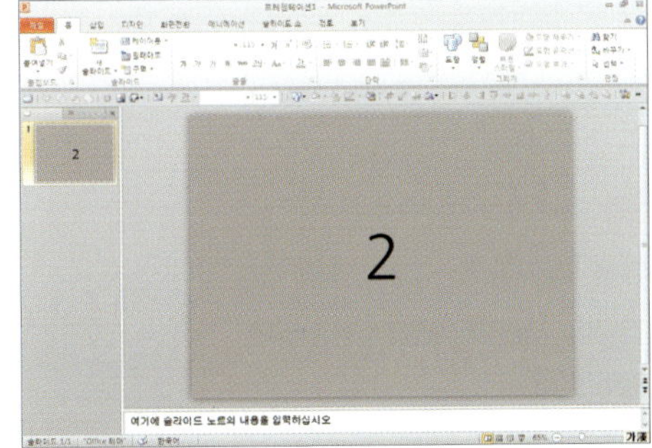

그런데 1번 도형을 바꾸기 위해서 우리는 어떻게 해야 할까요? 아마도 오른쪽 사진처럼 2번 도형을 드래그해서 밖으로 끄집어낸 후에 작업을 할 겁니다.

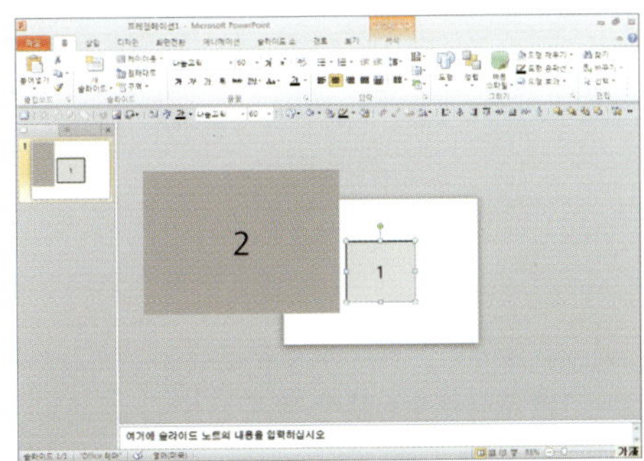

하지만 도형을 드래그 할 필요가 없이 **선택창** 기능을 이용하면 쉽게 도형을 변경할 수 있습니다.

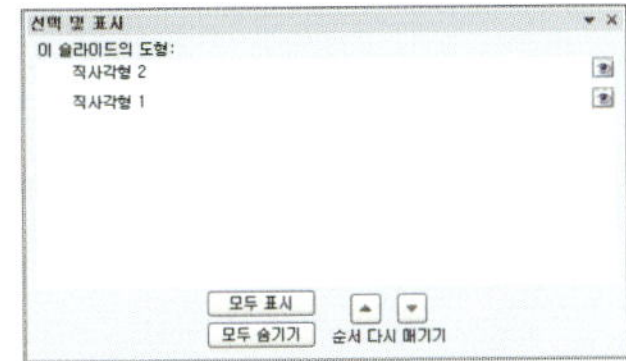

1 단축키 Alt + F10 을 누르거나 [홈] – [편집] – [선택] – [선택창]을 클릭합니다.

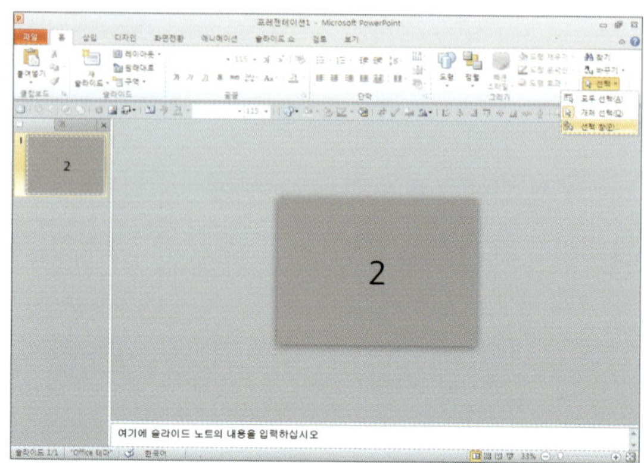

2 선택창이 떴습니다. 1번 도형을 보기 위해서 2번 도형을 숨깁니다. (숨기기 위해서는 ●를 클릭합니다.)

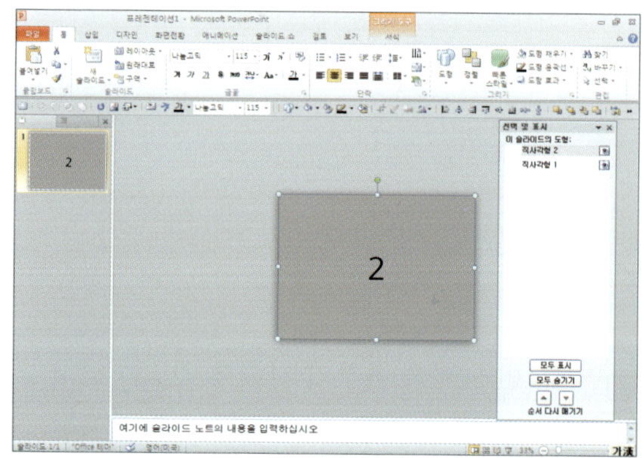

3 2번 도형을 드래그 할 필요 없이 1번 도형을 수정할 수 있게 되었습니다.

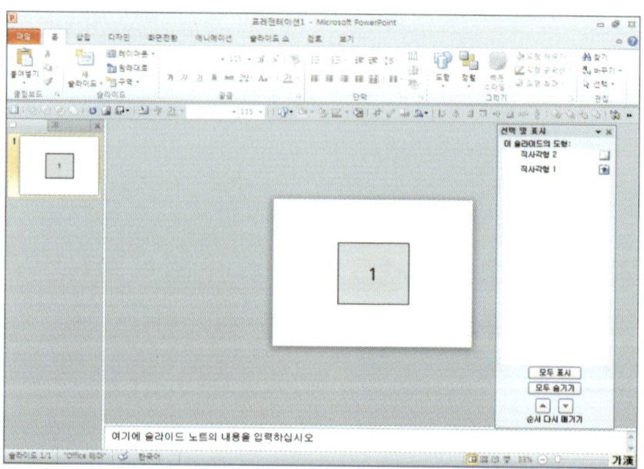

1 자 이렇게 도형들이 그려져 있습니다. 이들을 정렬하기 위해서는 빨간 표시로 된 정렬 도구를 이용합니다.

2 이 도형들을 가로 가운데 축 중심으로 일렬로 정리하려면 를 클릭합니다.

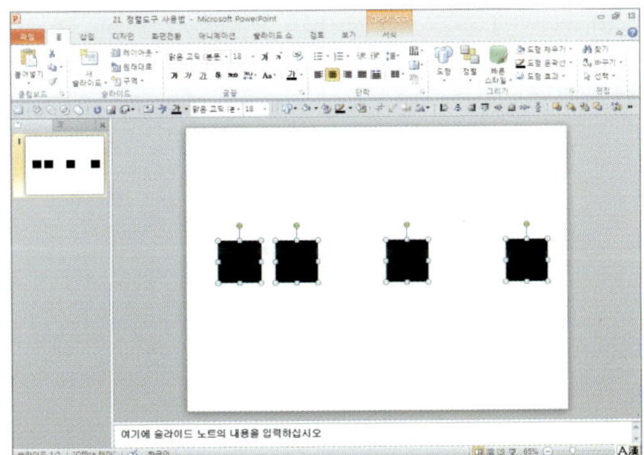

3 개체들의 가로 간격을 일정하게 하기 위해서는 를 클릭합니다.

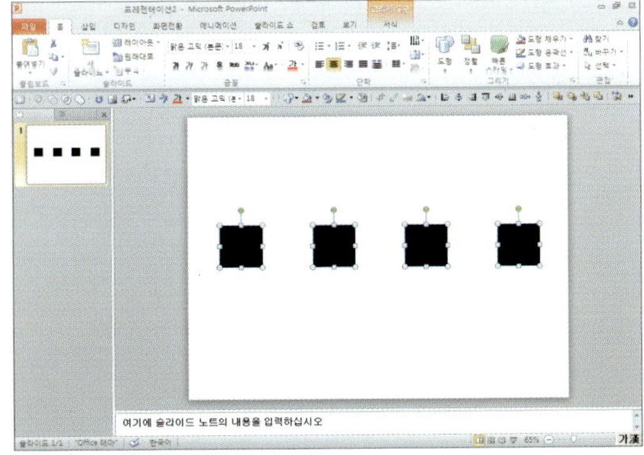

4 이들을 세로 가운데 축 중심으로 일렬로 정리하려면 ♣ 를 클릭합니다.

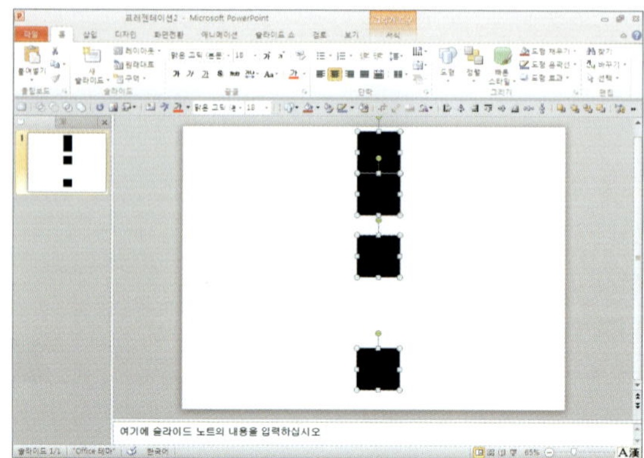

5 체들의 세로 간격을 일정하게 하기 위해서는 ❚❚❚ 를 클릭합니다.

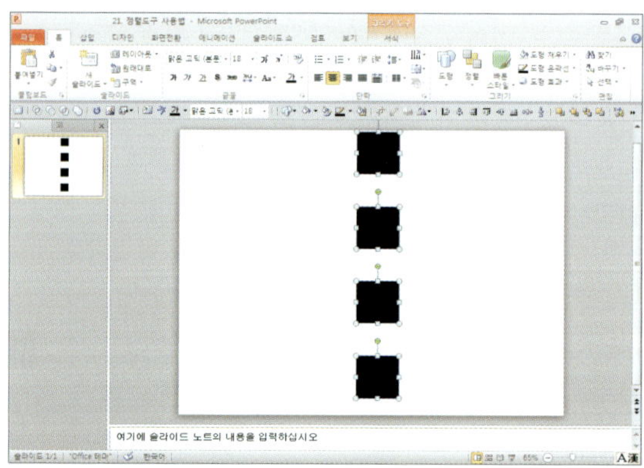

6 장 위에 있는 도형을 중심으로 줄을 맞추고 싶다면 ◳ 를 클릭합니다.

◳ , ◳ , ◳ 도 모두 비슷한 기능을 합니다.

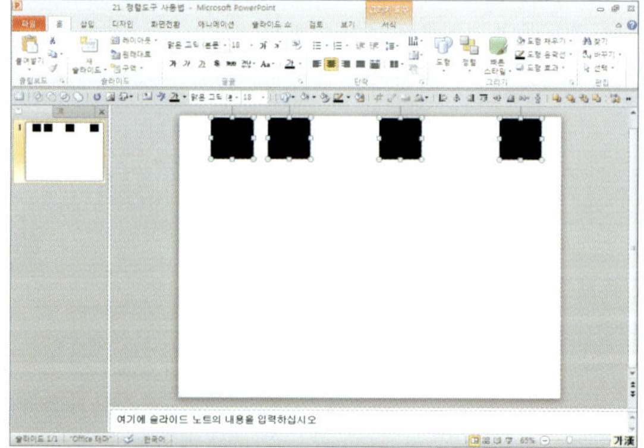

21. 눈금자, 안내선 표시하기

눈금자 `Alt` + `Shift` + `F9`

눈금선 `Shift` + `F9`

안내선 `Alt` + `F9`

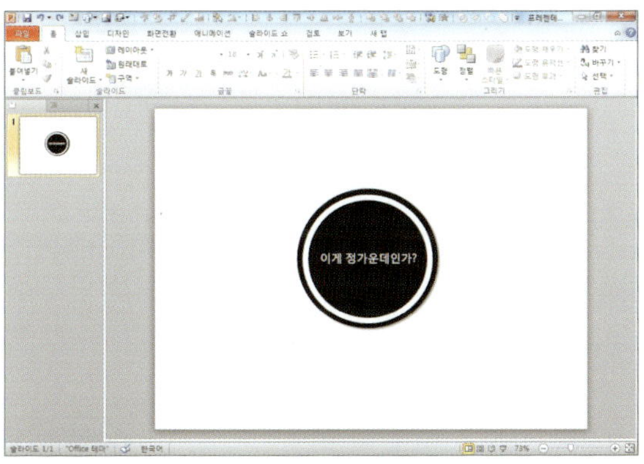

그림이나 사진을 슬라이드 정 가운데에 배치하고 싶을 때 혹시 눈대중으로 맞추시나요? 눈금자, 눈금선, 안내선을 사용하면 편하게 배치할 수 있습니다.

1 먼저 눈금자 나타내기를 해 보겠습니다. [보기] – [표시] – [눈금자]를 클릭하거나 단축키 `Alt` + `Shift` + `F9` 를 사용하면 눈금자가 만들어집니다. 눈금자를 이용해서 도형의 정확한 위치를 확인할 수 있습니다.

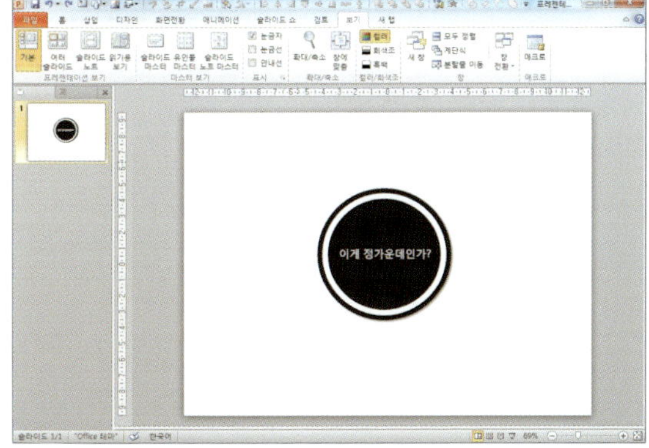

2 두 번째, 눈금선 나타내기는 [보기] – [표시] – [눈금선]을 클릭하거나 단축키 Shift + F9 를 사용합니다.

그러면 슬라이드에 점선으로 된 [눈금선]이 나타납니다.

눈금선을 이용해 비율을 확인할 수 있습니다.

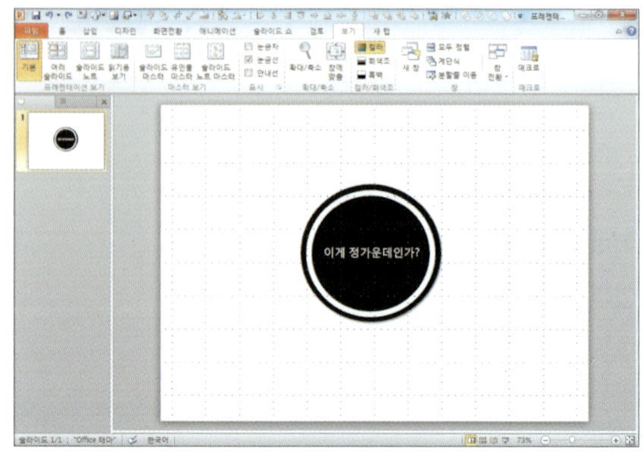

3 안내선 나타내기를 해보겠습니다. [보기] – [표시] – [안내선]을 클릭하거나 단축키 Alt + F9 를 사용하면 슬라이드의 정중앙을 표시하는 2개의 점선이 만들어집니다.

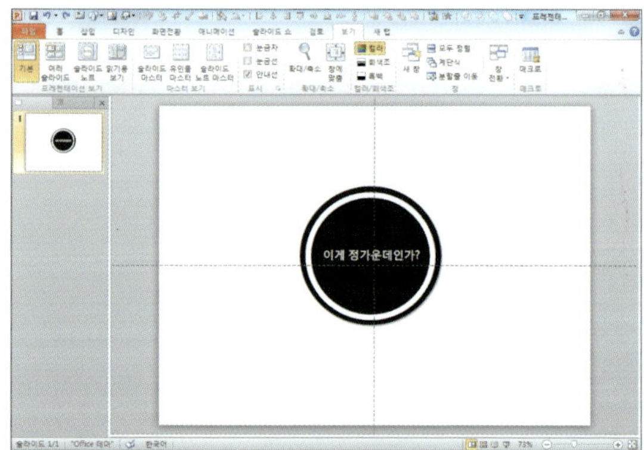

4 [눈금자] [눈금선] [안내선]을 모두 표시하면 다음과 같이 편하게 도형을 슬라이드 한가운데 배치할 수 있습니다.

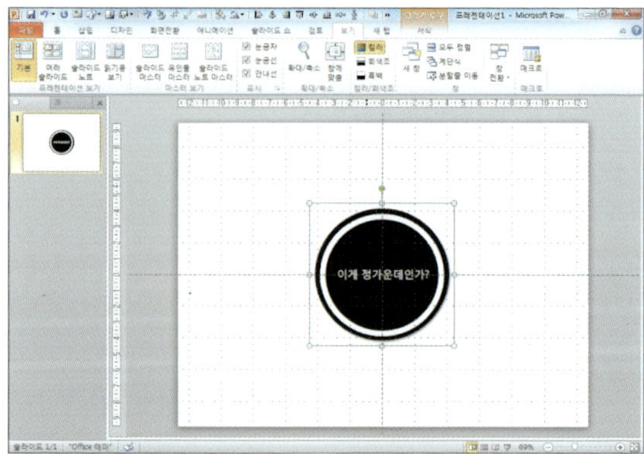

다음과 같은 슬라이드에 애니메이션을 넣고자 합니다.

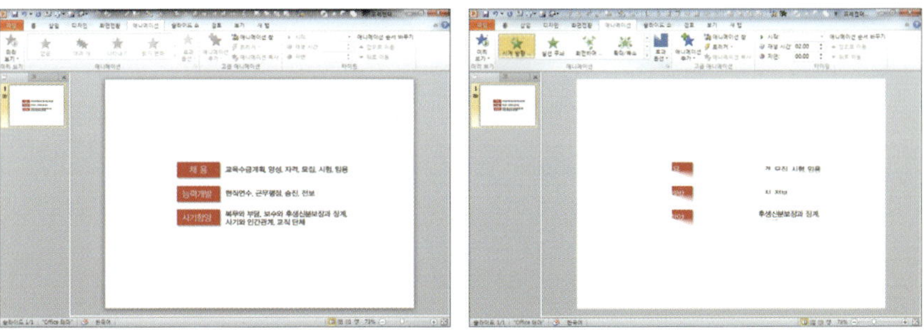

[애니메이션]을 열고 [시계 방향 회전]을 적용했습니다. 하지만 클릭 한 번으로 동시에 애니메이션이 실행되고 시간도 너무 길어요. 화면처럼 동시에 애니메이션이 실행되는 것이 아니라 차례대로 나오는 방법을 알고 싶습니다.

1 다음과 같이 [애니메이션 창]을 누르면 화면 오른쪽에 창이 생깁니다. 이 창에서 애니메이션의 속도와 시작 시간을 마음대로 조절할 수 있습니다.

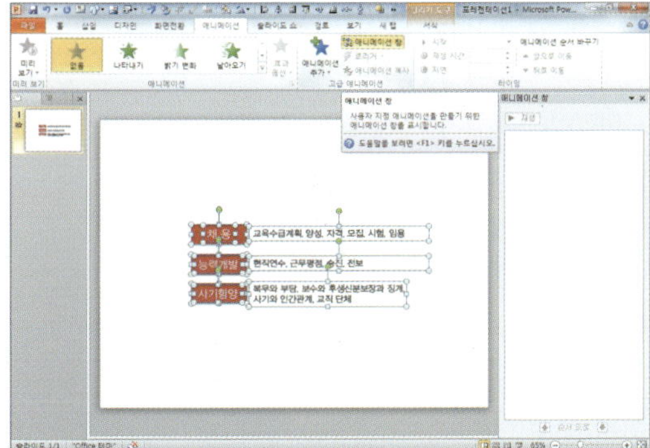

2 처음과 마찬가지로 각 문장에 [시계 방향 회전] 애니메이션을 넣었습니다.

애니메이션을 적용한 동시에 [애니메이션 창]에 다음과 같은 [막대그래프]가 생성됩니다.

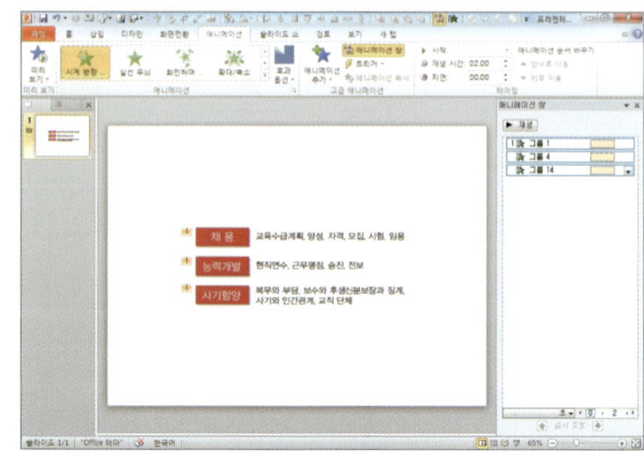

3 생성된 [막대그래프]의 끝을 잡고 좌우로 드래그 해주시면 [막대그래프]의 크기가 조절됩니다. 바로 이 [막대그래프]의 크기는 애니메이션의 속도를 나타냅니다. [막대그래프: 짧다]는 애니메이션의 속도가 빠르다는 것을 [막대그래프:길다]는 애니메이션 속도가 느리다는 것을 의미합니다.

이렇게 막대그래프의 크기를 조절하여 자신의 마음대로 애니메이션의 속도를 조절할 수 있습니다.

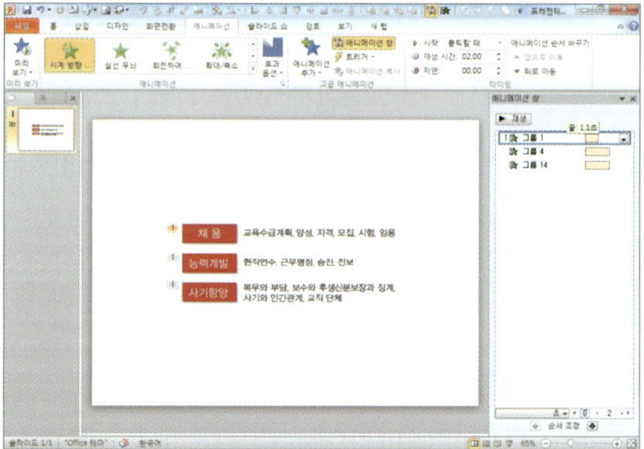

4 다음으로는 [막대그래프]의 자체를 잡고 좌우로 움직이면 [막대그래프]의 위치를 조절할 수 있습니다.

이렇게 [막대그래프]의 위치를 조절하면 위에 [시작: 0.6초]와 같은 수치가 측정됩니다. 이는 애니메이션이 0.6초 뒤에 시작된다는 것을 뜻하는 것으로 [막대그래프]의 위치를 조절하는 것은 애니메이션의 시작 시간을 조절하는 것을 뜻합니다.

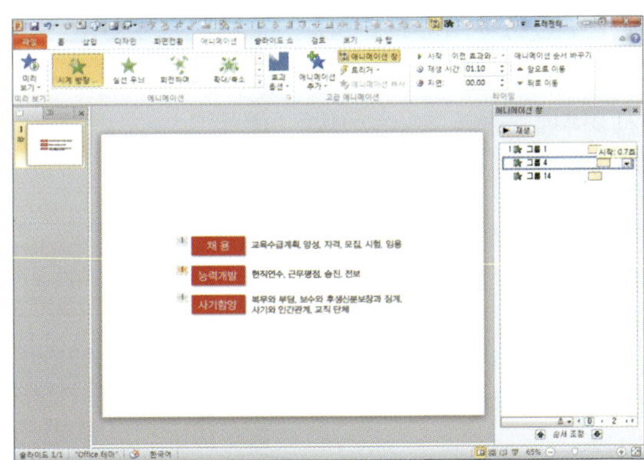

5 애니메이션 [시작]은 애니메이션을 시작하는 방법을 설정하는 항목입니다.

화면과 같이 [클릭할 때]를 설정하면 마우스나 키보드를 눌렀을 때 [애니메이션]이 실행됩니다.

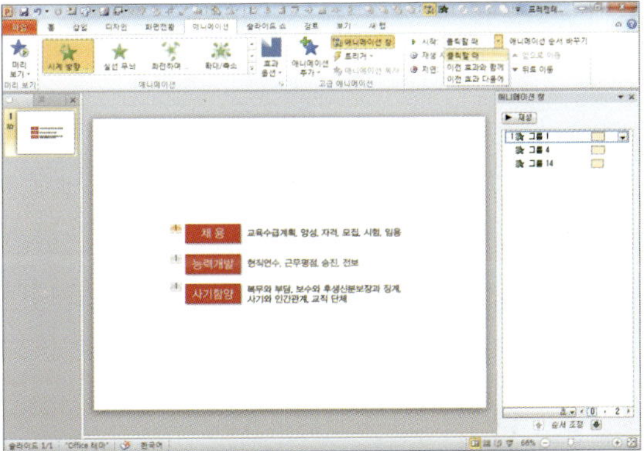

6 [이전 효과와 함께]를 설정하면 먼저 실행되었던 애니메이션과 동시에 설정된 애니메이션이 실행됩니다

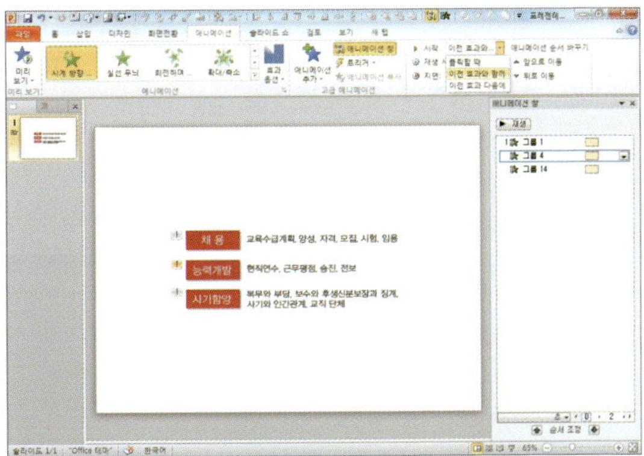

7 [이전 효과 다음에]를 설정
하면 먼저 실행되었던 애니메이
션 이후에 설정된 애니메이션이
실행됩니다.

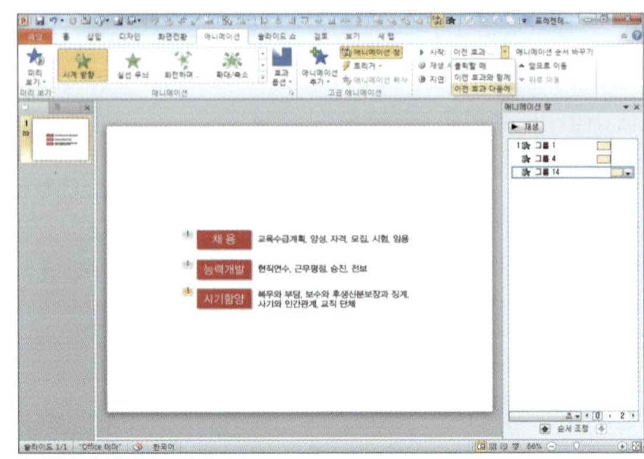

23. 동영상 만들기

여러분 혹시 파워포인트로 동영상을 만든다는 소문 들으셨나요? 파워포인트
2010 버전에서는 파워포인트만으로도 충분히 동영상을 제작할 수 있습니다!
그럼 그 비밀의 방법 지금부터 알려드리겠습니다.

1 먼저 [화면전환]에 있는
다양한 효과들 중 자신이 마음
에 드는 효과를 넣어주세요. 저
는 [밝기변화]가 마음에 드네
요. 그 후 [타이밍] – [화면전환]
에 있는 [다음 시간 후]를 체크
하여 원하는 시간을 설정해주세
요. [다음 시간 후]를 3초로 설정
하면 슬라이드 쇼를 했을 시 3초
뒤에 [화면전환]효과가 실행된
다는 것을 뜻합니다.

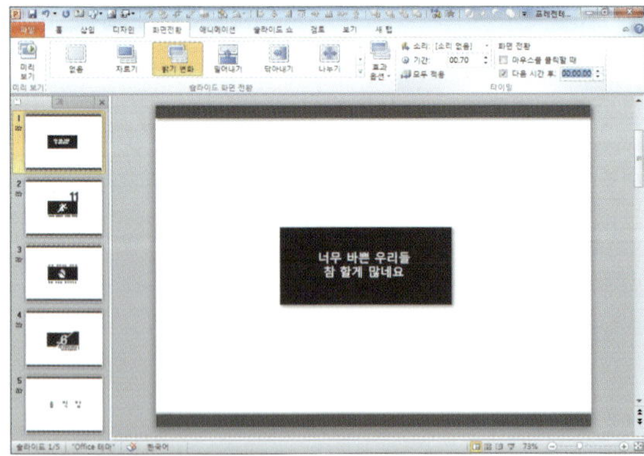

2 마지막 슬라이드까지 모두 [화면전환]효과와 [다음 시간 후]를 체크하여 원하는 시간을 설정해주세요.

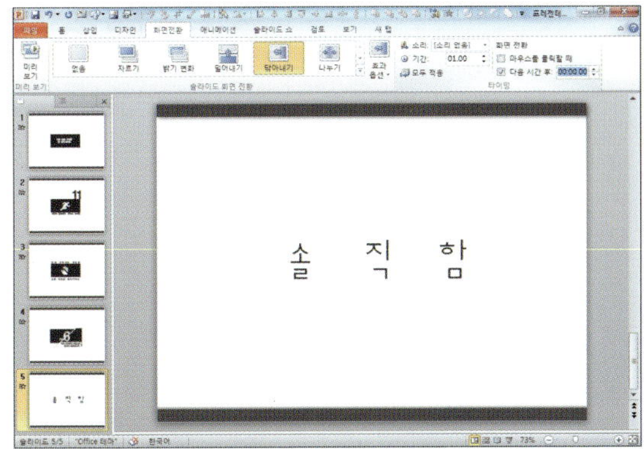

3 [파일] - [저장/보내기] - [비디오만들기]를 클릭해주세요.

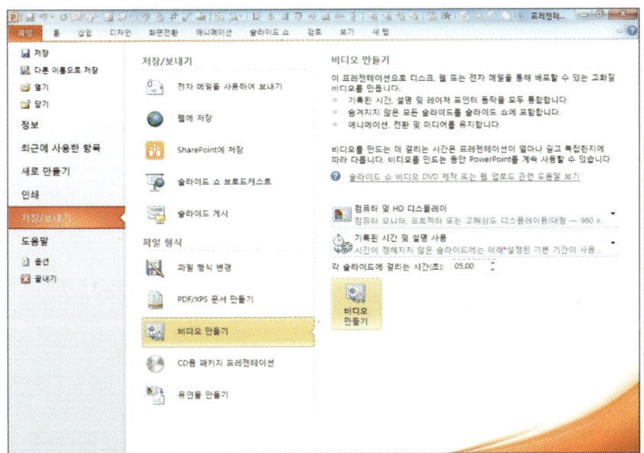

4 자신이 저장하고 싶은 폴더를 설정하고 파일명을 작성 후에 [저장]을 클릭해주세요.

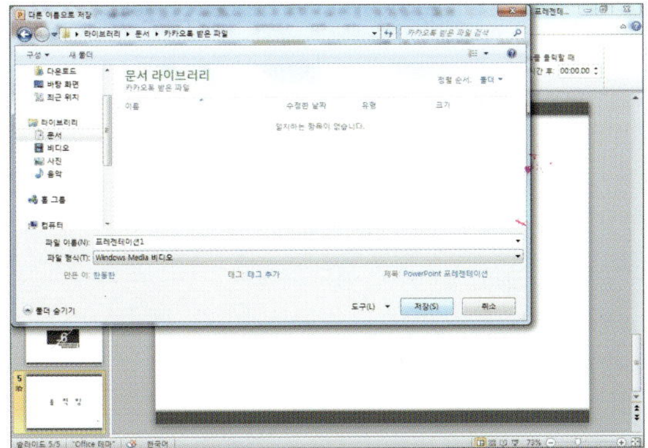

5 다음과 같이 우측 하단 진행
률이 표시됩니다.

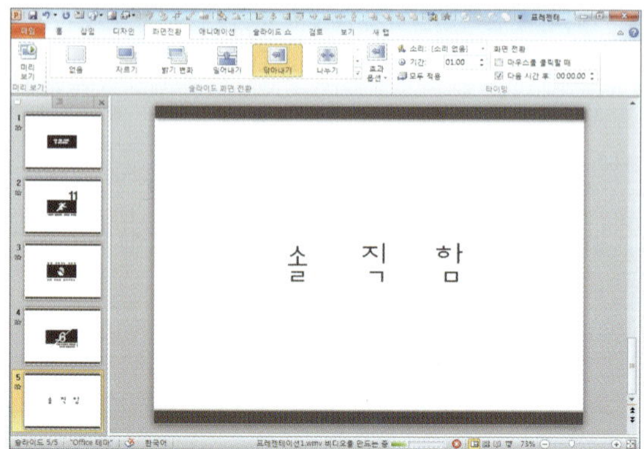

6 저장이 완료되면 다음과 같
이 영상 파일이 생성되었음을 확
인 하실 수 있습니다.

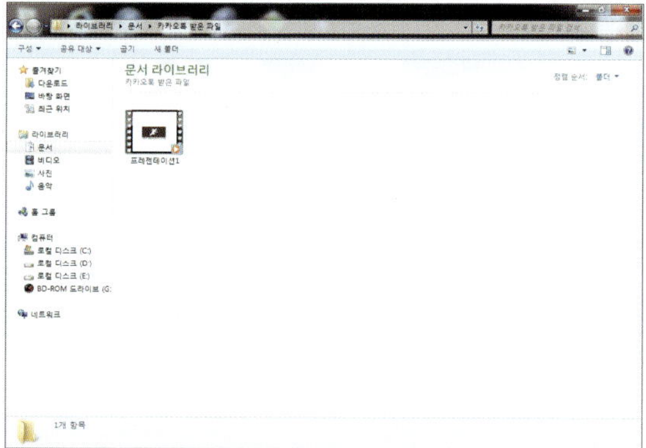

chapter 2

16가지
슬라이드 꾸미는 팁

1. 도형을 이용하여 쪼개진 효과 만들기

1 [삽입] – [도형]에서 [직사각형] 2개를 만들어주고 [직사각형]을 클릭하여 마우스 오른쪽 버튼을 눌러 [도형서식] – [채우기] – [단색채우기] – [회색]을 설정해주세요. 그리고 [선색] – [선없음]을 설정해주세요

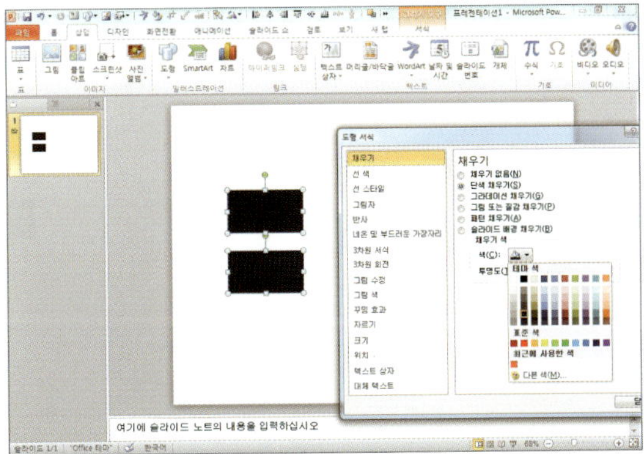

2 [삽입] – [도형]에서 [평형사변형] 2개를 만들어 주세요.

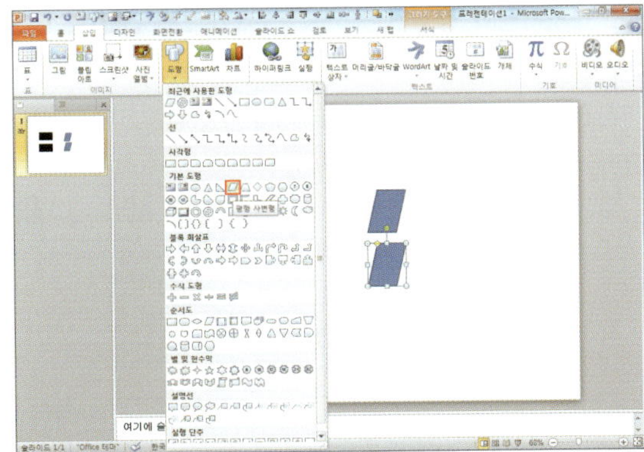

3 [평형사변형]을 선택한 후 마우스 오른쪽 버튼을 눌러 [도형 서식] – [채우기] – [단색채우기] – [회색](직사각형과 같은 색)을 설정해주세요. [선색] – [선없음] 도 설정해주세요.

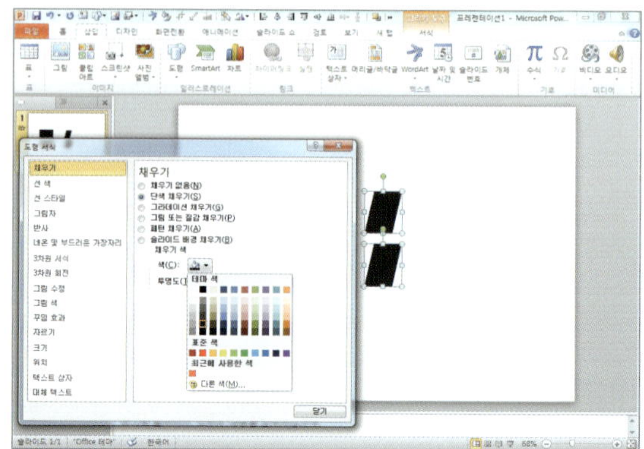

4 만들어진 평형사변형을 직사각형의 크기와 동일하게 맞춰 주세요.

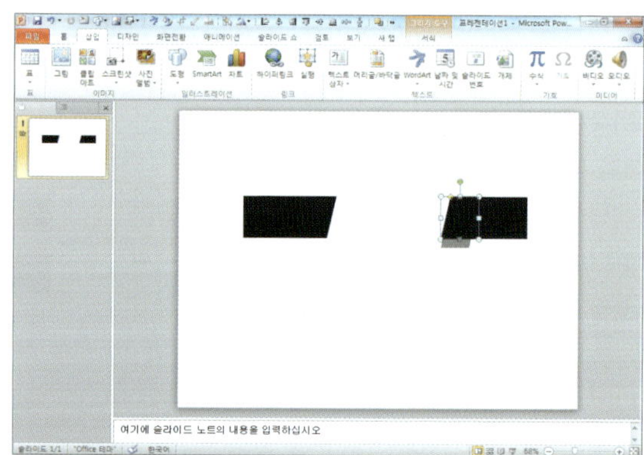

5 직사각형과 평형사변형을 같이 클릭한 후에 마우스 오른쪽 버튼을 눌러 [그룹] – [그룹]을 클릭하세요.

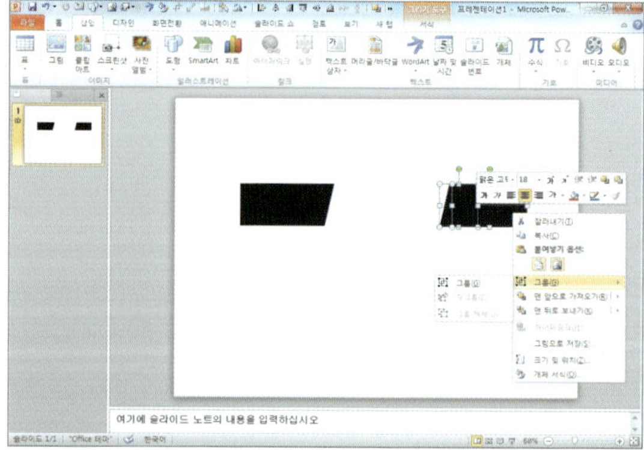

6 그룹 지어진 도형을 선택한 후, 마우스 오른쪽 버튼을 클릭, [개체서식] – [그림자] – [미리설정] – [오프선 대각선 오른쪽 아래]를 클릭해주세요.

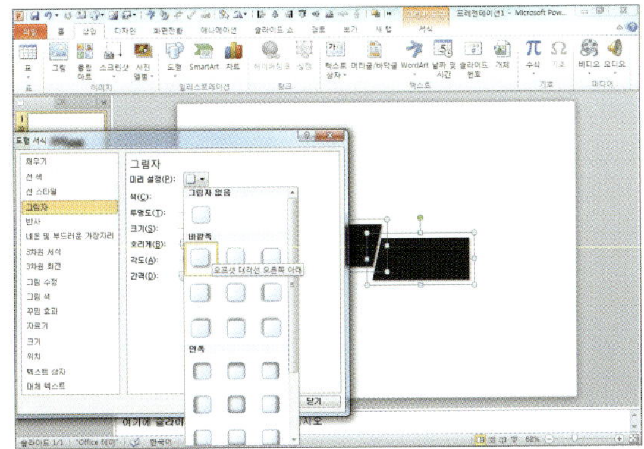

7 ⑦은 폰트 크기 10, ⑧은 폰트크기 11, ⑨는 폰트 크기 28로 설정하여 맑은고딕체로 텍스트를 넣어주세요.

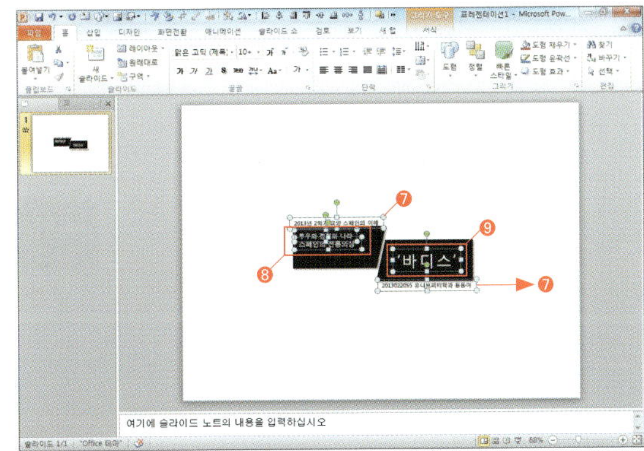

8 '스페인의 이해' 부분을 드래그 하여 [홈] – [글꼴] – [굵게]를 클릭해주세요.

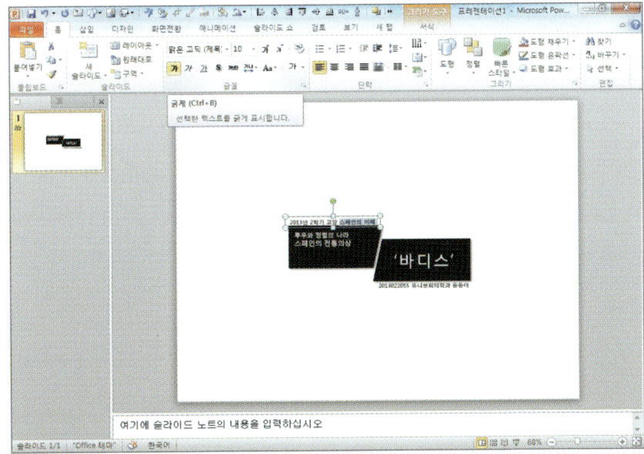

9 '스페인' 부분을 드래그하여 [홈] – [글꼴] – [굵게] – [크기 16] – [테마색] – [주황]을 클릭 해주세요.

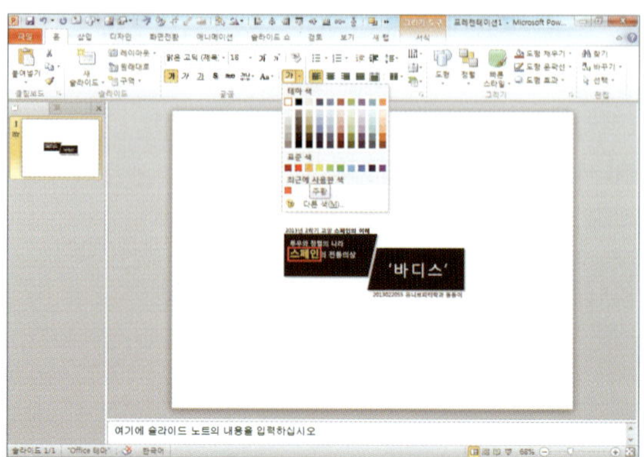

10 완성본입니다.

완성본

1 다음과 같은 배치로 텍스트를 적어 주세요.

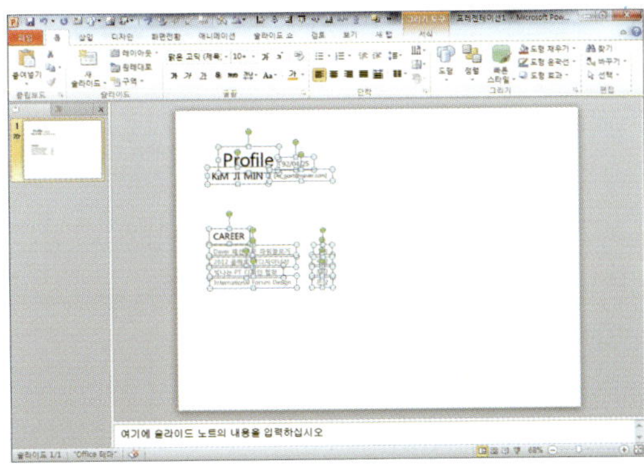

2 〉와 + 를 적어 넣어주세요.

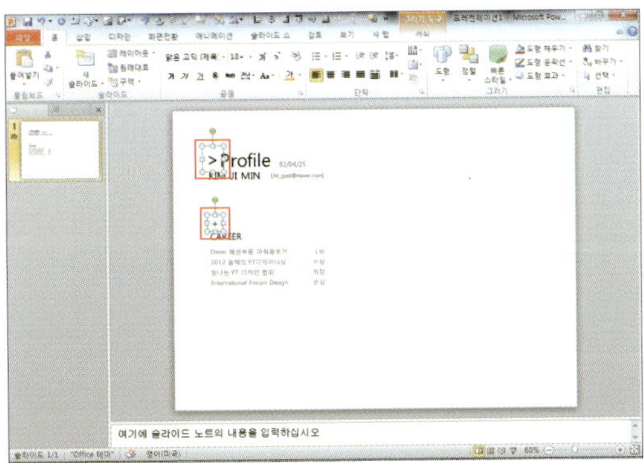

3 [삽입] – [도형] – [선]을 넣어 주세요. 생성된 선을 마우스 오른쪽 버튼으로 클릭하여 [도형서식] – [선스타일] – [너비] – [2.25pt]로 설정해주세요.

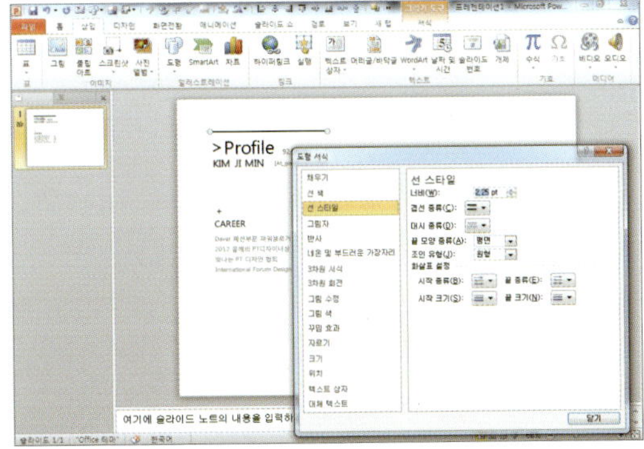

4 같은 방식으로 선을 생성한 후 마우스 오른쪽 버튼을 클릭하여 [도형서식] – [선스타일] – [너비] – [1pt] – [대시종류] – [파선]을 클릭해주세요.

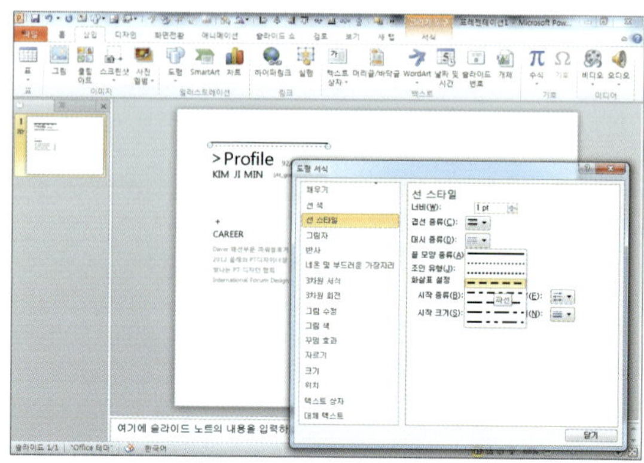

5 같은 방식으로 선을 생성하여 아래쪽에 배치합니다.

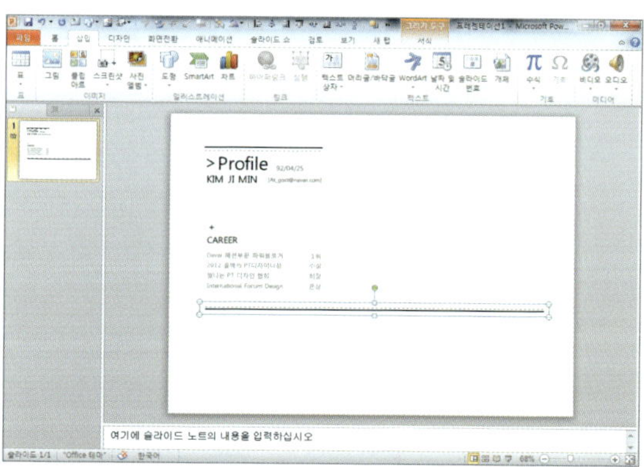

6 [도형서식] – [선색] – [색: 검정] – [투명도 75%]인 선을 만들어주세요.

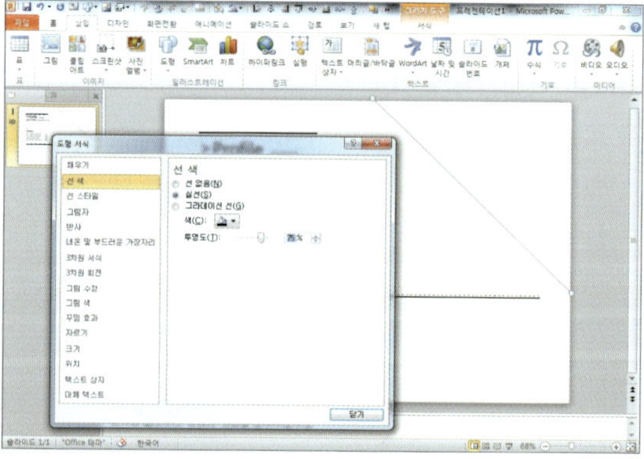

7 만들어진 선을 선택한 후, `Ctrl` + `D` 를 눌러 복사해주세요. 복사된 선을 일정 너비로 배치해주세요.

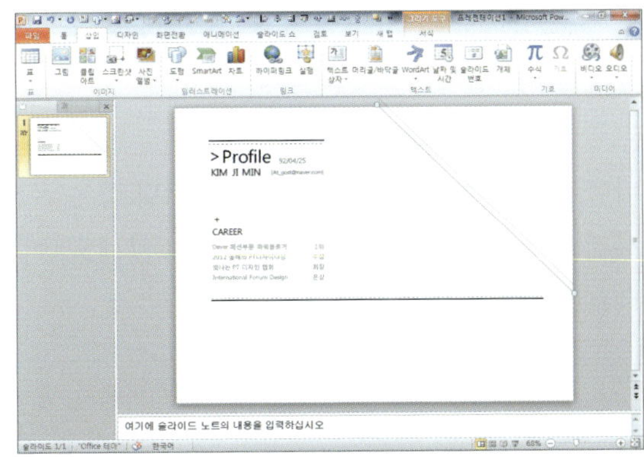

8 `Ctrl` + `D` 를 계속 누르면 7.에서 배치한 너비로 선이 복사가 됩니다.

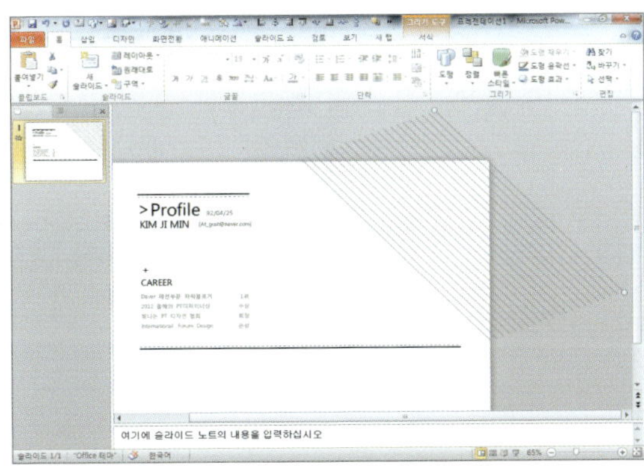

9 이후 사진만 배치하면 완성!

다음과 같은 사진에 '당신을 사랑합니다'라는 글씨를 넣으려고 합니다. 하지만 사진의 색 때문인지 글씨가 잘 보이지 않네요. 이를 그라데이션을 이용해 해결 해보겠습니다.

1 [삽입] - [도형] - [원]을 클릭해 타원을 하나 생성해주세요.

2 타원을 마우스 오른쪽 버튼
으로 눌러 [도형서식] – [채우기]
– [그라데이션 채우기] – [종류]
– [경로형]을 클릭해주세요 .

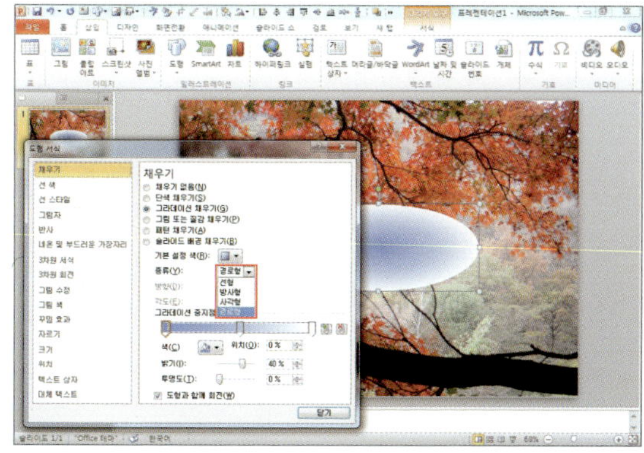

3 [그라데이션 중지점]에서
[가운데 중지점]을 클릭한 후,
[그라데이션 중지점 제거]를 클릭
하여 중지점을 제거해주세요.

4 [왼쪽 중지점]을 클릭한 후,
[색]에서 흰색을 클릭해주세요.

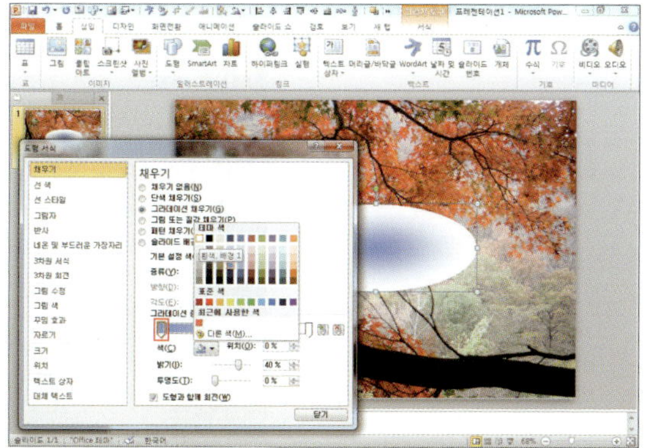

5 [오른쪽 중지점]을 클릭한 후 [투명도]를 100%로 설정해 주세요.

6 [중지점]을 좌우로 조절하여 그라데이션의 크기를 설정합니다.

7 완성본입니다.

1 다음과 같이 텍스트 내용을 넣어줍니다.

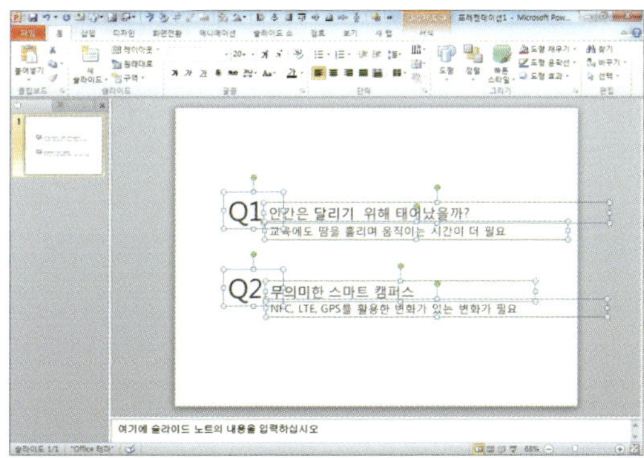

2 텍스트 중 자신이 강조하고 싶은 부분에 [텍스트 굵게] + [텍스트 색 빨강]으로 설정해주세요.

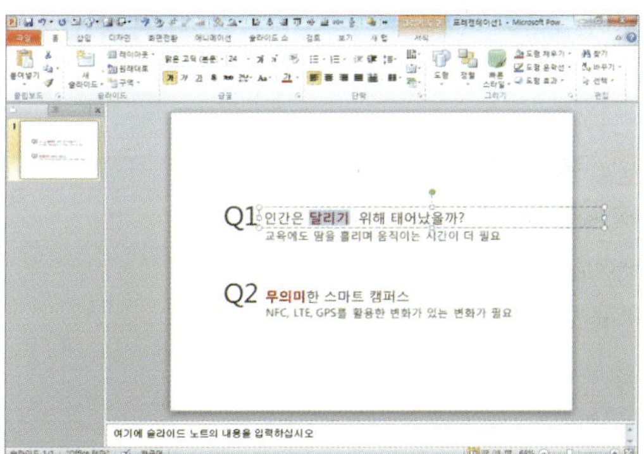

3 [선스타일] – [너비 0.75]인 선을 생성하여 배치해줍니다.

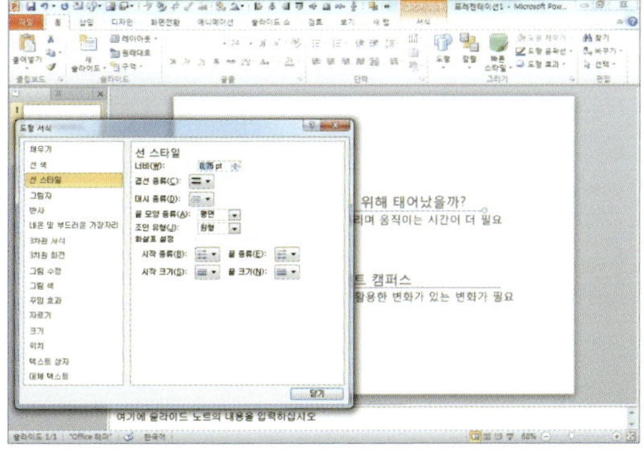

4 강조하고자 했던 빨강 글씨 위해 [빨간색 원]을 생성하여 배치해 주면 완성!

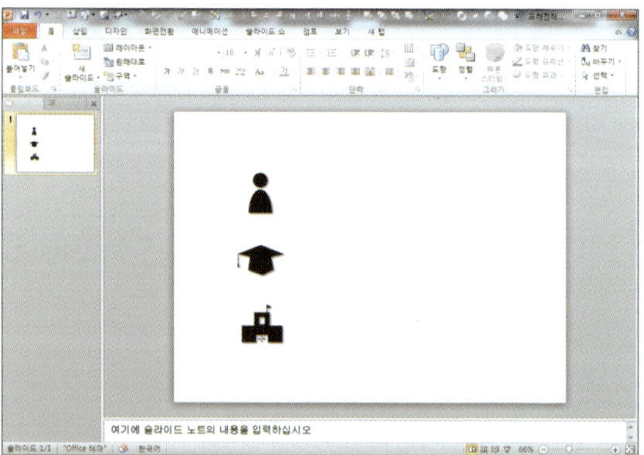

5. 픽토그램과 도형을 이용하여 내용정리하기

1 픽토그램 사이트에서 자신이 원하는 픽토그램을 다운받아 배치합니다.
픽토그램을 마우스 오른쪽 버튼을 눌러 [그림서식] – [그림자] – [미리설정] – [오프셋 대각선 오른쪽 아래]를 설정해주세요.

2 [삽입] - [도형] - [직사각형]을 선택하여 파란색[R:39 G:94 B:161]과 회색[R:38 G:38 B:38]으로 색을 설정하여 다음과 같이 배치해주세요.

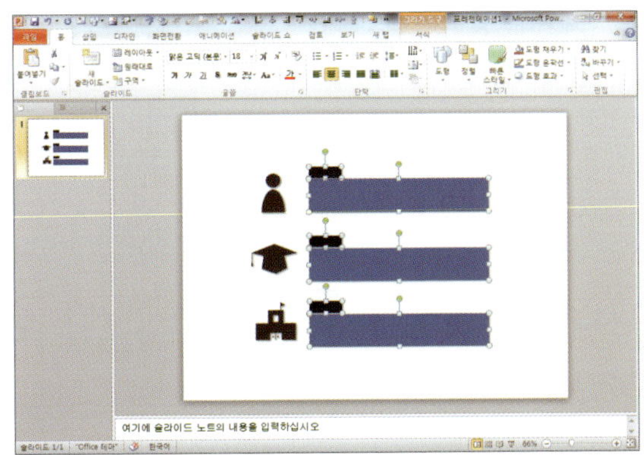

3 [선스타일] - [너비 0.75]인 [흰색]선을 생성하여 배치해주세요.

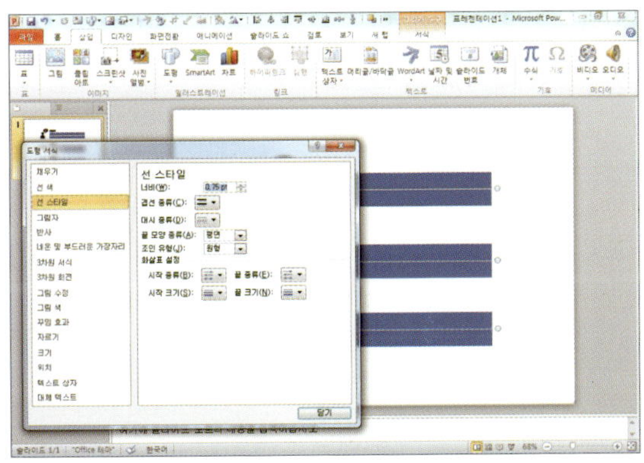

4 파란색 직사각형을 복사하여 다음과 같은 크기로 설정하여 배치한 후 [도형서식] - [그림자] - [미리설정] - [오프셋 대각선 오른쪽 아래]를 설정해주세요.

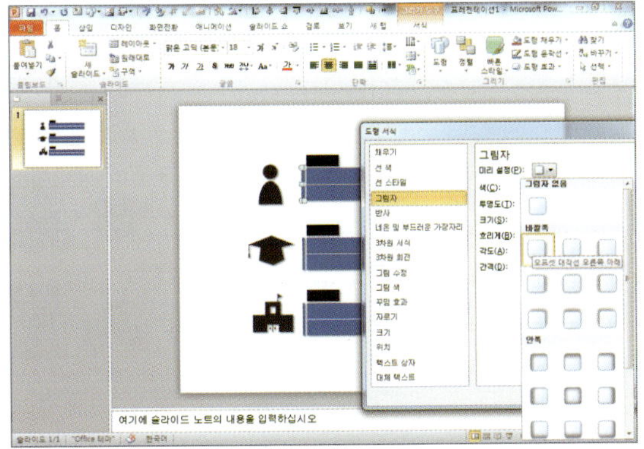

5 해당 내용을 적어 넣습니다.

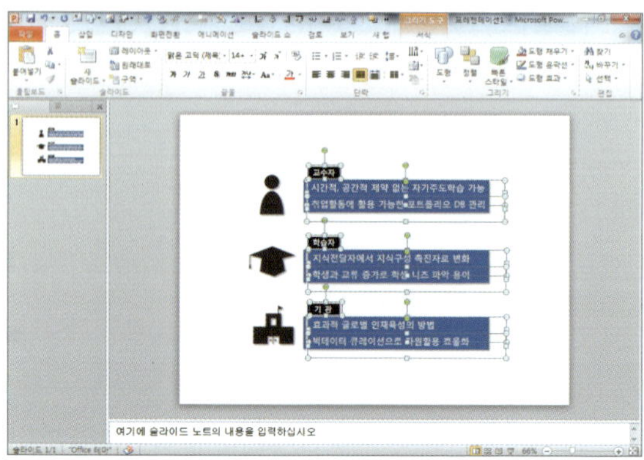

6 [삽입] – [도형]에서 파란색
원을 생성하여 배치해주세요.

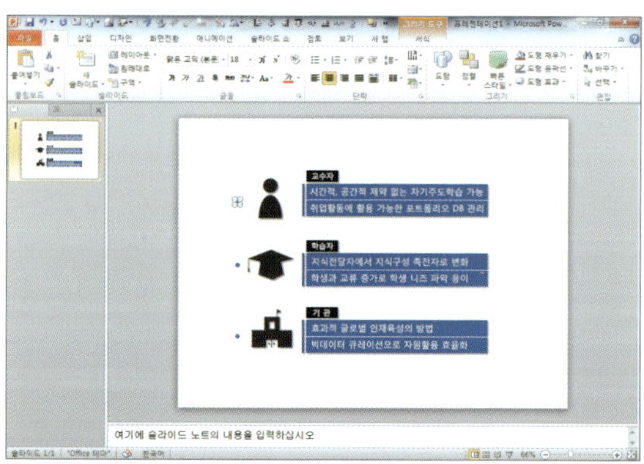

7 완성본입니다.

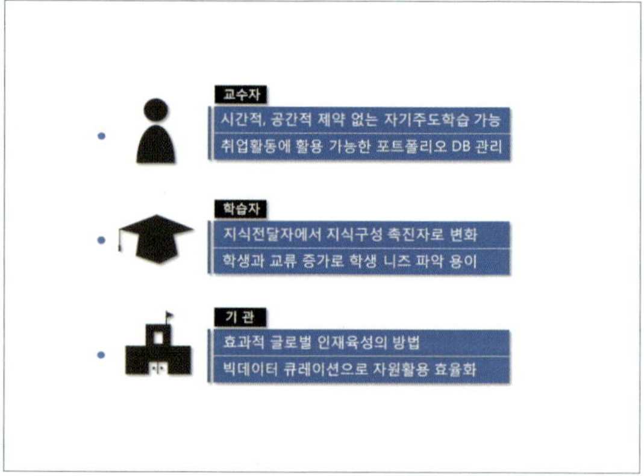

1 다음과 같이 목차를 적은 후, 텍스트를 선택하여 [홈] – [단락] – [균등분할]을 설정해주세요.

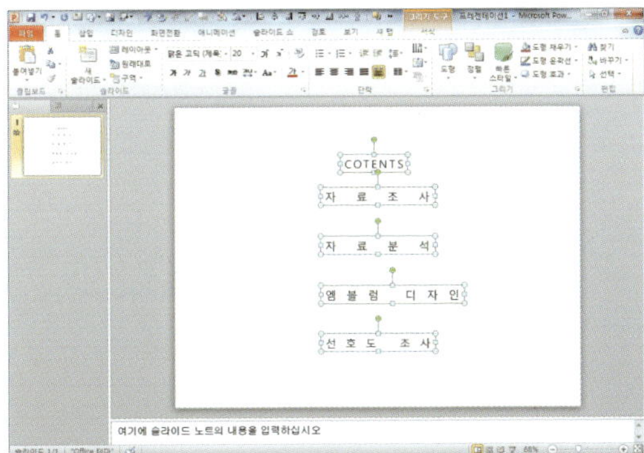

2 [도형서식] – [선스타일] – [너비 0.75]인 선을 생성해 배치해주세요.

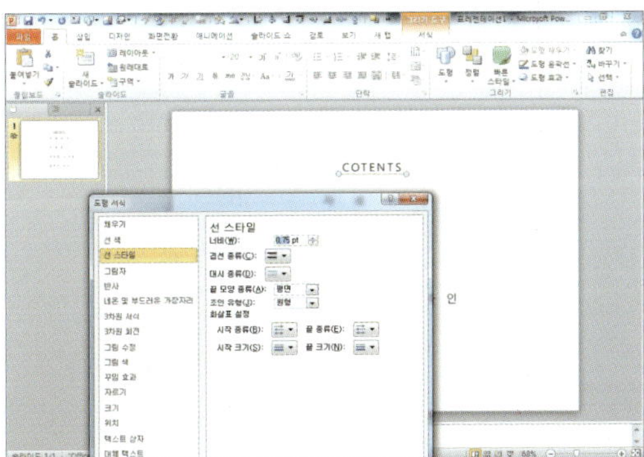

3 [도형서식] – [그림자] – [미리설정] – [오프셋 대각선 오른쪽 아래]가 설정된 숫자를 넣어주세요.

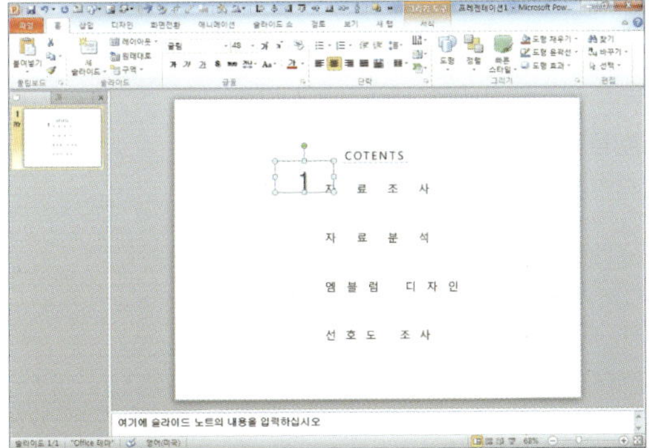

4 [삽입] – [도형]에서 직사각형을 생성하여 [도형서식] – [채우기] – [흰색] – [선색] – [선없음]을 설정해주세요.

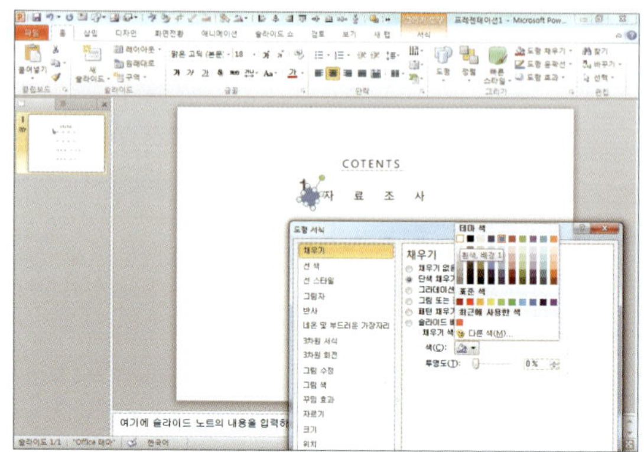

5 [선스타일] – [너비 0.75]인 [회색]선을 생성하여 다음과 같이 배치해주세요.
배치할 때 Alt + 방향키를 사용하면 좀 더 세밀한 배치가 가능합니다.

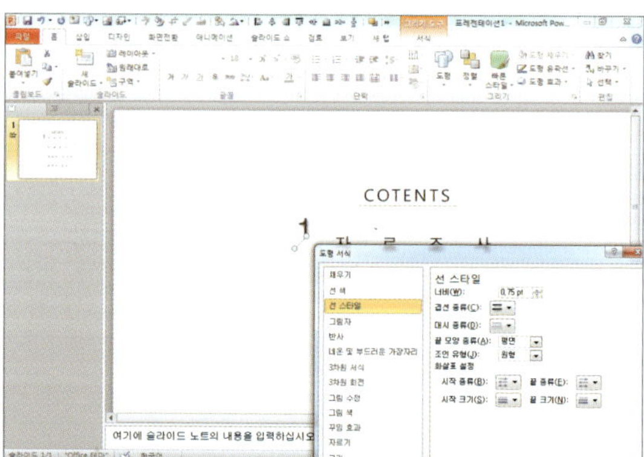

6 [숫자], [흰색 직사각형], [선]을 모두 선택하여 마우스 오른쪽 버튼을 눌러 [그룹] – [그룹]을 클릭해주세요.

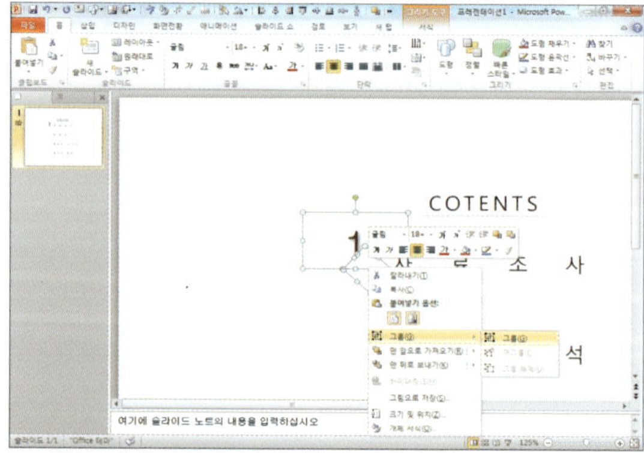

7 만들어진 숫자를 복사하여 배치해주세요.

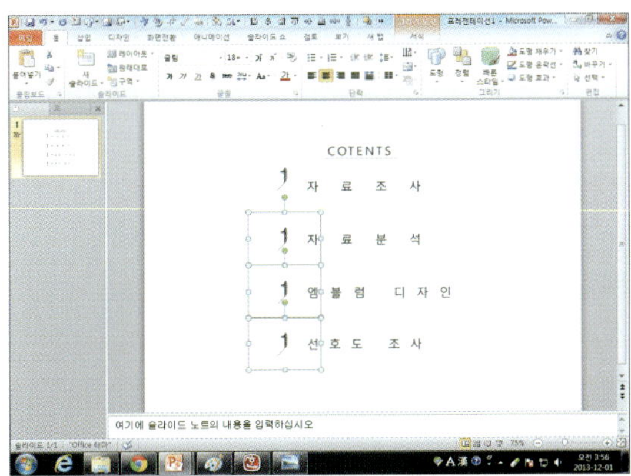

8 배치된 숫자들을 순서에 맞게 적어주면 완성!

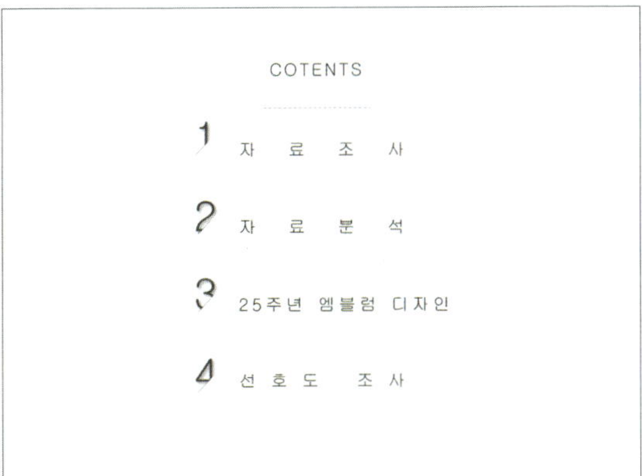

1 [도형서식] – [선스타일] – [너비 3]의 선을 생성하여 다음과 같이 배치해주세요.

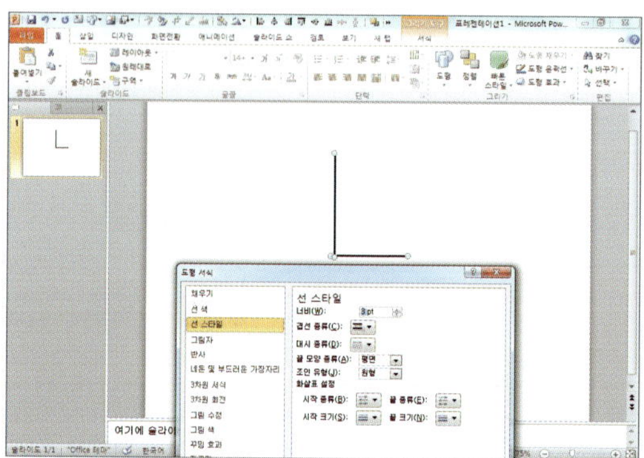

2 [도형서식] – [선스타일] – [너비 1.25]의 [회색] 선을 생성하여 다음과 같이 배치해주세요. 그리고 배치된 [회색]선을 모두 클릭하여 마우스 오른쪽 버튼을 누른 후, [맨 뒤로 보내기]를 클릭해 주세요.

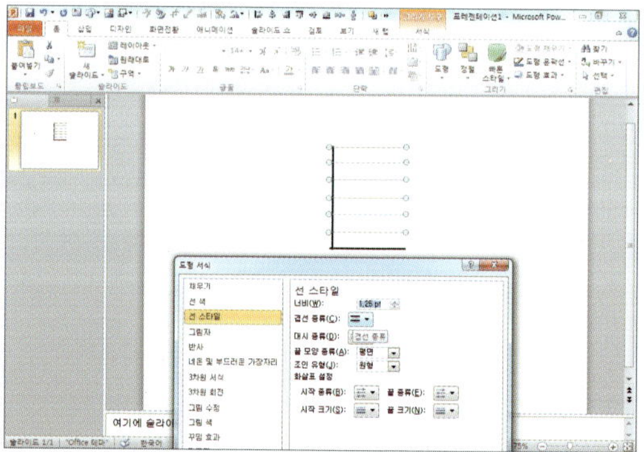

3 [삽입] – [도형]의 직사각형을 생성하여 다음과 같이 배치해주세요.

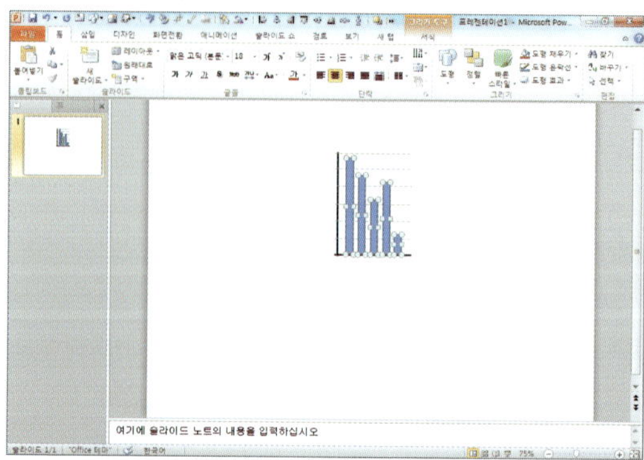

4 각각의 직사각형의 색을 바꿔주세요.

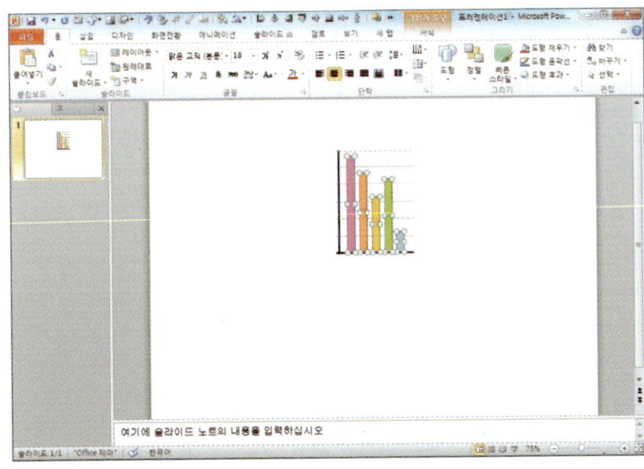

5 지정된 수치를 다음과 같이 텍스트로 배치해주세요.

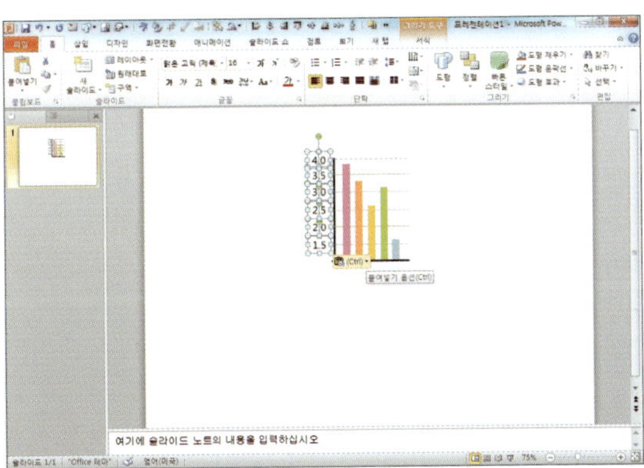

6 그래프의 [직사각형]을 복사하여 다음과 같이 수정하여 배치한 후 텍스트를 넣어주세요.

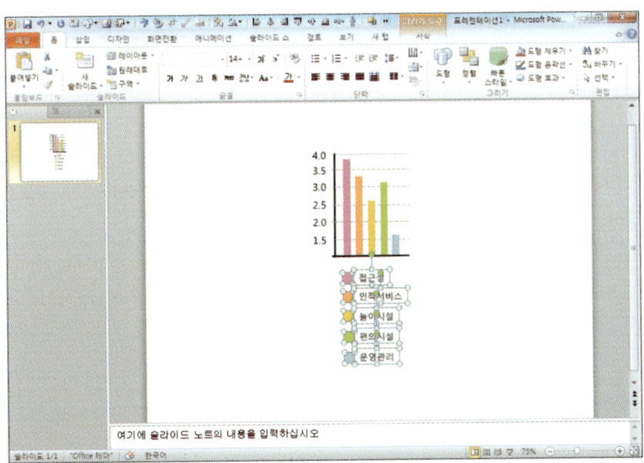

7 [삽입] – [도형]에서 직사각형을 배치한 후, 마우스 오른쪽 버튼을 클릭하여 [도형서식] – [채우기] – [채우기 없음] – [선 스타일] – [너비 1.5]로 설정해 주세요.

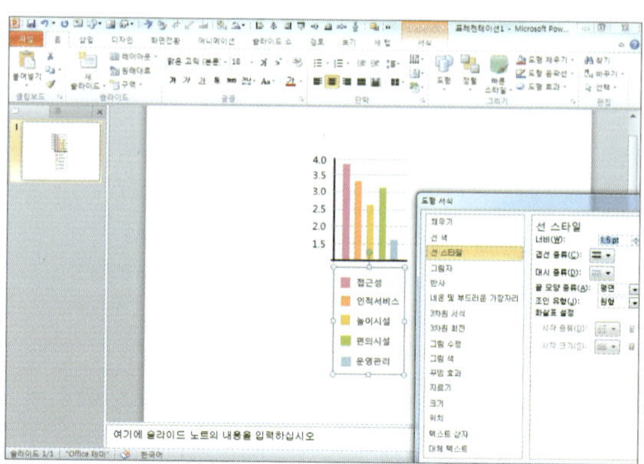

8 완성본입니다.

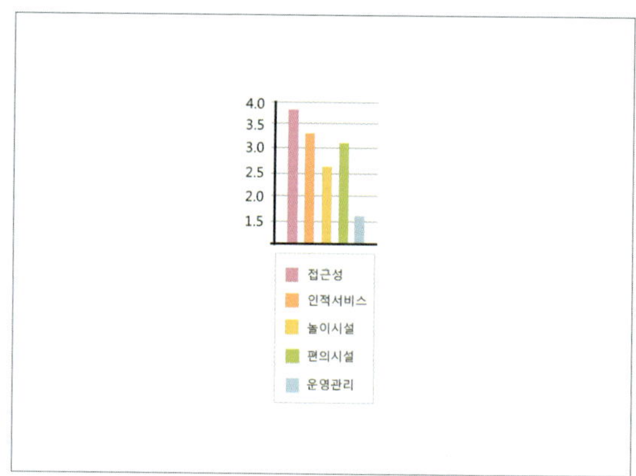

완성된 표는 다음과 같이 사용될 수 있습니다.

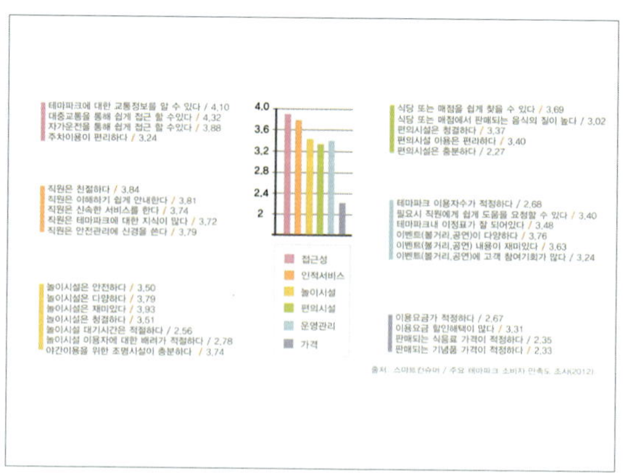

1 [삽입] – [도형] – [막힌 원호]를 생성해주세요.

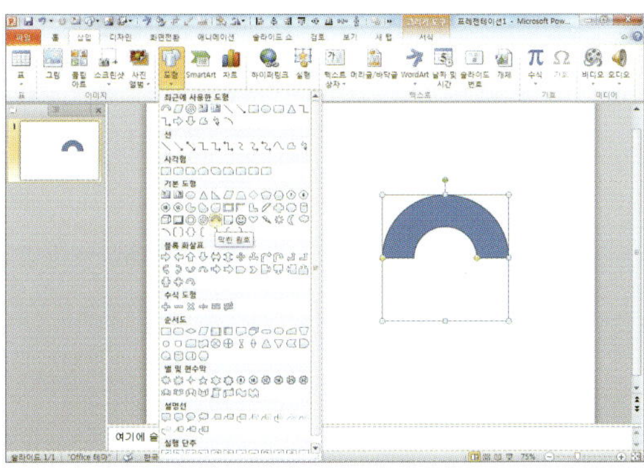

2 생성된 도형을 [도형서식] – [채우기] – [단색채우기] – [빨강] – [선색] – [선없음]으로 설정해주세요.
생성된 도형의 [노랑색 점]을 마우스로 드래그하여 폭과 길이를 조절해주세요.

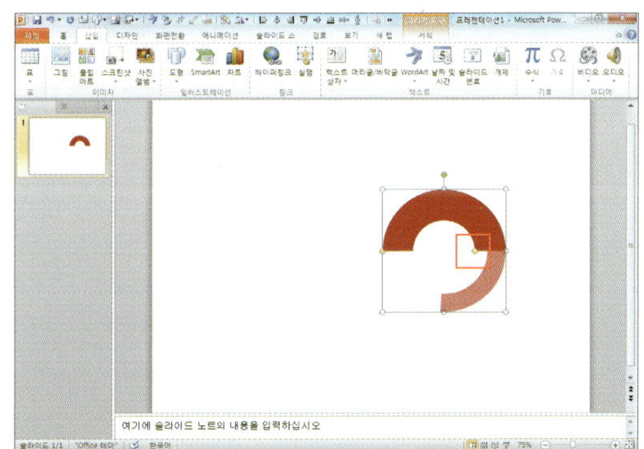

3 [삽입] – [도형]에서 원을 생성하여 다음과 같이 배치해주세요.

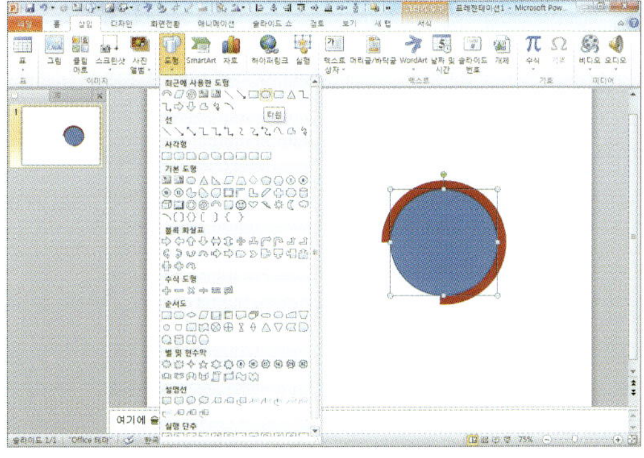

4 생성된 원을 마우스 오른쪽 버튼을 클릭하여 [도형서식] – [채우기] – [채우기 없음] – [선 색] – [색: 빨강]으로 설정해주세요.

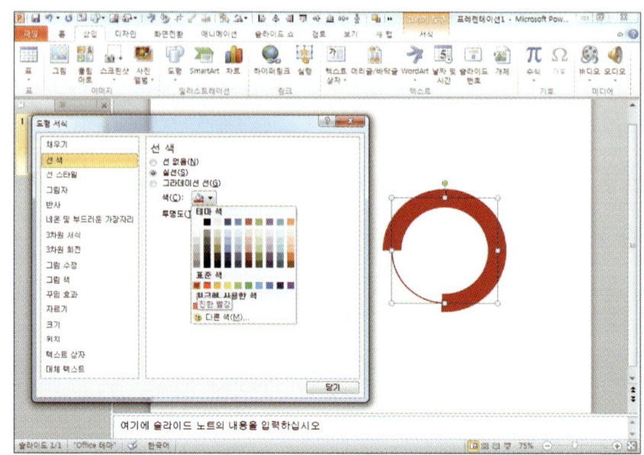

5 [선스타일] – [너비 20]으로 설정해주세요.

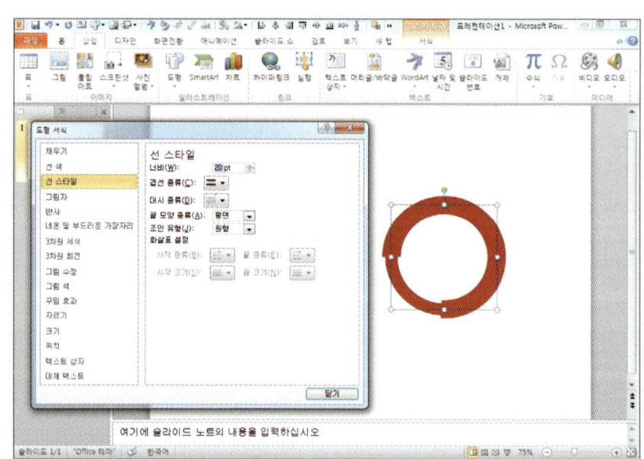

6 만들어진 [원]의 위치를 [막힌원호]의 중간에 배치시켜주세요.

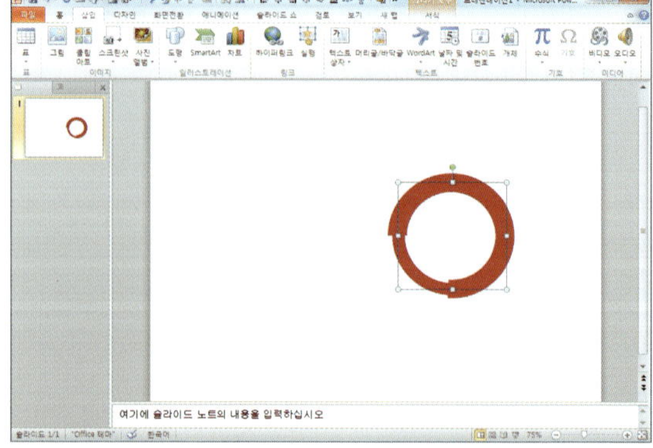

7 [원]을 Ctrl + V 를 눌러 복사해주세요.

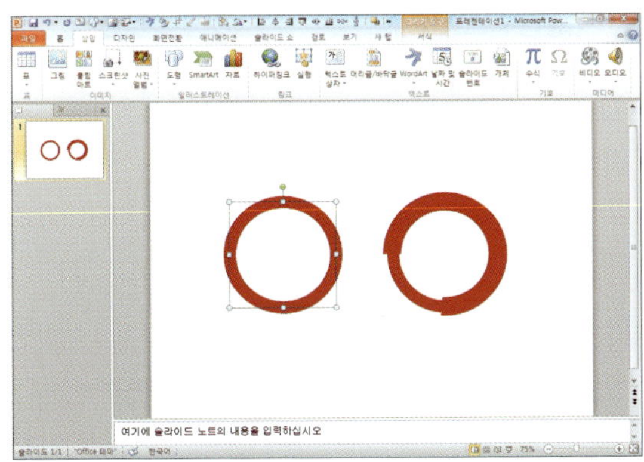

8 복사된 원을 마우스 오른쪽 버튼을 클릭하여 [도형서식] – [선색] – [색: 흰색]을 설정해주세요. 그리고 [그림자] – [미리설정] – [오프셋 대각선 오른쪽 아래]를 설정해주세요.

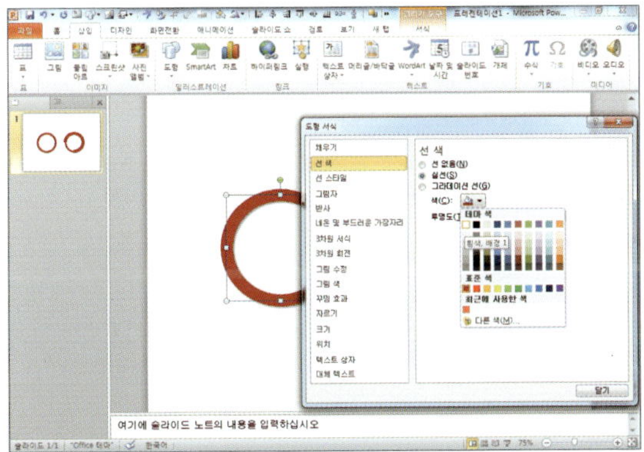

9 [선스타일] – [너비 7]로 설정을 한 후 다음과 같이 제작된 도형의 가운데에 배치해주세요.

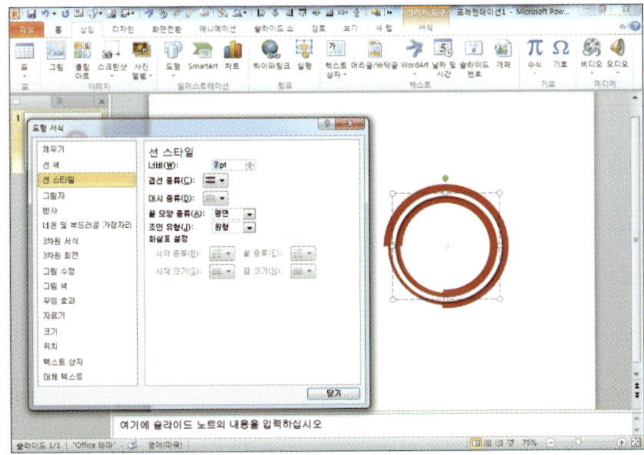

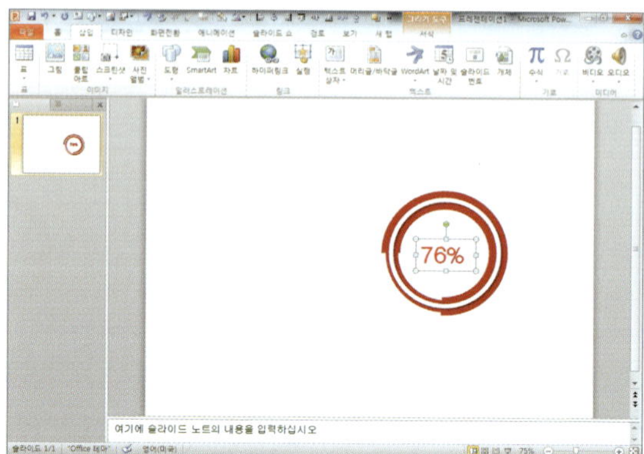

10 가운데 텍스트를 적어 넣어 주시면 완성입니다!

다음과 같이 색과 도형의 크기를 조절하여 다양한 연출이 가능합니다.

1 [삽입] – [도형]에서 원을 생성해주세요. 원을 마우스 오른쪽 버튼으로 클릭하여 [도형서식] – [채우기] – [단색채우기] – [색: 빨강]을 설정해주세요. [그림자] – [미리설정] – [오프셋 대각선 오른쪽 아래]를 설정해주세요.

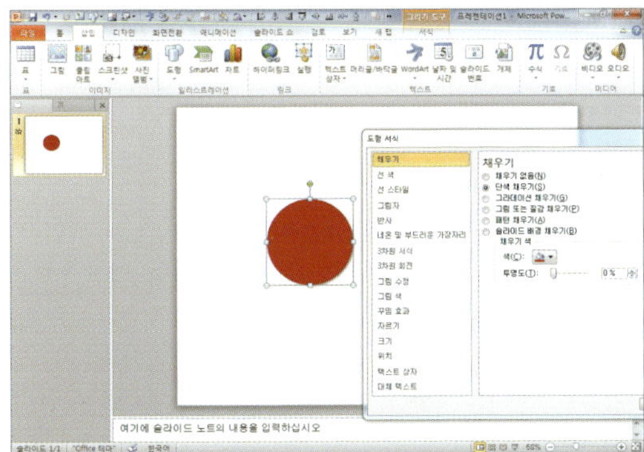

2 [삽입] – [도형]에서 선을 생성해주고 선을 마우스 오른쪽 버튼으로 클릭하여 [선색] – [실선] – [색: 빨강]을 설정해주세요. [선스타일] – [너비 4]로 설정해주세요

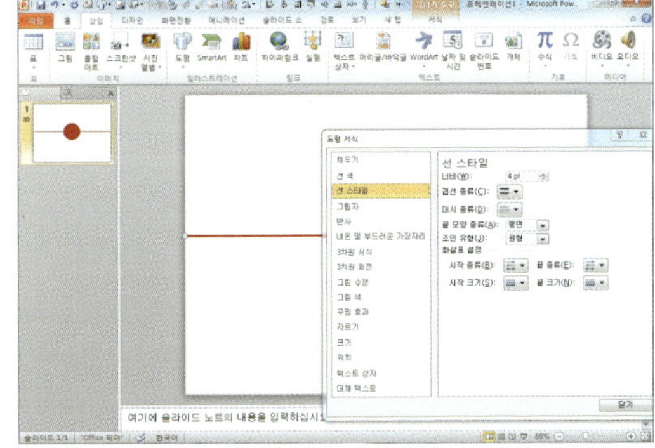

3 [선스타일] – [너비 0.75]인 선을 생성하여 다음과 같이 배치해주세요.

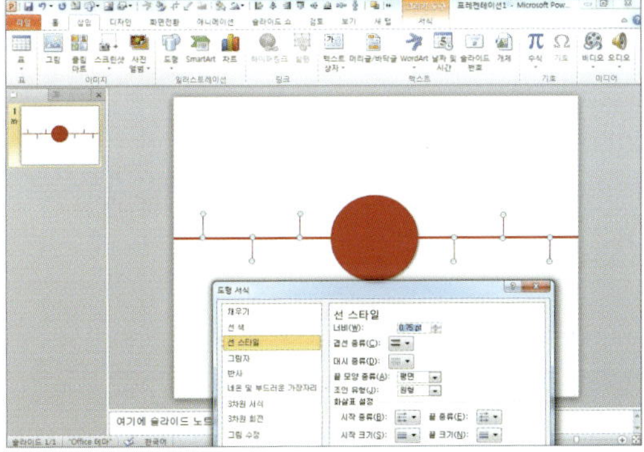

 빨강 색 원을 생성하여 다음
과 같이 배치해주세요.

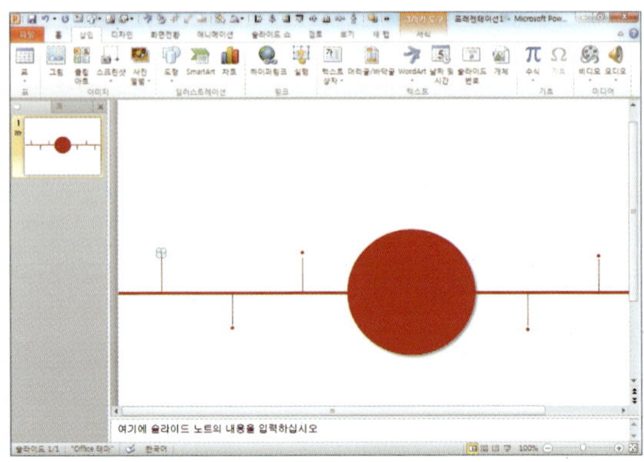

 자신이 작성하고자 하는 텍스
트를 다음과 같이 배치해주세요.

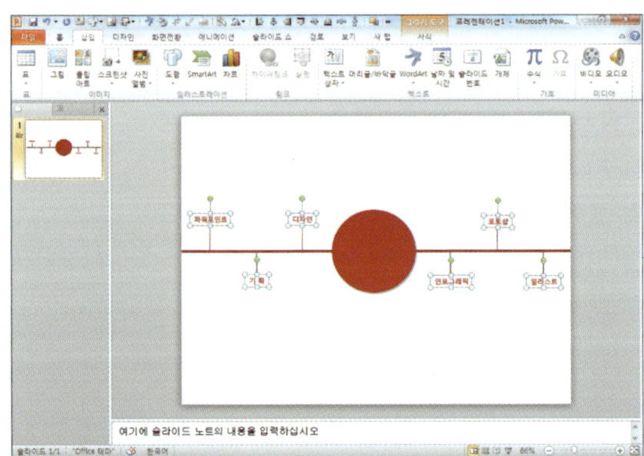

마지막으로 가운데 원에 타이틀을 적어 넣어주면 완성!

1 [삽입] – [도형]에서 검정색 직사각형 2개를 생성하여 다음과 같이 배치해주세요.

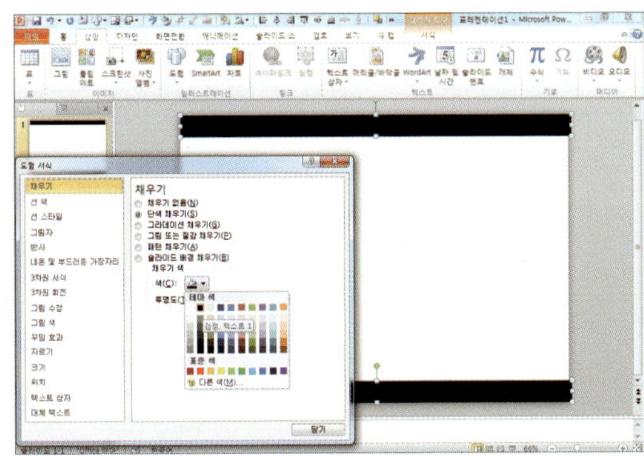

2 직사각형을 Ctrl + C 를 눌러 복사를 한 후 마우스 오른쪽 버튼을 눌러 [채우기] – [단색채우기] – [색: 회색]으로 설정해주세요.
[그림자] – [미리설정] – [오프셋 대각선 오른쪽 아래]를 설정해주세요.

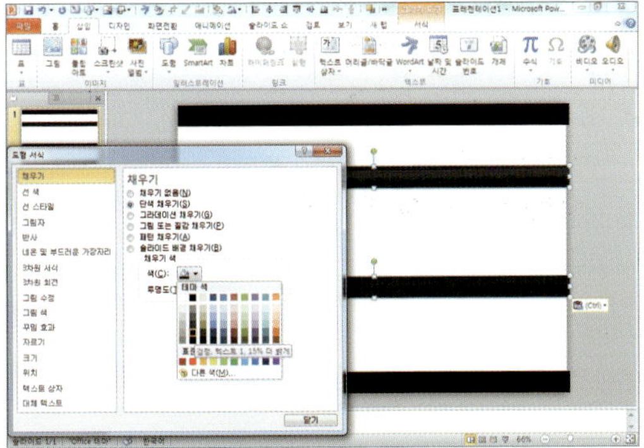

3 넣고 싶은 사진을 다음과 같이 배치한 후 마우스 오른쪽 버튼을 눌러 [맨 뒤로 보내기]를 클릭해주세요.

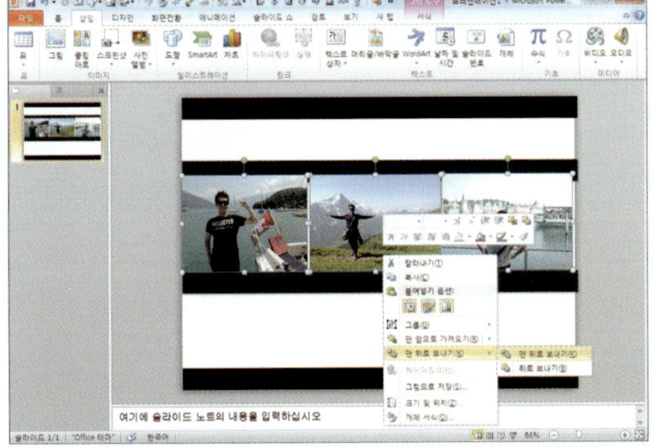

4 다음과 같이 타이틀을 적어 넣어주세요.

5 직사각형 안에 있는 타이틀을 클릭한 후 [홈] – [글꼴] – [굵게]를 클릭해주세요. 그리고 마우스 오른쪽 버튼을 눌러 [도형 서식] – [그림자] – [미리설정] – [오프셋 대각선 오른쪽 아래]를 설정해주세요.

6 [삽입] – [도형]에서 직사각형을 생성해 다음과 같이 배치해주세요.

7 생성된 직사각형에 마우스 오른쪽 버튼을 눌러 [도형서식] – [채우기] – [그라데이션 채우기] – [종류: 선형] – [각도: 선형오른쪽]으로 설정해주세요.

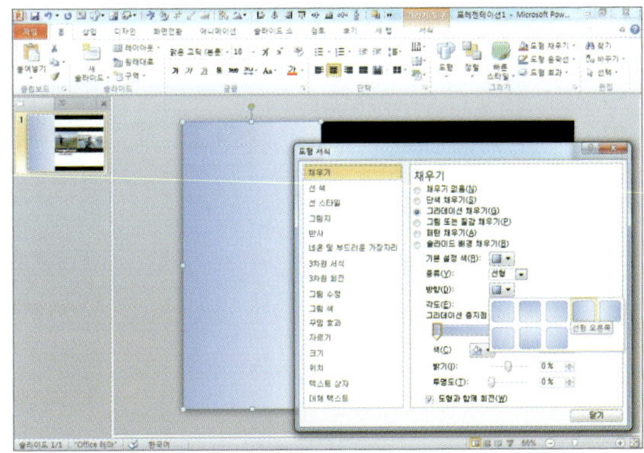

8 가운데 중지점을 클릭한 후, [그라데이션 중지점 제거]를 클릭해주세요.

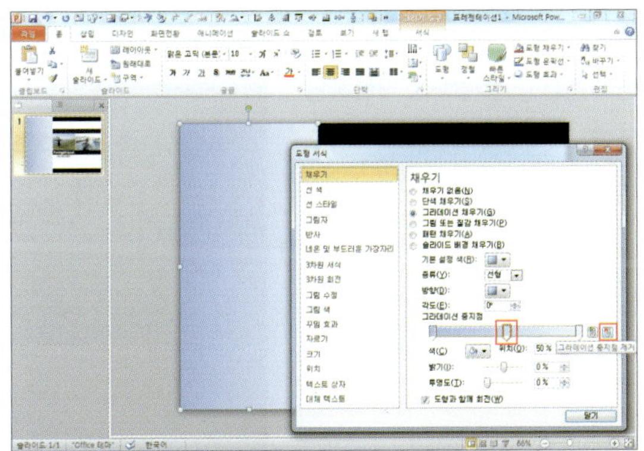

9 왼쪽 중지점을 클릭한 후, [색: 검정]으로 설정해주세요.

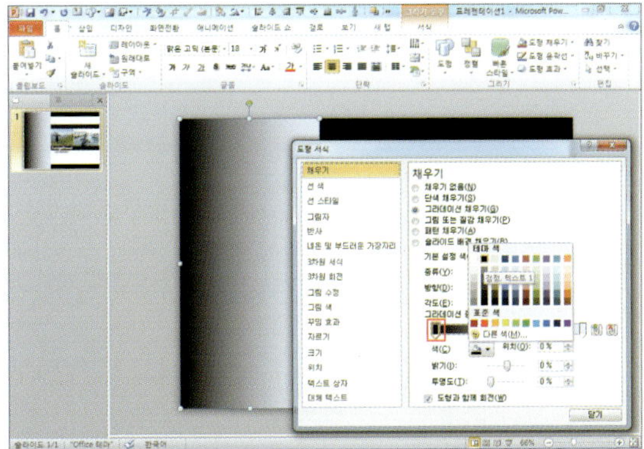

10 오른쪽 중지점을 클릭한 후,
[투명도: 100]으로 설정해주세요.

11 완성된 그라데이션 도형을
반대편에도 복사하여 적용하면
완성!

1 [삽입] – [도형]에서 직사각형을 생성해 다음과 같이 배치해주세요.

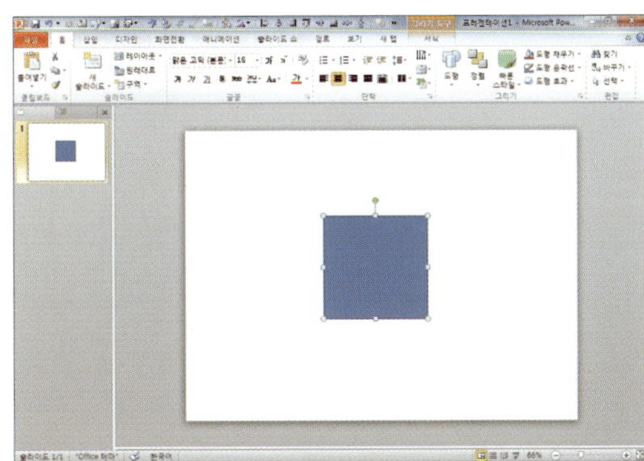

2 생성된 직사각형에 마우스 오른쪽 버튼을 눌러 [도형서식] – [채우기] – [채우기 없음]을 설정해주세요. 그리고 [선스타일] – [너비 0.5] – [대시종류] – [사각점선]을 클릭해주세요.

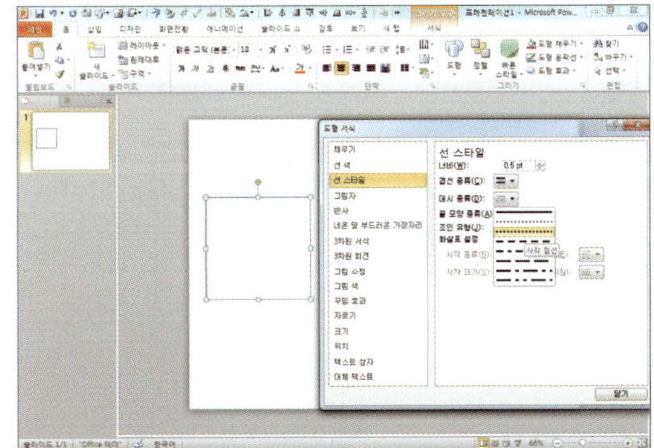

3 [삽입] – [도형]에서 [대각선 줄무늬]를 생성해 다음과 같이 배치해주세요. 마우스 오른쪽 버튼을 눌러 [도형서식] – [채우기] – [단색채우기] – [색: 빨강] – [선색] – [선없음]으로 설정해주세요.

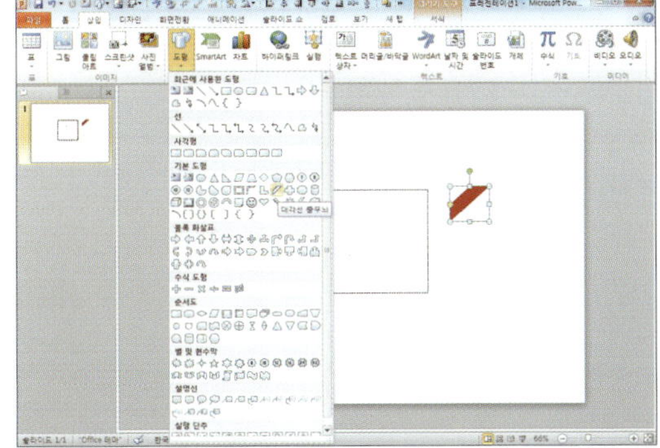

4 [그림자] - [미리설정] - [오프셋 대각선 오른쪽 아래]를 설정해주세요.

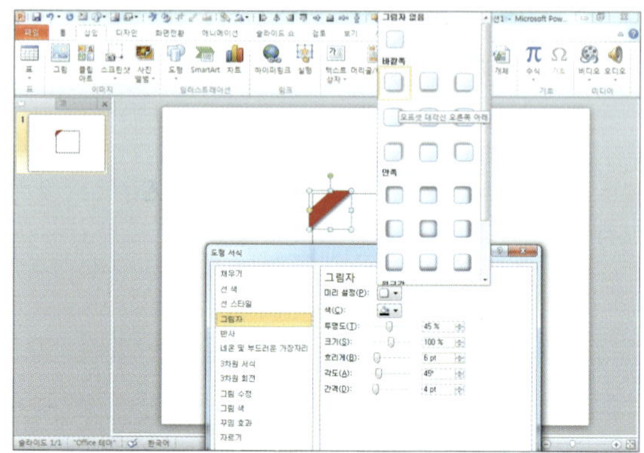

5 [삽입] - [도형]에서 [직각 삼각형]을 생성해 다음과 같이 배치해주세요.

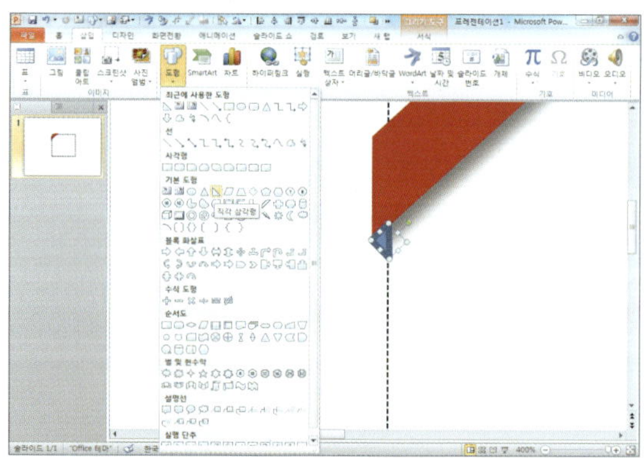

6 [선없음]을 설정한 후, [채우기] - [단색채우기] - [색] - [다른 색] - [사용자 지정] - [R:80. G:0 B:0]으로 설정해 주세요.

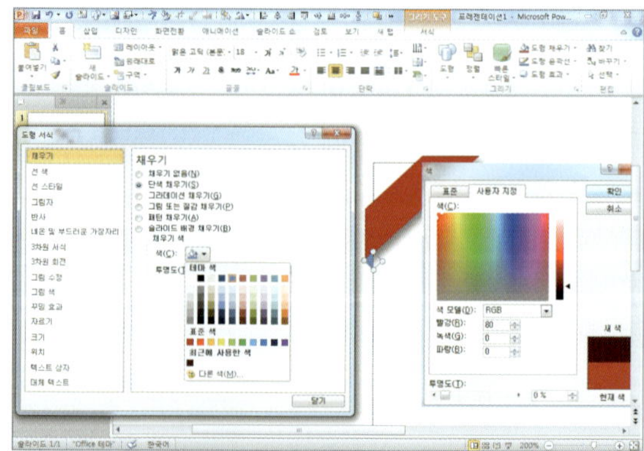

7 만들어진 [직각삼각형]을
마우스 오른쪽 버튼을 눌러 [맨
뒤로 보내기]를 클릭해주세요.

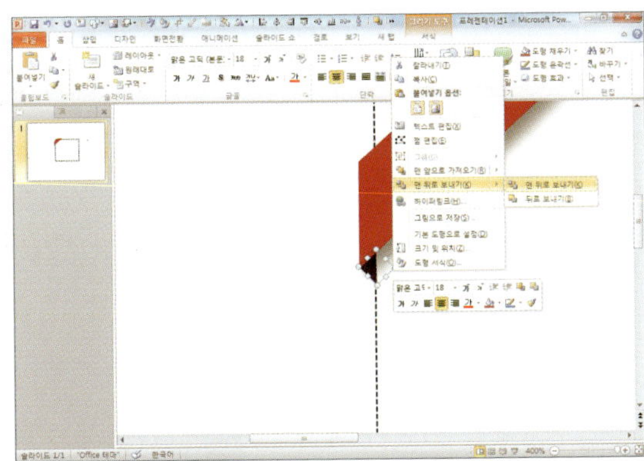

8 이렇게 완성되었습니다!

사진을 넣어 활용이 가능합니다.

다음과 같은 사진에 발표 내용을 넣으려고 합니다. 하지만 사진의 색 때문인지 글씨가 잘 보이지 않네요. 이를 투명도를 이용해 해결해보겠습니다.

1 [삽입] – [도형] – [직사각형]을 다음과 같이 생성해 배치해주세요.

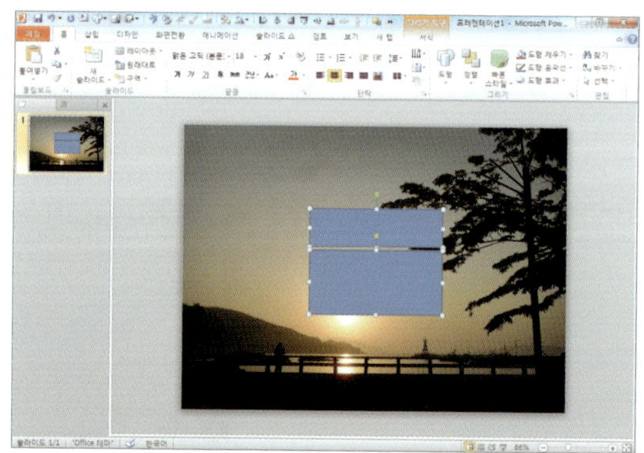

2 직사각형을 마우스 오른쪽 버튼으로 눌러 [개체서식] – [선 색] – [선없음]을 설정해주세요.

3 [채우기] – [단색 채우기] –
[색: 검정]으로 설정해주세요.

4 [투명도: 25%]로 설정해주세요.

5 텍스트를 만들어진 도형 위에
배치해주면 완성!

이렇게 사진 객체에도 다양하게 적용
할 수 있습니다.

1 [삽입] – [도형]에서 [직사각형]을 다음과 같이 생성해 준 후, 왼쪽 직사각형은 [도형서식] – [선색] – [선없음] – [채우기] – [단색채우기] – [색: 빨강]으로 설정해주세요. 오른쪽 직사각형은 [도형서식] – [선색] – [선없음] – [채우기] – [단색채우기] – [색: 주황]으로 설정해주세요.

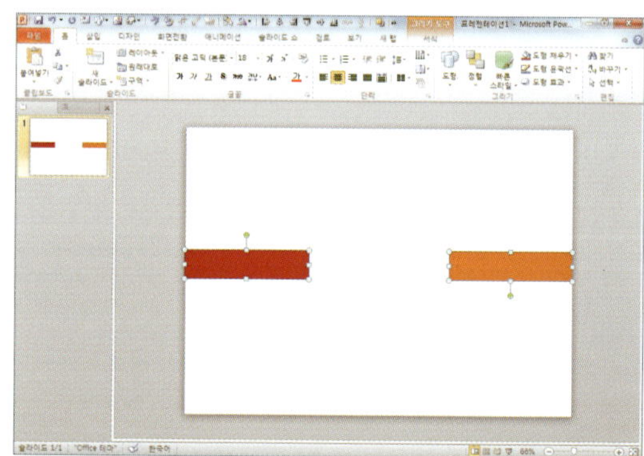

2 만들어진 직사각형을 Ctrl + C 를 눌러 복사하여 다음과 같이 배치해주세요.

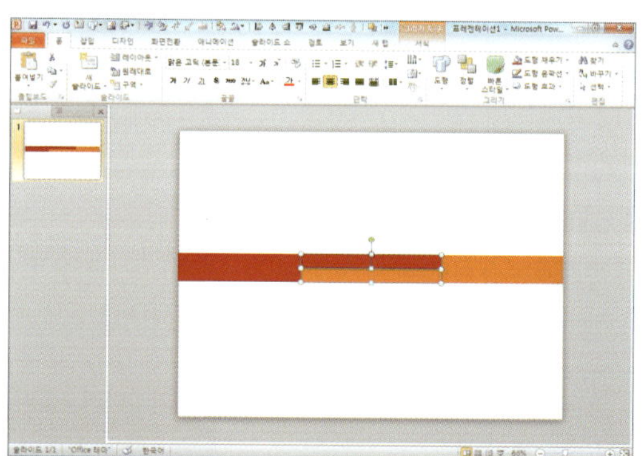

3 [삽입] – [도형] – [이등변 삼각형]을 생성해 다음과 같이 생성해주세요. [도형서식] – [채우기] – [단색채우기]로 들어가 직사각형과 동일한 색으로 설정해주세요.

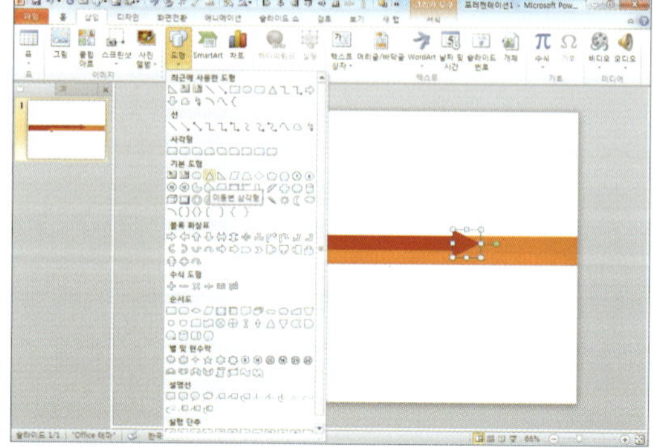

4 [빨강색 도형]을 다음과 같이 선택하여 마우스 오른쪽 버튼을 눌러 [도형서식] – [그림자] – [미리설정] – [오프셋 대각선 오른쪽 아래]로 설정해주세요.

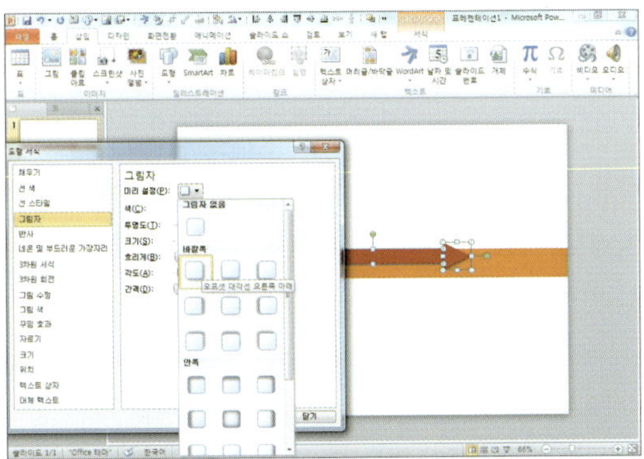

5 [주황색 이등변 삼각형]을 선택해마우스 오른쪽 버튼을 눌러 [도형서식] – [그림자] – [미리설정] – [오프셋 대각선 왼쪽 위]로 설정해주세요.

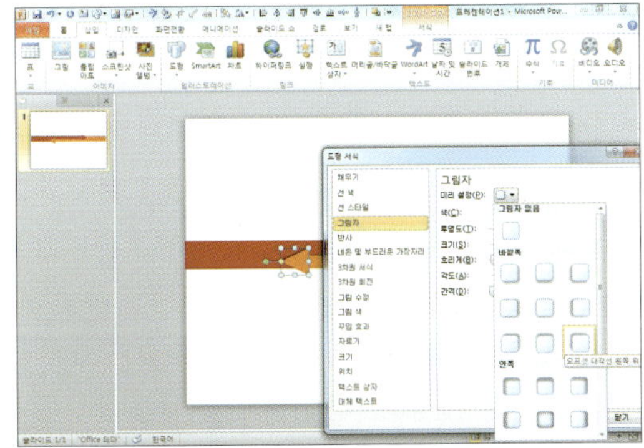

6 텍스트를 넣어주세요.

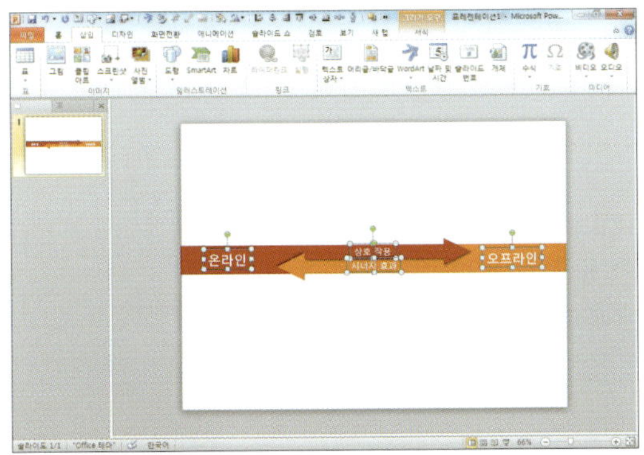

7 완성입니다.

1 [삽입] – [도형]에서 [타원]을 생성해주세요.

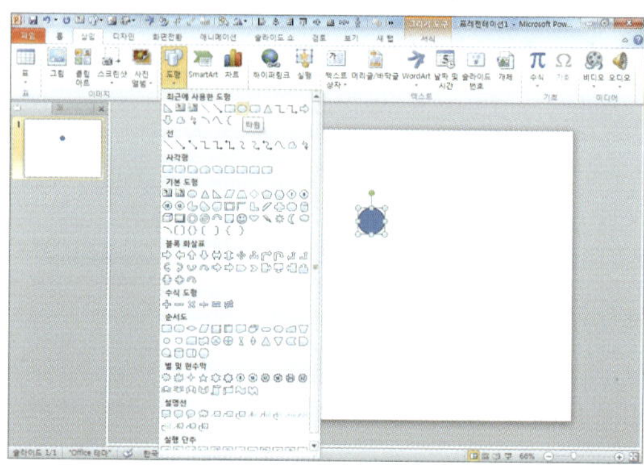

2 생성된 타원을 마우스 오른쪽 버튼을 눌러 [도형서식] – [채우기] – [단색채우기] – [색: 검정] – [선색] – [선없음]으로 설정해주세요.

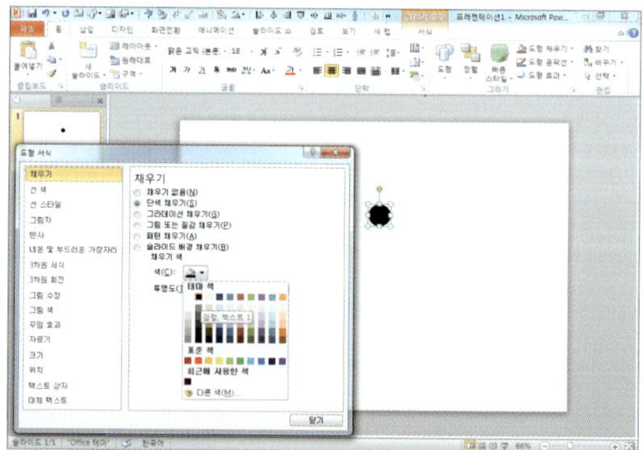

3 [삽입] – [도형]에서 [모서리가 둥근 직사각형]을 생성하여 다음과 같이 배치해주세요.

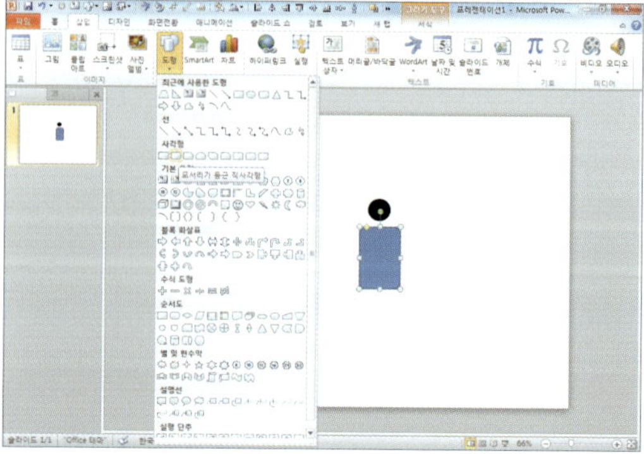

4 생성된 [모서리가 둥근 직사각형]을 마우스 오른쪽 버튼을 눌러 [도형서식] – [채우기] – [단색 채우기] – [색: 검정] – [선색] – [선없음]으로 설정해주세요.

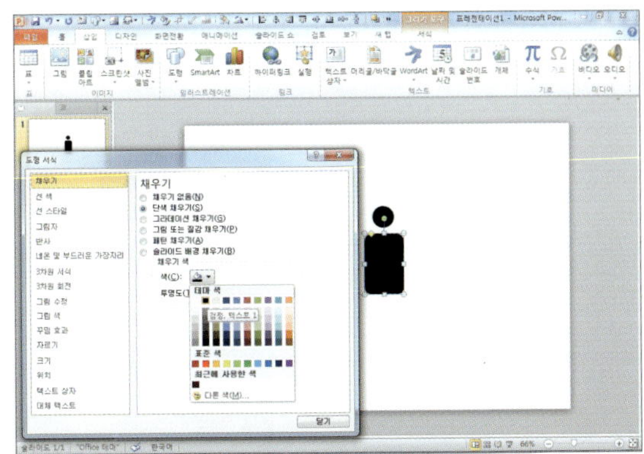

5 만들어진 [모서리가 둥근 직사각형]을 Ctrl + C 를 눌러 5개를 복사해주세요.

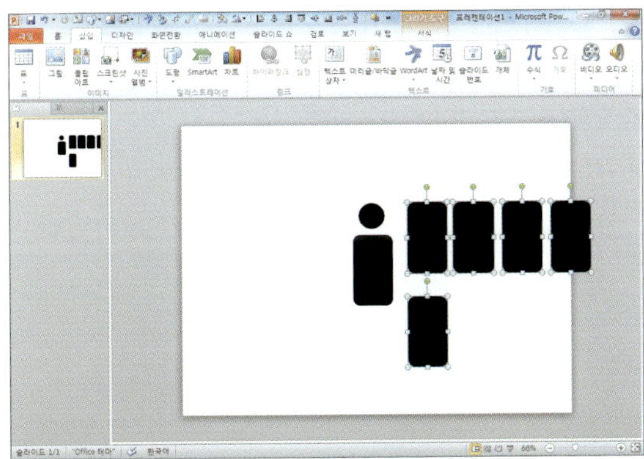

6 꼭지점을 조절하여 다음과 같은 크기로 만들어 주세요.

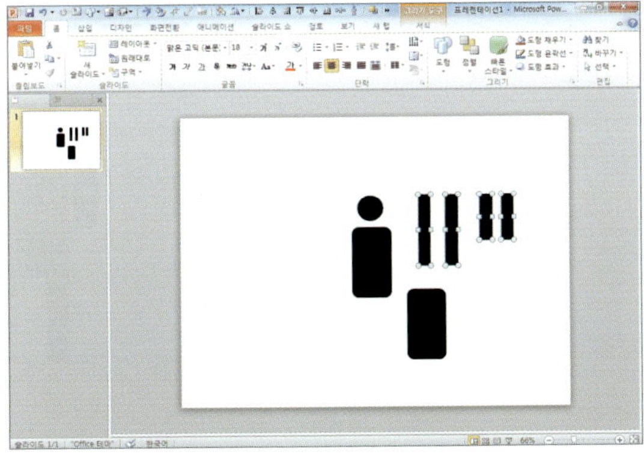

7 조절된 도형을 다음과 같이 배치해주세요.

8 마지막 남은 [모서리가 둥근 직사각형]을 클릭한 후 [노랑색 중짓점]을 드래그하여 모서리를 최대한 둥글게 조절해주세요.

9 조절된 도형을 다음과 같은 크기를 조절해주세요.

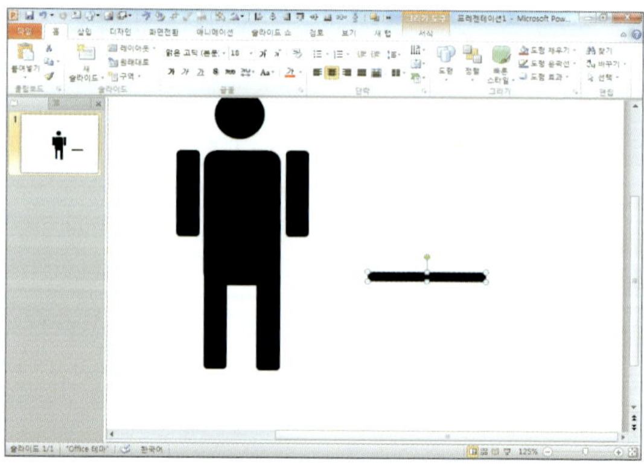

10 다음과 같이 도형을 배치한 후 전부 선택하여 마우스 오른쪽 버튼을 눌러 [그룹]을 클릭해주세요.

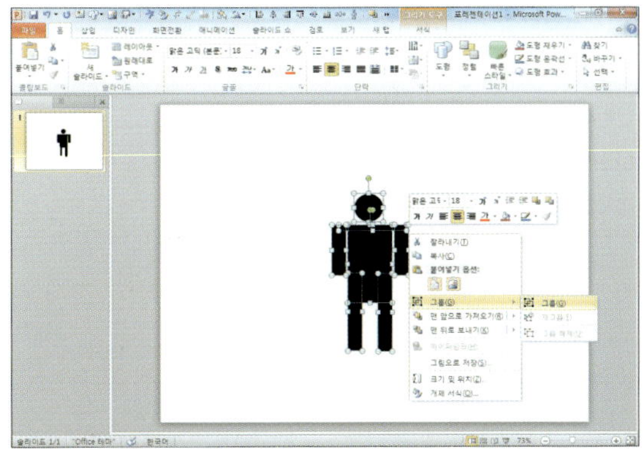

11 제작된 픽토그램을 Ctrl + C 를 눌러 복사를 한 후 마우스 오른쪽 버튼을 눌러 [도형서식] – [채우기] – [연한 파랑]으로 설정해주세요.

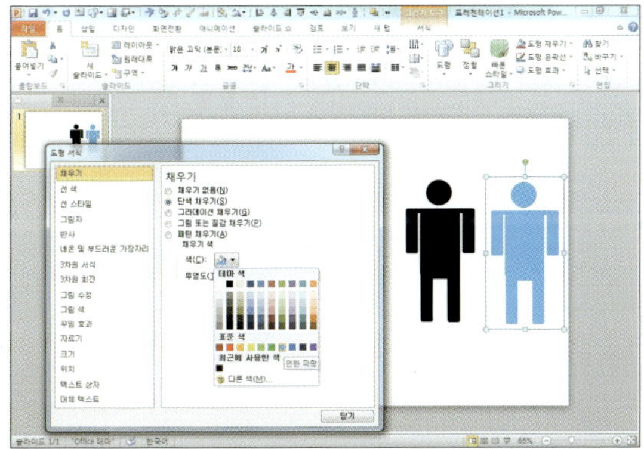

12 [삽입] – [도형]에서 [사다리꼴]을 생성해주세요.

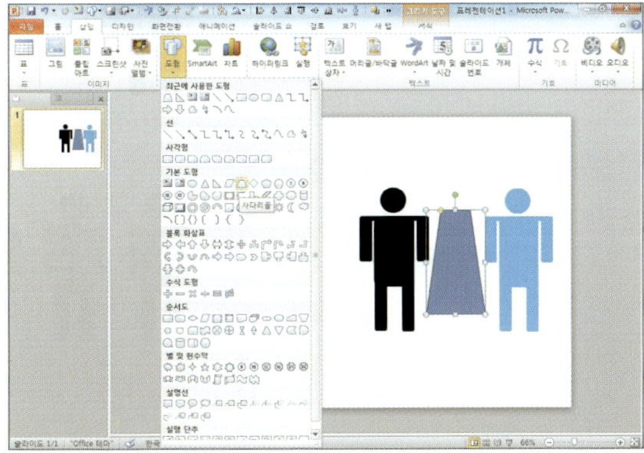

13 생성된 [사다리꼴]을 마우스
오른쪽 버튼을 눌러 [도형서식] –
[채우기] – [단색채우기] – [색:
진한빨강] – [선색] – [선없음]으
로 설정해주세요.

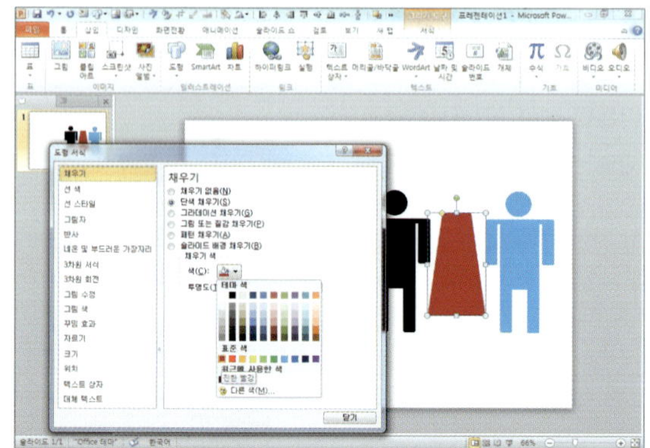

14 생성된 [사다리꼴]을 다음
과 같이 배치하여 마우스 오른쪽
버튼을 눌러 [맨 뒤로 보내기]를
클릭해주세요.

15 다음과 같이 완성됐습니다!

만들어진 픽토그램은 다음과 같이
응용할 수 있습니다!

1 다음과 같이 표어를 텍스트로 작성해주세요.

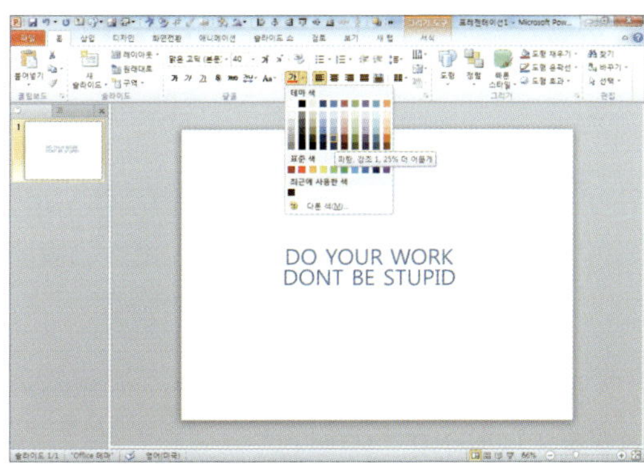

2 [삽입] – [도형]에서 타원을 생성하여 다음과 같이 배치해주세요.

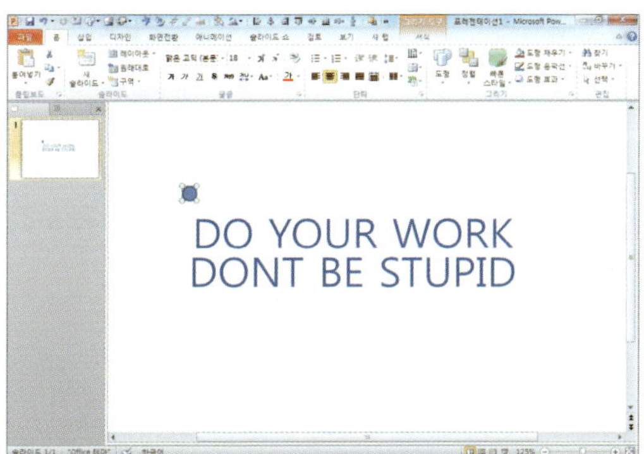

3 생성된 타원을 마우스 오른쪽 버튼을 눌러 [도형서식] – [채우기] – [단색 채우기] – [색: 파랑] – [선색] – [선없음]을 설정해주세요.

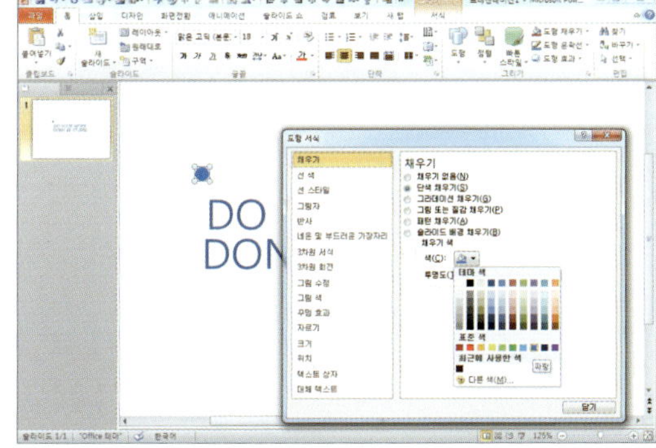

4 [삽입] – [도형]에서 [선]을 생성해 다음과 같이 배치해주세요.

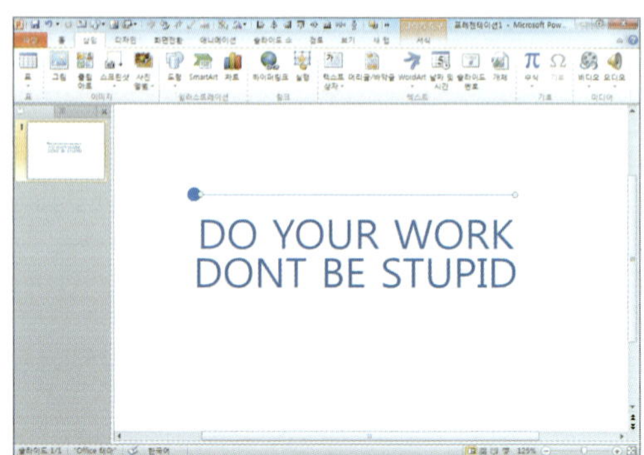

5 생성된 [선]을 마우스 오른쪽 버튼을 눌러 [도형서식] – [선스타일] – [너비 0.75] – [대시종류] – [파선]으로 설정해주세요.

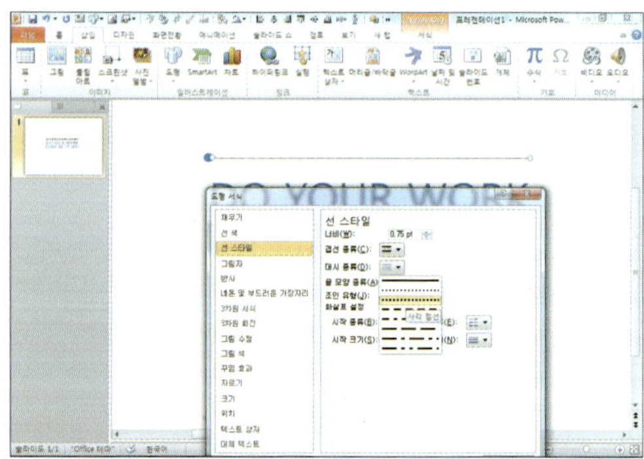

6 만들어진 선과 도형을 Ctrl + C 를 눌러 복사하여 다음과 같이 배치해 주세요.

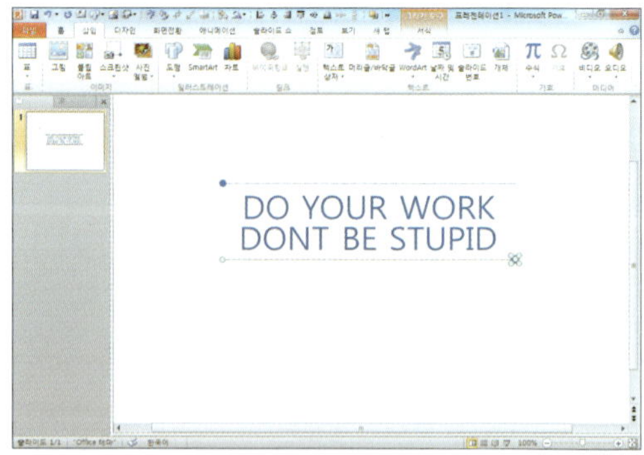

7 정말 간단하게 만든 심플한 표어가 완성되었습니다!

배경색	글자색
R:146	R:39
G:192	G:37
V:216	V:40

배경색	글자색
R:229	R:255
G:68	G:255
V:102	V:255

배경색	글자색
R:255	R:38
G:255	G:120
V:255	V:106

배경색	글자색
R:255	R:101
G:213	G:8
V:103	V:63

배경색	글자색
R:133	R:227
G:105	G:227
V:166	V:51

배경색	글자색
R:182	R:234
G:72	G:217
V:97	V:209

배경색	글자색
R:120	R:254
G:142	G:248
V:254	V:0

배경색	글자색
R:0	R:249
G:0	G:42
V:0	V:94

배경색	글자색
R:255	R:72
G:255	G:140
V:255	V:19

배경색	글자색
R:56	R:188
G:56	G:182
V:56	V:156

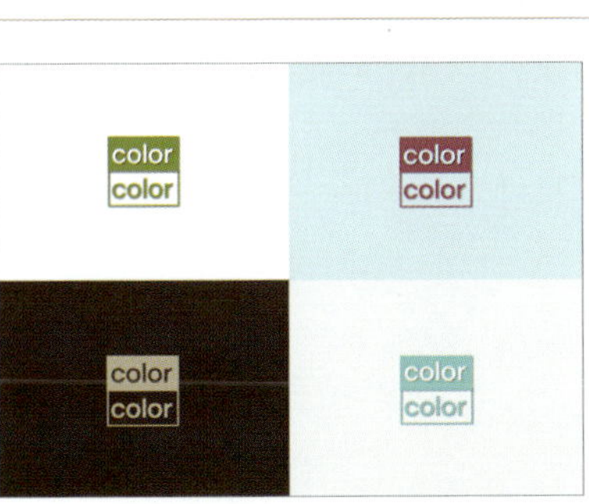

배경색	글자색
R:204	R:148
G:234	G:54
V:244	V:90

배경색	글자색
R:255	R:21
G:255	G:202
V:255	V:211

배경색	글자색
R:227	R:129
G:171	G:2
V:200	V:19

배경색	글자색
R:255	R:33
G:255	G:29
V:255	V:30

배경색	글자색
R:64	R:255
G:64	G:192
V:64	V:0

배경색	글자색
R:153	R:229
G:221	G:23
V:148	V:131

UnivPT의 아름다운 美친 짓에 빠졌다는 사람들! 프레젠이션이라는
하나의 끌림으로 모인 그들은 과연 얼마나, 어떻게 변할 수 있었을까요?
그들의 성장 스토리, 지금부터 들려드리겠습니다.

01 "PT를 특기로 삼성맨이 된 남자?"

02 "공대생이었던 남자가 PT디자이너로 변신!?"

03 "대학교 출강, 실무프로젝트, 방송까지 출연한 여대생"

프레젠테이션, 이야기 다섯, 그리고 유피

아아! 마이크테스트! 하나, 둘, 셋!
안녕하세요? 리포터 약파는 쑥눈썹입니다.

이번에는 'PT라는 하나의 이끌림이 바꾼 인생'이라는
주제로 특집! 인터뷰를 전해드리겠습니다. 제일 먼저
들려드릴 인터뷰는 **PT를 특기로 삼성맨이 된 남자 이야기**입니다.

취업에 PT공부를 하면 도움이 된다는데 정말일까?

이런 궁금증을 가지신 취업준비생 여러분들을 위한 선물입니다. 하하하! PT를
공부하고 나서 당당히 삼성맨이 됐을 뿐만 아니라 세상을 보는 시각까지 달라
지게 됐다는 허성만씨의 이야기를 들려드릴게요.

그 다음, 두 번째로 준비한 인터뷰는 **공대생이었던 남자가 PT디자이너로 변신한 이
야기**입니다.

전공이랑은 관련이 없는데, 내가 좋아하는 일을 할 수 있을까?

이러한 고민을 하고 계시 분들을 위한 선물입니다. '공대생은 PT를 못한다 또
는 PPT를 못 만든다.'라고 흔히 생각하신 분이라면 깜짝 놀라실 이야기죠. 자
신의 전공과는 무관한 분야를 과감히 선택하고, 지금은 멋지게 현업에서 근무
하고 있는 박성용씨의 이야기를 준비했습니다.

그리고 마지막은 두구두구두구. **대학교 출강, 실무프로젝트, 방송까지 출연한 여대
생 이야기**입니다.

대학생이 할 수 있는 일에는 한계가 있는 것 같아.
다양한 경험을 하고 싶은데 어떻게 해야 하지?

이렇게 생각하시는 분이라면 두 눈 크게 뜨고 주목해주세요! 대학생이지만 정
말 다양한 경험들을 하며 바쁘게 살아가고 있는 이가은씨의 이야기를 전해드
릴게요. 그럼 지금부터 3가지의 특별한 이야기를 들려드리겠습니다! 렛츠 고!

chapter 1

PT를 특기로
삼성맨이 된 남자?

Q 성만 씨는 PT공부를 왜 시작하신 건가요?

A 군대에 있을 때, 자격증 하나를 따면 1박 휴가를 주는 게 있었어요. 그래서 그때 MOS를 도전했고 처음 파워포인트를 접하게 됐죠. 사실 1학년 때에는 누가 PPT를 잘 만들어도 막연하게 '멋있다'라고 생각했지 크게 관심을 갖지는 않았어요. 그런데 자격증을 딴 이후로는 PPT에 자꾸 눈이 가더라고요. PPT에 관심이 생기다보니 만드는 게 정말 재밌었어요. 처음엔 애니메이션 잔뜩 넣어 화려하고, 예쁜 PPT를 만들려고 했었던 것 같아요. 예쁜 PPT = 좋은 프레젠테이션이라고 생각했었죠. 얼마되지 않아 PPT는 발표의 도구일 뿐 주가 되선 안된다는 것을 깨닫고 프레젠테이션에 관심을 갖게 되었죠. 그렇게 PPT로 시작된 관심이 프레젠테이션으로 자연스럽게 온 거죠. 그래서 프레젠테이션에 초점을 맞추고 PPT가 베이스가 되는 공부를 원하게 됐어요. 그리고 저랑 같은 생각을 가진 친구들을 모아서, 대학생의 의견이 반영되는 대학생을 위한 스터디를 만들었고요. 그렇게 유피가 시작됐죠.

Q 그럼, 원래 PT를 잘 하시는 편이었나요?

A 원래는 프레젠테이션이라는 그 단어도 몰랐고, 대중 앞에서, 사람들 앞에서 말하는 걸 떨려했고……. 지금 생각해보면 진짜 PT못했던 것 같아요.…(잠시 생각)… 아, 진짜 못했던 것 같아. 사실 말도 조리 있게 하지 못했고, 횡설수설의 대표본이었죠. 예전에 학교에서 한 명씩 나와서 5분씩 발표를 하는 자리가 있었는데요. 그때 제가 나가서 발표를 하게 됐어요. 그때 5분이라는 짧은 시간 동안 얘기를 하는데도 아이들이 문자를 보내는 등 다 딴 짓을 하고 있었죠. 완전 나 혼자만 하는 PT? 제 발표에 아이들이 집중하면 더 떨릴 걸 알았기에 내심 다행이라고 생각하면서, 수업 시간에 집중하지 않는 아이들을 탓했죠. 제가 잘못한 거라고는 생각을 못하고요. 제가 청중이 듣고 싶은 얘기를 못해주니까 그들이 딴 짓을 하는 건데 그때는 그걸 몰랐죠. 하하

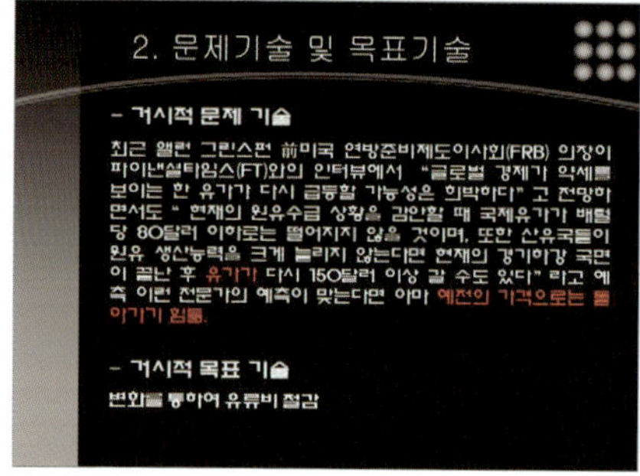

처음에 그가 만든 PT 슬라이드

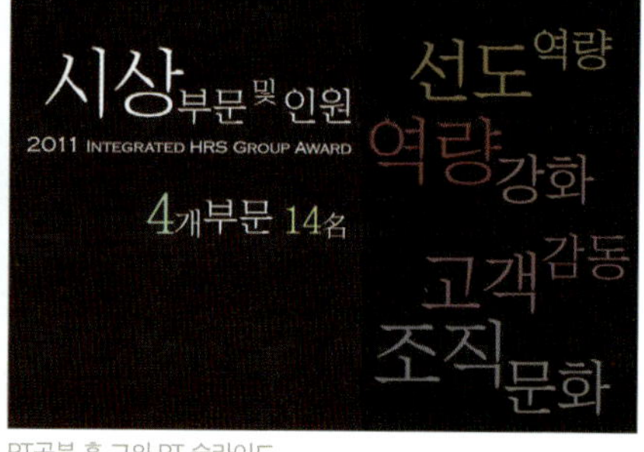

PT공부 후 그의 PT 슬라이드

Q 처음에는 잘 못하셨군요! 그럼 어떻게 PT실력이 늘게 되신 건가요?

A 다른 사람의 PT를 보는 게 많이 도움이 되요. 저는 유피 활동하면서 친구들 PT를 보면서 정말 많이 늘었죠. 친구들의 PT를 많이 보면서 '저렇게 하면 청중이 보기에 좋구나.', '저렇게 하는 건 좀 별로인데?' 라고 생각하면서 내가 무대 위에서 어떻게 해야 할지를 배우게 되거든요. TED 등의 프레젠테이션 관련 영상도 많이 봤죠. 그렇게 공부한 이론을 실전에 적용시켜 보려고 노력했어요. 그리고 PT를 잘하기 위해서는 당연히 PT를 많이 해보는 것도 중요하죠.

Q PT를 특기로 대기업에 입사하셨다고 들었는데, 취업에 PT 능력이 정말 도움이 되나요?

A 제가 취업한 거에 50% 정도는 PT와 유피 때문이었을 거예요. 나머지 50%는 제 성적, 스펙,

성격 등등이었겠죠. 저는 전공이 산업공학과였는데 전공분야 중에서도 특히 IT에 관심이 많았어요. 그런데 이 분야에서 유명한 회사가 삼성SDS이었죠. 그래서 2010년 2월, 인턴을 지원했어요. 그리고 다행히 이 때 운이 좋아서 SSAT를 통과하고, PT면접을 볼 수 있었죠. 면접장에서 문제를 하나 줬는데 풀이 시간은 40~50분 정도였어요. 그리고 문제를 풀어가는 방법을 정리해서 발표를 5분 정도 하는 형식으로 진행됐어요. 답변은 'A프로젝트를 계속 진행한다.'와 'A프로젝트를 포기한다.' 두 개 중에 선택해야 했어요. 순간 눈치를 챘죠. '어떤 답변을 선택하는 건 중요치 않다. 내 의견을 얼마나 설득력있게 면접관들에게 전달할 수 있는가가 중요하다.' 당시 저는 유피 활동을 할 때여서 PT 공부를 많이 하고 있었고, 어떤 스타일의 PT가 이 면접에서 통할지 확신이 있었죠. '이런 면접 PT에서는 의견을 마지막에 말하는 미괄식 구성보다는 양괄식으로 진행하는 게 내 의견을 좀 더 잘 전달할 수 있겠다. 먼저 "A프로젝트를 포기해야 합니다."라고 명확하게 내 의견을 말한 뒤, 그래야만 하는 3가지 이유에 대해서 말해야겠다. 첫째 이유를 말할 때는 손가락으로 하나를 표시하고, 둘째 이유를 말할 때는 둘을 표시하고, 셋째 이유를 말할 때는 셋째라는 단어보단 마지막으로라고 해야겠다. 그런 뒤 앞서 말한 내용을 정리하며 다시 한 번 내 의견을 배에 힘을 주고 목소리 볼륨을 살짝 키워 또박또박 이야기 해야지.' 그리고 마음속으로 리허설도 한 세 번 정도는 한 것 같아요. 그리고 PT면접이 시작됐죠. 면접을 시작할 때에는 면접관 2분만 저와 눈을 맞췄었는데 제 PT가 다 끝나고는 면접관 5분 모두 저를 보고 있었죠. 입이 바짝바짝 마르고, 목소리는 떨렸지만 '무사히 마쳤구나.'라고 생각했어요. 아마 PT 공부를 하지 않았다면 제가 말하고 싶은 걸 제대로 말하지 못했을 거고 횡설수설 했겠죠. 그랬다면 면접에서 떨어졌을지도 모르죠. "회사에서 프레젠테이션 능력이 굉장히 중요한 역량인데 대학생이 이렇게 프레젠테이션에 관심이 많고 꾸준히 공부를 하고 있다는 사실에 매우 놀랐다."라는 이야기를 듣고 면접장소를 나왔네요. 정직원이 되고 그 면접관님과 회사 건물에서 마주쳤는데 저를 기억하고 계셔서 신기했어요.

Q 입사 후에도 PT 능력이 필요한가요?

A 당연히 필요해요. PT는 어디서 어떻게 할지 모르거든요. 사실 저는 PT를 할 기회가 많은 편은 아니에요. 교육 강의를 하는 것까지는 포함해서 1년에 3~5회 정도 하거든요. 그런데 저는 소프트웨어를 운영하는 사람이기 때문에 PT기회가 많지 않은 거고, 영업, 마케팅 부문은 평소에도 많이 해야 할 거예요. 그렇지만 PT를 할 기회가 많지 않은 제게도 PT 능력은 필요하죠. 저는 지금은 소프트웨어를 운영하는 사람이지만, 나중엔 시스템을 기획하는 사람이 될 수도 있고, 제안하는 하는 사람이 될 수도 있잖아요? PT를 언제 하게 될지 모르는 거죠. 그리고 사실 회사에서 사원들을 평가할 때 좋은 게 PT기도 해요. 그 사람이 뭘 하고 있는지 딱 보이는 게 PT거든요. 그래서 저희 회사는 사원 평가지에 PT 능력이라는 칸도 따로 있죠. 그리고 사내에 PT대회도 매년 열

리고, PT자격증 제도도 있고요. 그리
고 신입사원 때는 정말 PT를 할 기회
가 많아요. 회사생활이 PT의 연속이
라고 봐도 될 정도로요.

그의 강의 모습

Q 많은 PT를 하셨을 텐데 특별히 기억에 남는 PT가 있으신가요?

A 신입사원 교육을 받을 때 팀별로 했던 PT가 가장 기억에 남아요. 창의적인 IT상품이나 IT서
비스에 대해 제안하는 발표를 하는 거였어요. 5분짜리 짧은 PT였지만 준비할 시간이 별로 없었
죠. 팀원들은 저를 발표자로 추천했고, 제가 발표자로 나가게 됐죠. 상품은 팀별 회의를 통해 정
해져 있었지만, 그걸 어떻게 발표할지는 저의 몫이었어요. 그래서 어떻게 이 상품을 풀어내야 청
중들이 재미있어 할까, 이 아이디어가 현실성이 있게 들릴까를 계속 고민했죠. 당시에 청중이 동
기들, 실무팀, 인사팀해서 한 300명 정도 됐는데, 모두 발표가 끝나면 질문을 하기 위해 기다리
고 있었고, 팀원들은 제가 유피를 한 걸 알고 제 발표를 기대하고 있는 상황이었죠. 그렇게 많은
청중 앞에서 발표를 한 건 회사에 들어와서 처음이었고, 팀원들의 기대도 받고 있어서 PT를 하기
전 긴장을 많이 했었어요. 그런데 막상 PT를 하기 위해 무대에 올라가서는 의연하게 발표를 했
고, 좋은 현장반응을 받았죠. 제 PT가 끝난 후 인사팀분이 제 이름을 물어보고 적기도 하셨죠. 그
리고 팀원들도 프레젠테이션을 잘한다는 얘기를 계속 해줬고요. 그 때 '대학생 때 공부한 게 회사
에서도 통하는 구나. 내 공부가 헛되지 않았구나.'라는 생각이 들어서 정말 기분이 좋더라고요.

당시 그의 PT 모습

Q 대학생이 하는 PT와 직장인의 PT가 다르다고 하는데 정말 그런가요?

A 사실 대학생의 PT든 직장인의 PT든 근본은 같죠. PT를 잘하면 잘 한 거고, 못하면 못 한 거잖아요. 대학생의 PT나 직장인의 PT나 똑같은 거죠. 3P를 분석해서 청중이 좋아하는 스타일로 발표를 준비하면 되는 거지, 회사PT 따로 대학생PT 따로는 아니에요. 굳이 비교를 하자면 직장인의 PT가 대학들이 하는 PT보다는 경직되어 있긴 하죠. 새로운 스타일의 PT를 시도하려고 하지 않거든요. 물론, 조금씩 바뀌고 있지만, 그 흐름이 더디죠. 그래서 저 같은 경우는 전형적인 스타일의 PT와 새로운 스타일의 PT를 절충시켜요. 그리고 이러한 PT도 당연히 3P 분석을 통해서 해야 하죠. 청중이 틀에 박힌 PT를 원한다면 그렇게 하는 거고 그렇지 않다면 새로운 틀로 하는 거예요. 투자가한테는 상품의 시장성에 대해서 PT를 준비해야 하는 거고, 그 상황과 목적에 맞게 PT를 준비하면 되죠. 그래서 대학생 때 다양한 스타일의 PT를 해보는 게 좋다고 생각해요. 다양한 스타일의 PT를 해봤기 때문에 정석적인 PT와 새로운 형식의 PT, 그 중간에 서있을 수 있거든요. 한 쪽이 과하지 않게 발표를 잘 하는 거죠.

다양한 스타일의 PT를 공부하는 그의 모습

Q PT를 준비함에 있어서 가장 중요하게 생각하시는 게 뭔가요?

A 3P 분석이에요. PT에서 중요한 게 여러 가지가 있을 수 있지만, 3P를 무시하는 사람은 절대 최고의 PT를 할 수는 없어요. 그러니 가장 중요한 것이 3P죠. PT는 내가 말하고 싶은 걸 말하는 게 정답이 아니거든요, 내 이야기를 들을 사람이 듣고 싶어 하는 말을 해야 하는 거죠. 그 사람이 듣고 싶어 하는 것에 자신이 하고 싶은 이야기를 녹여서 말이에요.

Q **평소 습관 등에서 PT할 때 도움이 된다고 생각하시는 것이 있으신가요?**

A 2가지가 있는데 먼저, 중얼대는 습관이에요. 길거리를 다니면서 혼자 엄청 중얼대는 거죠. 전화하는 것처럼 보이려고 이어폰을 귀에 꽂은 뒤에 PT리허설을 중얼대면서 하는 거예요, '안녕하세요. 발표를 맡게 된 허성만입니다.'라고 계속 말하는 거죠. 그렇게 녹음을 하기도 하고요. 리허설을 할 시간이 없으니까요, 이렇게 출근시간이나 퇴근시간에 말하는 거예요. 그리고 이 습관 덕분에 이제는 PT주제를 누가 던져줬을 때 기획부터 리허설까지 머리로 다 끝낼 수 있을 거 같아요. 하하 두 번째는 노트하는 습관이에요. 생각나는 거 있으면 적어두는 거죠. 일이든, 사업이든, 유피든, PT든, 생각을 하면서 끄적이는 거죠. 이게 아이데이션에 참 도움이 되는 것 같아요.

Q **PT를 하시면서 혹시 본인에게 변화가 있으셨나요?**

A 사물을 바라보는 시각이 달라졌죠. PT는 청중들과 소통을 하는 거예요. 음악은 가수가 팬들과 소통을 하는 거고, 제품은 기업이 고객과 소통을 하는 것이죠. 그래서 모든 것에 '왜?'라는 질문을 굉장히 많이 던지기 시작했어요. 사물이 불필요하다고 생각하면 소통이 잘 이루어지지 않은 거라고 생각했고, 그걸 어떻게 고칠 수 있을까 고민하는 거죠. 심지어 이런 것 까지요. 예를 들어 술자리에서 테이블 높이가 너무 낮아서 불편하다면 거기서 먹는 손님의 만족을 못시켜주는 거잖아요. 그럼 어떻게 고쳐야할지 생각해보는 거죠. 이 사람은 뭘 좋아할까 뭘 재밌어할까를 생각하다보니까 모든 거에 이런 게 적용이 되어 버린 거죠. 에스컬레이터를 타고 내려왔는데 계산대가 정면에 없다면, '왜 사람들이 좋아하는 건 이건데 이렇게 했을까?'라고 고민을 해보는 거죠. 이성을 만날 때도 똑같은 것 같아요. 이 사람이 좋아하는 것은 뭔가 고민하는 거죠. 사실 그러다보니 연애에서도 이득을 봤죠. 하하하. 그리고 사실 이게 제 업무에도 중요해요. 제가 수강신청 화면을 만드는 일을 한다면, 저는 제가 만든 수강신청 시스템을 쓰는 고객들, 학생들이 '어떻게 해야 이 시스템을 불편하게 생각하지 않을까?'를 항상 고민해야 하죠. '이런 배치보다는 저런 배치가 자연스럽게 생각하지 않을까?'라고 고민하는 거예요. 이렇게 PT를 하면서 사물을 봐도 사람을 생각하게 되었죠.

Q **좋은 PT란 어떤 PT라고 생각하시나요?**

A PT에 조금 관심이 생겼을 때는 말할 때 버벅이지 않고 PPT를 예쁘게 만들면 좋은 PT를 한 거라고 착각했어요. 떨지 않고 제가 하고 싶은 말을 다 하고 내려왔다면 그 PT는 잘된 거라고 생각한 거죠. 그런데 PT를 공부하면서 그게 아니라는 걸 깨달았어요. 말을 빠르게 하더라도, 버벅이

더라도 기획을 잘해서 청중과 소통을 잘한 PT가 좋은 PT죠. 조금 버벅이면 어때요? 사투리를 쓰면 또 어때요, 자신이 전하고 싶은 메시지를 청중과 잘 소통할 수 있다면요. 중요한 건 사실 이런 거죠. 3P를 생각하면서 그들에게 어떤 얘기를 해야 할지, 스토리라인을 어떻게 구성할지를 고민하면서 시간을 많이 보내고, 그 메시지를 가지고 청중과 잘 소통하는 것. 그게 좋은 PT죠.

Q 아직은 PT를 잘 못하는 사람들에게 해주고 싶은 말이 있다면?

A PT를 잘하고 싶다고 생각하면 PT공부를 하길 바랍니다! 영어를 못하면 영어학원도 다니고 영어공부를 열심히 하잖아요? PT도 마찬가지죠. PT를 못하면 PT공부를 해야 해요. PT스터디를 해서 발표를 직접 해보는 거죠. 책이나 강의를 보는 것보다는 자신이 직접 발표를 하고, 녹음도 해보고 피드백도 받고 그랬으면 해요. 그래서 무대를 많이 찾아갔으면 좋겠어요. 확실히 많이 서야 늘거든요. 저도 계속해서 무대를 찾고 싶은 걸요? 하하. 그리고 혹시 PT를 하는 자리가 부담스럽고 자신감이 없다면 PPT가 도움이 되어줄 수 있어요. PPT는 발표의 도구죠. 도구가 좋다면 없던 자신감이 조금이나마 생길 수 있지 않겠어요? 사실, 대학생 발표에서 PPT를 정말 잘 만들었다면 청중들의 반은 사로잡을 거예요. 그러니 발표에 자신감이 없다면 PPT공부를 열심히 하는 것도 추천해 드리고 싶어요.

chapter 2

원래는 공대생!
지금은 PT 디자이너?

Q 공대생은 PT를 할 일이 별로 없을 것 같은데, PT에 처음 관심을 갖게 된 이유가 뭔가요?

A 저는 원래 '컴퓨터공학과'였죠. 그렇게 컴퓨터 공학과가 제 적성에 맞는 줄 알고 공부를 했습니다. 그런데 3학년이 되고 나서 갑자기 슬럼프에 빠졌어요. 심화된 전공과목들을 들으면서 너무 어렵기도 하고, 이게 내 길이 아닌 것 같다는 생각을 하게 된 거죠. 그래서 원래는 교내 컴퓨터 동아리를 하다가 대외활동으로 눈을 돌리게 됐습니다. 처음으로 대외활동을 하면서 실무자 앞에서 발표를 해야 하는 순간이 찾아왔죠. 그런데 자구 까먹고, 버벅이며 의욕만 앞선 발표를 하고 있더라고요. 결국 제 발표는 "그렇게 하면 안 된다. 발표를 못 한다."라는 혹평을 받았죠. 그래서 발표를 잘하고 싶었고, 혼자 책을 찾아보며 공부를 하기 시작했습니다. 그러다 문득 발표동아리가 있겠다고 생각했고, 유피를 통해서 PT를 본격적으로 배우게 됐습니다.

Q 전공과 무관한 PT디자이너를 직업으로 택하셨는데, 혹시 디자이너가 된 특별한 계기가 있나요?

A 이전에 저는 평범한 대학생이었습니다. 중간고사가 다가오면 족보 어디서 구할지 찾는 그런 평범한 학생이었죠. 그런데 유피를 통해 매주 PPT를 만들게 되면서 바뀌게 됐어요. PPT를 만드는 거에 몰입하면서 자연스레 다른 스펙들에 대한 고민을 내려놓았죠. 다른 친구들처럼 학점 고민, 토익점수 고민도 별로 많이 하지 않았어요. 오로지 PPT를 어떻게 하면 잘 만들까에 대해 고민했던 것 같아요. 지금 생각해보면 위험한 선택이었을지도 모르죠. 처음에 유피에 들어올 때는 발표를 어떻게 하면 잘할까에 대해서 고민했었는데, 나중에는 점점 PPT에 만드는 거에 집중하게 됐어요. 처음에는 저도 PPT를 잘 만드는 편이 아니었지만 디자인에 대해 많이 고민하다보니 어느새 여기저기서 PPT 만드는 것 좀 도와달라고 부탁을 하더라고요. 다른 사람의 PPT 만드는 걸 도와주고 그 사람이 그 PPT를 통해서 좋은 결과를 얻으면서 보람을 느꼈어요. 물론 그들의 PT내용이 좋은 탓일 수도 있지만, 어쨌든 제가 도움이 된 거잖아요? 예전에 제가 PPT를 만들어준 친구의 발표를 보러갔을 때, 사람들이 PPT만 보면1등이라고 했던 적이 있어요. 그때 얼마나 기분이 좋던지 하하! 그러면서 자연스럽게 PT디자이너의 길로 들어선 것 같아요. 주변에 PT디자이너가 되고 싶다는 친구들이나, 선례가 없어서 많이 고민을 하긴 했지만 운명이었다고 해야 하나? 그냥 자연스러운 과정이었어요.

그가 디자인한 슬라이드

Q 본인의 PT 디자인 실력을 늘게 해준 게 뭐라고 생각하시나요?

A 여러 번 만들어 보는 거죠. 저는 적어도 매주 PPT를 1개씩 만들었어요. 그러면서 디자인적인 고민을 많이 하게 됐죠. 툴을 많이 다뤄보고 고민하는 것! 연습이 실력을 높여주는 건 너무 당연하가요? 하하! 그리고 처음 디자인을 공부할 때는 광고디자인을 주의 깊게 봤어요. 지하철 탈 때도 지하철에 걸려있는 광고들을 유심히 봤죠. '이미지는 어떤 걸 쓰는지', '글씨는 어떻게 배열하는지', '색은 어떤 색을 쓰는지', '폰트는 어떤 걸 쓰는지' 이런 것들을 하나하나 관찰하는 거죠.

나중에는 폰트도 여러 개 외워서 광고들을 보면서 이건 무슨 폰트인지 맞추는 놀이도 했어요.

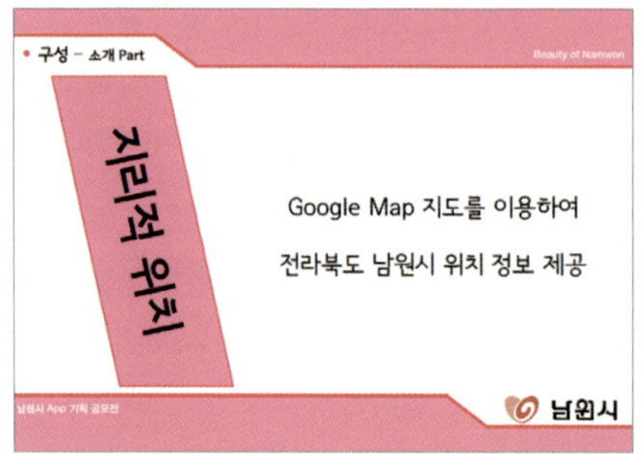

초기 그의 PPT

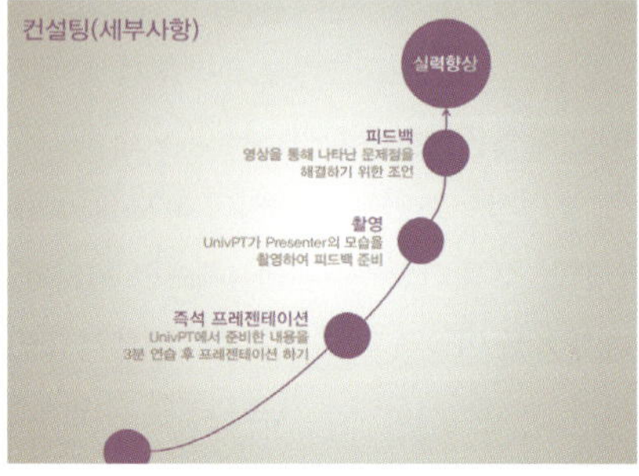

유피 활동 직후 그의 PPT

Q 디자인학과를 졸업한 분들과 비교해서 PT디자인을 할 때에 힘든 점이 있으셨나요?

A 확실히 힘든 부분이 있긴 했어요. 디자인적인 발상과 그걸 표현하는 능력에 차이가 있거든요. 그래서 저는 다른 잘 만든 PT를 많이 찾아보고 따라 만드는 연습을 했어요. 잘 만들어진 PPT는 레이아웃, 크기, 배치, 색, 모양, 그들의 조화 등이 잘 되어 있어요. 사람들은 이런 PPT를 보고 설명을 못할 뿐이지 다 좋다고 느끼는 거죠. 이런 걸 일일이 생각하지 않아도 몸으로 체득할 수 있도록 하면서 처음에 디자인에 대한 감을 키웠어요. 디자인을 배우지 않은 사람에게 모방은 확실히 도움이 되거든요. 물론 그대로 따라 만드는 건 아니죠. 잘 만들어진 요소들을 보면서 새롭게 응용하기도 하고, 제 스타일로 변화시켜보기도 했어요.

Q PT디자인을 할 때 가장 중요하게 생각하는 것은 뭔가요?

A 저는 개인적으로 표지에 가장 많은 신경을 씁니다. 물론, 잠시 동안 보여주고 넘어가는 부분이라서 중요하게 생각하지 않으시는 분들도 있죠. 그런데 저는 뒤에 어떤 내용이 나올 거라는 느낌을 표지에 주고 싶어요. 디자이너의 입장으로서 그걸 시각적으로 풀어주는 게 필요하다고 생각해요.

Q 잘 만들어진 PPT란 어떤 PPT라고 생각하시나요?

A 글씨를 적게 쓴 PPT요. 이게 사실 가장 어려운 부분인데요. 길게 쓰인 글을 줄여서 간편하게 볼 수 있게 만드는 거죠. 단순히 줄이는 게 아니라 필요한 내용은 부각시키면서요. PPT의 내용이 이해가 잘 되도록 간단히 만들면서, 강조될 부분은 확실히 강조된 PPT! 그게 좋은 PPT라고 생각해요.

A 저는 글씨부터 넣는 편이에요. 글씨배치부터 먼저 해서 이미지를 어디다 넣을지 구성하는 거죠. 글씨의 자리를 먼저 잡고 슬라이드 전체가 어떤 모습이 되어야하는 지 떠올려 봐요. 그럼 이제 글이 잘 이해가 되면서 예쁘게 만들기 위해서는 어떤 이미지를 넣어야 하는지, 어디에 넣어야 하는지가 떠오르죠.

동물사랑 체험 행사
내년 세계 환경의 날을 맞이해서 저희는 동물사랑 체험행사를 기획하고자 합니다. 행사는 크게 3가지로 진행될 예정입니다.

첫 번째, 아기 자이언트팬더에게 우유주기행사입니다.
여러분, 모두 팬더를 알고 계시죠? 팬더는 우리에게 많이 알려져 있는 친숙한 동물이죠.
여러 가지 캐릭터로 만들어지기도 했고요. 그런데 자이언트팬더가 세계 5대멸종위기의 희귀동물인 걸 알고 계셨나요?
팬더의 서식지는 공장이 들어서면서 점점 사라져갔고, 결국 멸종위기에 처하게 됐습니다.
이번 환경의 날에는 아기 팬더에게 우유주기 행사를 통해서 팬더가 처한 위험에 대해서 알리고,
자연파괴의 심각성에 대해서 알리고자 합니다. 위 행사는 서울 소재의 OO동물원에서 환경의 날 당일인 6월 5일 진행될 예정입니다.

두 번째 체험 행사는 친환경 오리농법 체험하기입니다.
친환경 오리농법 한 번쯤 들어는 보셨죠? 최근 10여 년 동안
논에 오리를 기르면서 벼도 재배할 수 있는 오리농법이 빠르게 보급되고 있습니다.
벼농사를 할 때 농약을 쳐서 잡초와 해충을 없애는 게 아니라
오리를 기르면서 자연스럽게 잡초와 해충을 제거할 수 있는 방법이죠.
게다가 농사도 지을 수 있고, 오리도 기를 수 있어서 논을 더 효율적으로 이용할 수 있습니다.
자연과 삶을 마주치는 경험이 적은 요즈음, 이번 행사는 부모님과 아이가 함께 하는 체험을 통해 농민들의 일손도 덜어줄 수 있고,
재미있는 경험을 통해 추억도 쌓을 수 있는 기회가 될 것입니다.
이번 행사는 친환경 농사로 유명한 홍성군에서 5월 27일부터 6월 7일까지 진행할 예정입니다.

마지막으로 양몰이 체험행사입니다.
이솝우화에서만 나오는 것 같았던 양치기 소년이지요?
실제로 양치기 소년이 되어볼 수 있는 양몰이 체험행사를 진행하고자 합니다.
양치기개들과 호흡을 맞춰서 양몰이를 체험하고 같이 산책을 하며 자연을 즐길 수 있는 양몰이 체험이지요.
이번 체험을 통해서 도심과 떨어져 자연을 바라보고 마음의 여유를 얻는 시간을 가지실 수 있습니다.
양몰이 체험행사는 강원도 평창군에 소재하고있는 OO목장에서 5일 진행할 예정입니다.

이런 대본이 있다고 하면 먼저

아기 자이언트팬더에게 우유주기

세계 5대멸종위기의 희귀동물

팬더가 처한 위험과 자연파괴의 심각성에 대해서 알림

장소 : 서울 소재의 OO동물원

일시 :환경의 날 (6월 5일)

**동물사랑
체험 행사**

양몰이 체험

양치기개들과 호흡을 맞춰서 양몰이를 체험하고
같이 산책을 하며 자연을 만끽
도심과 떨어져 자연을 바라보고 마음의 여유를 얻는 시간

장소 : 강원도 평창군 OO목장

일시 : 6월 5일

친환경 오리농법 체험

부모님과 아이가 함께 재미있는 경험을 통해 추억 쌓기

장소 : 홍성군

일시 : 5월 27일 ~ 6월 7일

이런 식으로 슬라이드에 들어가야 하는 글씨들 보기 좋게 배치해요. 그리고 이 다음에 어떤 이미지를 써야 좋을지, 어디에 위치시킬지 구상하는 거죠.

이렇게요. 이렇게 디자인을 하면 중요한 글씨들이 눈에 띄면서 잘 이해되는 슬라이드를 만들 수 있죠.

Q PT디자이너를 하면서 대학생 때 만드는 것과 가장 다르다고 생각하시는 부분이 어떤 건지요?

A 글씨가 많은 게 가장 달라요. 대학생 때 만들던 슬라이드의 2배 정도 분량의 글씨가 들어가는 것 같아요. 그런데 기업에서 빼면 안 되는 내용이라고 하니까 마음대로 몇몇 단어를 꼽아서 슬라이드에 넣을 수도 없는 거죠. 기업은 핵심단어와 서브단어를 다 써주기를 바라거든요. 그래서 이렇게 많은 글씨를 어떻게 잘 보일 수 있도록 할 건지가 더 중요해요. 중요한 부분이 확실히 부각되어야 하니까요.

Q PPT를 잘 못 만드는 사람들에게 해주고 싶은 말이 있다면?

A 템플릿을 다운받는 것. 이거 제일 하지 않았으면 해요. 템플릿을 써서 예쁜 배경과 이미지를 만들어놨다고 생각하시잖아요? 그런데 이 템플릿에 의존해서 '이 템플릿을 쓰면 더 예뻐 보이겠구나.'라고 생각하지 않았으면 좋겠어요. 그에 어울리는 폰트와 색은 사실 찾기 어렵거든요. 어울리는 폰트랑 색을 쓰지 못하는데 템플릿은 적용시켜 놓으니 그냥 촌스러운 PPT가 완성될 확률이 높죠.

A 우선, 책을 2권 소개해드리고 싶어요.

먼저, 'slide:ology'(낸시 두아르떼 저)라는 책인데요. PT 디자인을 할 때 정말 좋은 책이에요. 특히 색에 대해서 잘 설명이 되어있어요. PPT를 만들 때 주되게 사용하는 색은 어디서 가져와서 쓰는 게 좋은지, 색은 어떻게 조화를 이루는지 등에 대해서 자세히 설명되어 있죠.

그리고 'Before & After HOW TO DESIGN COOL STUFF'(존 맥웨이드 저) 이 책도 정말 좋아요. 이 책은 앞의 책보다는 디자인 이론에 가까운 책인데요. 예시를 보여주면서 똑같은 내용을 이렇게 풀어줄 수 있다고 설명되어 있어서 이해가 쉽게 될 거에요.

마지막으로 유피카페에 [참고]디자
인 부분을 보면 제가 많은 글을 올리
고 있어요. 보시면 많은 공부가 될
겁니다!

www.univpt.com

A PT를 배우고 싶다면 PT동아리가 좋은 선택이 될 겁니다. PT대회에 나가보니 PT 동아리를 한
친구들은 확실히 다르더라고요. 기획이나 디자인, 발표하는 스킬부분에서도 많은 차이가 있어
요. 일단 동아리에 가입하면 강제로 매주 발표를 하잖아요. PT에 대한 고민을 계속하는 것! 이게
참 중요하니까요. 아니면 디자인 부분은 제 강의를 들어보시는 것도 괜찮죠. 하하하!

chapter 3

대학교 출강
실무프로젝트
방송까지 출연한 여대생

Q 유피에서 PT머신이라고 불린다는데 별명을 얻게 된 이유가 뭔가요?

A 2012 대학생 프레젠테이션 경진 대회에서 대상을 받고 나서 유피 친구들이 장난스럽게 붙여 줬어요. 그리고 PT에 대해 많이 고민을 하는 것도 그 별명을 얻은 이유이지 않을까 싶어요. 유피를 통해서 처음 프레젠테이션을 접하고 매력을 느낀 후에 계속해서 PT를 찾아보고 분석했거든요. 그래서 매주 PT를 할 수 있었던 유피의 활동기수가 끝나고도 PT할 기회를 만들고 다양한 사람들의 피드백을 받으려고 했죠. 세어보니 유피 활동 이후에 약 40회 정도 PT를 했더라고요. 이렇게 PT를 많이 공부하고 욕심이 있어서였는지 PT와 관련된 좋은 경험들도 하게 됐죠. 앞에서

말씀드린 2012 대학생 프레젠테이션 경진 대회에서 대상을 받은 것 이외에도 여러 프로젝트에서 좋은 성과를 얻을 수 있었어요. 덕분에 교내신문사에서 인터뷰를 요청받기도 했었지요. 다른 대학교에 프레젠테이션 강의를 나가기도 했고 실무 프로젝트 같이 진행하기도 했고요. 최근에는 프레젠테이션 수다라는 팟캐스트 방송에 고정 게스트로 출연도 했었습니다. 여러 활동들이지만 다 프레젠테이션과 관련된 경험들이었어요. 그 덕분에 친구들이 그렇게 불러주는 게 아닐까 싶어요. 감사하고 기분 좋은 별명이죠.

Q 정말 대단하신데요, 가은씨는 처음에 어떻게 PT에 관심을 갖게 되신 건가요?

A 어렸을 때부터 말하는 걸 좋아했던 거 같긴 해요. "나는 말로 먹고 살 거야." 이 말을 장난스럽게 많이 했었죠. 아무 것도 모를 때 말이에요, 아무 생각 없을 때. 지금 생각하면 우습죠. 그리고 무대에 서는 걸 좋아했어요. 많은 사람들 앞에서 서서 나를 보여주는 게 참 신났던 거 같아요. 이것저것 많이 한 거 같아요. 연극부, 합창단, 무용 뭐 그런 것들이요. 그러다 대학에 와서는 공연학회와 응원단을 했었지요. 그런데 그 전에는 느끼지 못했던 감정이 느껴졌어요. 분명 무대 위에서 연습한 만큼 잘한 거 같은데 뭔가 채워지지 않는 무언가가 있는 거죠. 그게 아마 '나의 이야기'가 아니라 '누군가가 이미 만들어 놓은 무언가'를 그대로 연습해서 보여주기 때문이었던 것 같아요. 그런 것들을 제가 만들어 내기엔 제 역량이 부족한 거였겠죠? 하하! 근데 프레젠테이션은 제 이야기를 제 목소리로 직접 할 수 있잖아요! 그게 참 좋았던 것 같아요.

A 에이, 아니죠. 그럴리가요……. 흑역사라면 흑역사에요. 공개하기 부끄럽지만 제가 처음 유피에 들어와서 했던 발표를 보여드릴게요. PT를 제대로 배우지 않았던 1주차 PT이죠. 정말 민망하네요. 하하! 보시면 아시겠지만 이때는 PT를 한다기보다 혼자서 뭐라고 하는지 모르겠어요. 혼자말하기 바쁘고 혼자 민망해 하기 바빴죠.

http://cafe.naver.com/univpowerpoint/31226

그녀의 1주차 PT가 궁금하다면 url을 쳐보세요!

A 당연히 유피에서 스터디를 한 게 가장 크고요. 개인적으로는 PT분석과 피드백이 가장 도움이 됐어요. 최대한 PT를 많이 하려고 했고 제가 했던 PT는 영상을 다 남겨뒀어요. 그리고 다시 보면서 어떻게 PT를 했는지 따져봤어요. '3P를 이렇게 분석을 했었지.'부터 '발표는 이렇게 했었지.', '내가 이렇게 하니 사람들이 호응이 좋구나.', '이런 행동은 안 좋아 보이는 구나.', '사람들이 받아들이는 게 내 생각이랑 이렇게 다르구나.'라는 걸 스스로 피드백 했어요. 따로 선배한테 피드백을 부탁드리기도 했지요. 제가 보는 관점이랑 다른 사람의 관점은 또 다를 수 있으니 말이에요. 이런 과정을 반복하면서 조금씩 더 나은 PT를 할 수 있었던 게 아닌가 싶어요. 또 대회 수상작들을 분석하기도 했었는데요. '이 분은 어떤 과정을 거쳐서 이 PT를 완성했을까?'부터 왜 이 PT가 좋은 성적을 받을 수밖에 없었을 지에 대해 생각했어요. 그러면서 깨달은 게요. PT를 잘하는 사람은 삶의 내공이 엄청난 사람이구나 싶은 거예요. 그래서 저도 '삶의 내공을 쌓아야겠구나.' 한 거죠. 내공이란 게 결국 자신만이 가진 스토리인 거잖아요. 스토리를 품고 살자는 슈퍼맨 응가라는 닉네임을 만들게 된 것도 그 이유에서예요. PT에서 삶의 내공까지, 엄청 돌아왔죠? 하하! 다시 질문의 답에 초점을 맞추자면 나의 PT 그리고 다른 사람들의 PT를 분석하고 피드백 하는 과정이 정말 많은 도움이 되는 것 같아요. PT를 잘하고 싶은 독자 분들이라면 완전 추천 드립니다. 이건 혼자 하는 것 보다 친구 몇 명이서 함께 편하게 이야기하는 게 좋아요. 연락주세요. 같이 합시다. 하하!

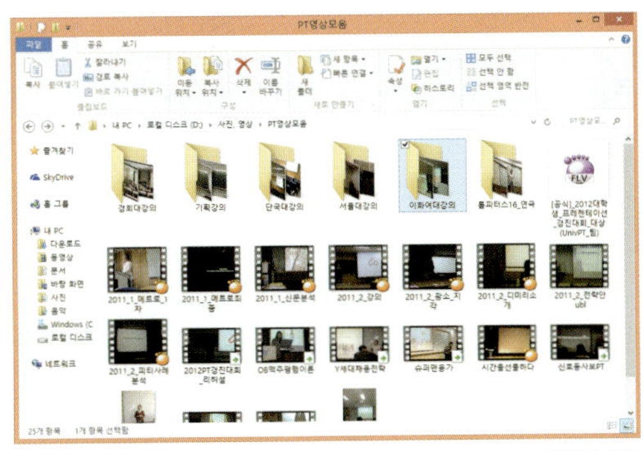

PT영상 모음

Tip. 그녀의 PT 분석 캡쳐본

* 주제 : 3분 안에 자기소개 하기

* 청중 : 교수님, 홍보광고학과 학생들

* 시간 : 3분

* 포인트 : 짧은 시간안에 한 메시지만 기억하게 만들자.

* 키워드 : 3.14

* 메시지 : 3.14의 여유를 가진 이가은입니다.

〈기획〉

3.14라는 친숙한 숫자에 다른 의미를 부여하자.
3분 안에 1명의 4람에 대해 이야기 하라....
3.14 를 이끌어내고

다른 친구들 보다 조금 늦었다는 점 인정하되
강물이 흐르는 사실을 끼워넣자.

강이 직류로 흐르지 않고 구불구불 흐르는 것.
직류로 흐를 때 보다 약 3.14배 둘러 흐른다고 한다.
그렇게 흘러 더 넓은 바다를 향해 끊임없이 흐른다는 것.

이처럼 넓고 깊이 있는 사람이라고 소개하면 되겠다.

〈디자인〉

툴에 대한 제한이 없었지만
학생들 모두가 피피티를 활용함..
아쉬웠던 것은 3분이라는 짧은 시간인데
자신을 기억하게 하지 못하고
피피티만 바라보게 했다는 점...

과감히...
피피티를 버리고
칠판에 키워드를 크게 쓰자

대충 이런 모습이었음...
반응은? 호불호가 명확히 갈림.....ㅋㅋㅋ
사실,, 키워드가 하나고 보여줄게 하나인데 슬라이드를 억지로 많이 만들 필요는 없지 않을까..

준비성이 없어 보이고 발표는 좋았으나 성의가 부족한 발표였던 것 같습니다
파워포인트를 사용하지 않고 발표 이끌어 간 점 눈에 띄었고 조리 있는 말과 강물 비유가 기억에 남네요
PPT없이도 시선을 끄는 발표를 했던 것 같습니다. 표정이나 제스처가 자연스러워 좋았습니다.
피티없이 소개하는 모습이 인상적이었다.
피피티를 안 쓰신 거 치고는 발표내용이 부족한 것 같았습니다. 태도나 말투는 좋았습니다.
모든 학우분들이 ppt를 이용하다가 혼자서만 안쓰셔서 기억에 남았던 것 같습니다. 편하게 말씀하시는 모습이 좋았습니다.
전달력있는 발성과 청중들에게 호응을 유도하는 태도가 좋았습니다,
다만 발표시간이 짧았던 것과 파워포인트를 사용하지 않은 점은 준비가 부족해보여 아쉬웠습니다.
ppt가 아닌 자신의 모습과 목소리만으로 발표를 한 점, 솔직히 처음엔 어떻게 할것인가 궁금증이 컸었는데
전달력있고 표정이나 제스쳐 모두 자연스러웠습니다. 그리고 웃는 모습, 그 표정이 너무 좋았습니다. 발표 잘들었습니다.
자신감있게 하셔서 보기 좋았습니다 ~!
PPT없이 자기소개를 웃는얼굴로 하셔서 기억에 남습니다. 숫자에 대한 도입부 설명이 너무 길어, 자기소개가 많이 없어서 나중에 추가
로 들어야 했던점은 아쉬웠습니다.
PPT가 없었으나 발표력은 정말 좋으셨던 것 같습니다. 목소리와 표정 모두 좋았다고 생각합니다. 처음부터 좀 더 구체적으로 소개해주
셨으면 좋았을 것 같습니다.
모두가 툴을 사용할 때, 오히려 툴을 사용하지 않은 점이 용기있게 느껴졌습니다.
ppt가 있었으면 더 잘 발표를 하셨을거 같습니다.
의도치않게 준비성 부분이 부족해보였어요. 하지만 도입부분이 신선했던 것 같아요^^ 말씀도 잘하셨지만 시각적 자료가 있었다면 더
좋았을 것 같아요.
3.14가 기억에 남네요. 발음이 너무 좋으셨어요.
발표가 자기소개였던 것 만큼 그 안에서 조금더 자신의 에피소드를 들려주셨으면 더욱 좋았을것 같습니다.
매체 없이 발표하셨음에도 불구하고 자연스럽게 스피치를 이끌어나가신거 정말 좋았습니다 ^^
'3.14: 3분안에 1명의 4람을 얘기하라.' 정말 와닿는 문구 였고, 그 기발함에 놀랐습니다. 발표 후에 교수님의 돌발 질문에도 당황하시
지 않고 자연스럽거 당당하게 대처하시는 모습이 인상적이었습니다.^^
숫자로 본인을 표현한점이 신선했습니다. PPT 없이 발표를 준비했는데, 보다 짜임새 있고 내용이 더 있었으면 하는 아쉬움이 남습니
다.
ppt없이도 발표를 혼자 잘 이끌어내시는 모습에서 프로강사?의 모습이 살짝 보였습니다. 자신감넘치는 모습이 참 부러워요 :)
피피티가 없다는 점이 발표에 있어서 사람에게 집중할수있게도, 혹은 전문성이 부족해 보이게 만들 수 있는데 발표력이 참 좋으신것
같습니다. 인상에 남았구요 다만 내용의 구성과 시간조절이 조금 부족했던 것 같습니다.

역시,, 반응은 호불호가 명확히 갈렸다
이러면,,, 실패...
청중의 공감을 사지 못했다....................ㅜㅜ

〈 2011. 2학기 PT 〉

2011.9.21. 자기소개 + 블로그 의견개진 방법 _ 디지털미디어리터러시
2011. 09. 22. 3분안에 자기소개 하기 _ 프레젠테이션 기법과 실습
2011. 10. 13. 성공힌 프리젠터 사례 분석하기 _ 프레젠테이션 기법과 실습
2011. 11. 01. 소비자 행동론 _ 지각 _ 광고와 소비자 행동론
2011. 11. 05. MIP _ 미디어학 전공설명 _ UP
2011. 11. 10. 서울메트로 온라인 홍보 기획안 _ 팀PT _ 프레젠테이션 기법과 실습
2011. 11. 12. 목소리 _ 강의 _ UP
2011. 11. 17. 10년 뒤 대한민국 10% 리더가 되기 위한 전략안 _ 프레젠테이션 기법과 실습
2011. 12. 12. 블로그 의견개진 결과 _ 디지털 미디어 리터러시

Q 아까 대학생을 대상으로 PT강의를 하셨다고 하셨는데요, 본인도 대학생인데, 어떻게 강의를 시작하게 되신 건가요?

A 시작은 2012년 3월이었어요. 그것도 서울대 학생회에서 유피에 연락이 온 거예요. 유피친구들 몇 명과 팀을 꾸려서 정말 신나게 준비를 했던 것 같아요. 그 뒤로는 신기하게 꼬리를 물고 강의 제안이 들어오는 거예요. 경희대, 단국대, 인하대, 이화여대 등에서도 강의를 했었지요. 가장 뜻 깊었던 건 수업 커리큘럼에 저희 PT강의가 포함된 거였어요. 특강이 아니라 정규 커리큘럼에 유피의 PT강의가 있는 것, 그것도 제가 했던 강의가요. 처음엔 특강으로 '한번 해보자.'였던 거 같은데요. 제가 강의를 할 때 교수님도 청중으로 계셨거든요. 교수님의 생각보다 괜찮았나 봐요. 헤헤! 다음 학기에는 아예 커리큘럼에 넣어주겠다고 하시는데 어안이 벙벙하더라고요. 신기해서요. 덕분에 얼마 전에도 다녀왔답니다. 학생들이 후기를 남겨주고, PT할 때 이런 게 어렵다는 이야기로 연락을 주기도 하고……. 정말 뿌듯해요. 제가 정답을 알려줄 순 없어도 같이 고민해서 더 좋은 결과물을 만들어 낼 수 있는 기회잖아요. 이러면서 어떻게 하면 이 친구들이 더 잘 받아들일 수 있을지에 대해서도 고민하게 됐어요. 더 하고 싶은데, 더 잘 할 수 있을 거 같은데, 이제 곧 졸업이라 대학생으로서 하는 강의는 끝이네요. 아쉬워요.

Q 실무 프로젝트도 하신 적이 있다고 하셨는데, 어떤 일을 하신건가요?

A 이름만 들어도 알만한 기업의 프로젝트였어요. 영광이었지요. 내용은 2012년의 새로운 경영전략에 대한 프레젠테이션 컨설팅이었어요. 저는 기획과 발표 트레이닝을 맡았었는데요. 처음엔 제가 잘 아는 분야도, 자주 했던 주제도 아니었기 때문에 내용 자체가 너무 어려웠어요. 그리고 실무에서는 절대 바꾸지도 빼지도 못하는 내용이 참 많더라고요. 그걸 다 이야기 하면서 뭔가 새로운 스타일의 PT를 만든다는 게 불가능할 것 같았어요. 소위 '멘붕'이었죠. 그래서 결국 안에 내용은 건드릴 수가 없으니 오프닝과 엔딩에 스토리를 삽입하는 방법을 선택했어요. 중간 부분의 내용을 어떻게 각색할 수가 없으니 앞과 뒤에라도 쉽고 공감되는 이야기로 다가가자는 거였지요. 결국 그 PT에서 말하고자 하는 원 메시지는 "현재 이런 위험성이 왔으니 이런이런 프로그램들을 통해서 더 좋은 기업이 됩시다!"였어요. 그래서 청중과 발표하는 분 모두가 공감할 수 있는 것 중에서 '어떤 존재로서 안 좋은 부분이 있지만 꼭 변화해서 긍정적인 가치를 만들어낼 수 있는 것'이 무엇일까를 고민했어요. 다행히 성별과 연배가 같으시더라고요. 그래서 '대한민국 4050의 외로운 아버지'라는 키워드를 잡았어요. '앞에 서 있는 저도 제 이야기를 듣는 여러분도 회사에서는 이런 직위의 OOO이지만 집에 돌아가면 한 가정의 똑같은 아버지, 참 외롭지 않으신지....'라는 메시지를 시작으로 스토리를 만들고 그것을 경영전략과 연결시켰어요. 다행히 클라이언트 쪽에서도 좋아하시더라고요. 그리고 발표 트레이닝을 시작했지요. 처음에는 발표하실 분이 너무 부끄러워하시고 어색해하시더라고요. 말투도 책 읽듯이, 제스처도 아주 꼿꼿하게 말이에요. 계속 반복하고 조금씩 다른 방법을 제안해드리고 자신감도 드리고 했어요. 그렇게 시간이 지나니까 여유가 생기면서 정말 자신의 이야기를 하듯이 바뀌시더라고요. 리허설 횟수가 늘어날수록 애드리브도 하시고 표정도 여유롭고 눈빛도 마주치시는데 그때 정말 정말 정말 정말 이상한 기분이 들었어요. 마음이 짠- 하면서 감동적이었죠. 실제 PT날, 반응도 좋고 참 성공적이었다고 말씀해 주셨어요. 그때 발표하신 분은 승진도 하셨지요. 하하 정말 좋은 경험이었습니다. 저를 팀원으로 불러주신 〈파워포인트 전문가 클럽〉의 김지훈, 김봉정 MVP님께도 무척 감사드려요!

Q 그렇게 PT와 관련된 경험을 하면서 변화한 점이 있으신가요?

A 물론 PT실력에 많은 변화가 있었지요. 그런데 단순히 PT실력 외에 정말 중요한 것이 하나가 있어요. 제가 프레젠테이션을 놓지 못하고 계속 빠져드는 이유는 저 자신을 정말 많이 변화시켰기 때문이에요. PT를 알고 나서 '슈퍼맨응가'가 되었다니까요? 하하. 예전에는 말을 잘하면 PT도 잘한다고 생각했어요. 저 역시 말을 잘한다고 착각했었지요. 그런데 말을 잘하는 것과 프레젠테이션을 잘 한다는 건 완전 다른 종류의 이야기였어요. 때문에 유피에서도 '말만 잘하는 말쟁

이가 아니라 소통하는 이야기꾼이 되자.'라고 이야기 하지요. 이야기를 잘한다는 건 내 이야기를 다른 사람이 듣고 싶게끔 만드는 거였어요. 그러려면 다른 사람의 이야기를 먼저 잘 들어야 했죠. 그 사람을 이해해야 했고요. 예전에 제 PT에서는 진정성이 느껴지지 않는다는 피드백을 받은 적 있어요. 그것도 이제 막 대학교 1학년이 된 친구가 해준 말이었죠. 처음에 그 말을 듣고는 버엉-쪘어요. '그 어린 친구 눈에도 나의 거짓이 드러나는 구나.', '내가 꾸며대고 있다는 게 티가 나는 구나.' 말로 포장만 하고 있는 건 청중이 다 아는 구나.'라고 생각이 들었죠. 항상 '내가 말은 좀 하지'라며 자만심에 빠져있던 저였는데 그 말을 딱 들으니까 정말 부끄럽기 짝이 없는 거예요. 즉 내가 하고 싶은 말이 아니라 청중이 듣고 싶은 이야기를 했어야 했어요. 그 때 이후로 조금씩 달라진 것 같아요. 그 전까지는 어떻게 말로 구워 삼으면 된다고 생각했다면 이제는 그 소통이라는 본질에 대해서 고민하게 된 거죠. 청중이 '어떤 마음으로 내 얘기를 듣고 나한테 뭘 기대 할까?'라는 생각해야 하니까 평소 타인과 대화를 할 때에도 상대방의 진짜 마음은 어떤 건지에 대한 생각을 하게 됐어요. 그리고 그게 조금씩 확장되는 것 같아요. 대화 뿐 아니라 그냥 일상에서 느끼는 것들을 글로 써놓고 싶더라고요. 내가 '이런 감정을 느끼는 구나. 이런 상황에선 이런 생각을 하는 구나.' 하면서요. 그걸 또 다시 다른 사람과 나누고 하면서 이런 게 다 청중을 이해하는 데 도움이 되고 소통하는 방법이 되고 이야깃거리가 되더라고요. 저는 슈퍼맨응가니까요. 하하. 그렇게 어설프게나마 글도 쓰게 됐고, 책도 읽게 됐죠. 즉, 프레젠테이션을 잘 하고 싶다는 작은 생각이 제가 세상을 바라보는 관점을 변화시킨 것 같아요. '일상이 프레젠테이션이다.'라는 말이 이제는 정말 공감돼요.

슈퍼맨응가에게 프레젠테이션이란

A 원 메시지에요. 저는 what to say와 how to say로 표현을 해요. 원 메시지가 what to say라면 그것을 전달하는 방법이 how to say가 될 텐데요. 말하고 싶은 것과 표현하고 싶은 것이 많아지다 보면 정작 중요한 게 흔들릴 때가 많아요. 이것도 저것도 좋은 것 같아서 다 말하고 싶은 거죠. 또

순간적인 아이디어에 꽂히면 그 how to say를 위한 what to say가 돼버리는 경우가 많아요. 이럴 때 정말 논리적인 사고가 필요해요. 내가 꼭 전달해야할 원 메시지(what to say)는 이것이기 때문에 이 내용이 필요하고, 이렇게 표현하는 것이 중요하다는 명확한 논리가 서야하죠. 퍼포먼스도 마찬가지예요. how to say, 물론 중요하죠. 말할 것이 분명하지만 그게 전달이 안 된다면 문제니까요. 하지만 그것에 원 메시지(what to say)가 묻히진 않는지 잘 생각했으면 좋겠어요.

Q 그럼, 본인에게 PT란 무엇인가요?

A '나만의 이야기'에요. 제 책상에도 붙어 있죠. PT는 나의 이야기가 담겨 있기 때문에 나만이 할 수 있는 이야기여야하고 한다고 생각해요. 앞에서도 잠깐 언급했지만, 저에게 PT를 잘 한다는 건 누구보다 삶의 내공이 강하다는 거예요. 삶의 내공이 강하다는 것은 남들과 다른 스토리가 가득해야 한다는 거였지요. 그런 PT가 나를 차별화할 수 있는 게 만들고, 결국 나만의 경쟁력이 될 수 있다고 생각해요. 그러니 슈퍼맨응가에게 PT는 꼭 필요한 존재겠죠?

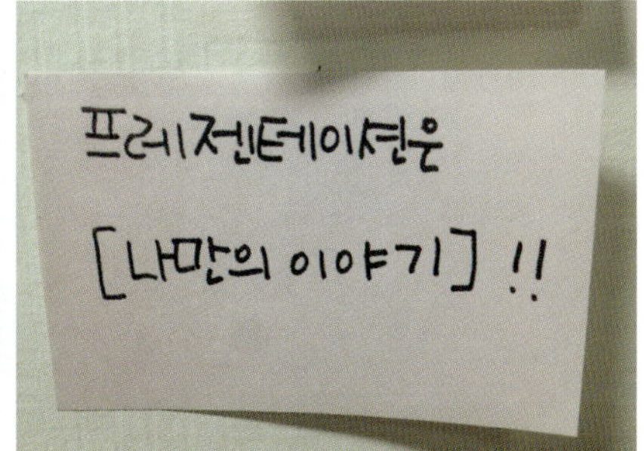

Q 마지막으로 PT를 잘 못하는 학생들에게 하고 싶은 말이 있다면?

A 나는 PT를 못한다고 자신을 가두지 않았으면 해요. 자신이 PT를 할 기회를 잡을 수 있음에도 불구하고 '나는 못해.'라는 생각 때문에 스스로 기회를 놓치는 경우가 많더라고요. 앞에도 말했지만 말을 잘하는 것과 PT를 잘한다는 것은 다른 종류의 문제이기 때문에 기회가 오면 피하지 않았으면 좋겠어요. 저는 일부러 PT과제가 있는 수업만 골라듣기도 했었고 그 중에 한 과목은 한 학기에 다섯 번의 PT과제가 있었어요. 물론 많이 힘들어요. 또 힘든 만큼 성적이 보장되지도 않을 수 있고요. 하하. 그래도 그걸 계기로 PT에 대한 경험을 쌓고 그게 자신에게 더 큰 발전이 될 수 있으니 너무 걱정하지 마셔요. 혼자 하기 힘들다고 생각되면? 유피로 오세요. 헤헤!

지금까지 'PT'라는 하나의 이끌림으로 모인 세 사람의 이야기를 들려드렸습니다. 성만씨는 특기가 PT라고 말할 정도로 PT를 잘하고, 덕분에 취업에 성공했죠. 성용씨는 직업을 PT디자이너로 택해 멋지게 변신했고요. 가은씨는 여러 대회에서 수상을 했고, 출강, 실무프로젝트, 방송 등 다양한 경험을 했습니다. 세 사람 모두 실력을 인정받았지요! 그런데 여러분이 보신 이 세 사람의 공통점이 뭐였는지 혹시 눈치채셨나요? 하하 네, 맞아요! 세 사람 모두 PT를 대학생 때 접했고, 우리처럼 처음에는 PT를 어려워했다는 거죠. 그래서 여러 발표와 다양한 슬라이드 디자인을 찾아보며 자신의 부족한 점을 보완하기 위해 계속해서 노력했고, 지금의 실력을 갖추게 되었죠. 여러분! 원래 말을 재미있게 잘하는 타고난 말쟁이일 수는 있지만, PT를 잘하도록 타고난 사람은 없습니다. 청중에게 내가 하고 싶은 말을 전하고 소통할 수 있는 이야기꾼이 되기 위해서는 공부가 필요하지요. 그리고 PT 공부는 단순히 책을 읽는 것만으로 끝나지 않습니다. 글로 읽는 것에서 더 나아가 직접 기획을 하고 디자인을 하고 발표하는 것을 모두 직.접. 경험해보는 과정이 필요합니다. 그리고 청중의 반응을 통해 자신의 문제점을 생각하고 계속해서 보완해나가야 합니다. PT라는 하나의 이끌림이 세 사람의 모습을 바꾼 것처럼 PT에 이끌려 시작된 여러분의 발걸음이 여러분의 모습을 어떻게 바꿀지 기대하겠습니다! 여러분 가슴속에 있는 단어들을 청중과 소통할 수 있는 진정한 이야기꾼이 되시기를 응원합니다!

이제, 당신의 차례입니다.

세상 모든 단어가 최고의 이야기가 되는 곳, Univ PT

이제 당신의 이야기를 들려주세요.

에.필.로.그

닉네임 : 슈퍼맨응가

이름 : 이가은

소속 : 숙명여자대학교 정보방송학과 졸업예정
현 스타트업 미디어 플래텀 기자

연락처 : http://facebook.com/supergaeun
storygaeun@gmail.com

드디어 직접 인사드리네요. 슈퍼맨응가 이가은입니다. 책 읽는 내내 슈퍼맨은 알겠는데 '응가는 대체 뭔가…' 하셨지요? 오해 하셨으면 안 되는데 걱정입니다. '응가'는요. '가은'이라는 제 이름을 거꾸로 했을 때 나는 발음이기에 어렸을 때부터 따라다닌, 저에게 아주 추억어린 별명입니다. 그저 한 번 웃어주시길. 하하. 우연히 프레젠테이션에 매력을 느꼈고 그 끌림을 따라 한 발 한 발 걸어온 게 여기까지 왔어요. 프레젠테이션이라는 소재로 이렇게 여러분과 만나게 된 것이 저에 겐 무척이나 영광스러운 일입니다. 유피에서 공부했던 친구들과 함께했기에 더욱이 의미 있는 일이었고요. 다시 한 번 고맙습니다. 글을 쓰는 동안 '내가 어려웠던 부분은 뭐였나, 어떤 것에 부족함을 느꼈었나, 어떤 게 가장 도움이 많이 됐었나, 어떤 스터디를 바랐던가.'를 항상 생각했던 것 같아요. 그에 대한 답을 최대한 쉽게 녹여내려 했고요. 여러분께 얼마나 많이 와 닿았을지는 모르겠습니다. 물론 이 책 한 권으로 '프레젠테이션 마스터 했어!' 라고 말은 못하겠지요. 다만 막막하게만 느껴졌던 프레젠테이션이 조금은 방향이 잡히는 것 같고 '해 볼 만한데?' 라는 마음을 낼 정도라면 저는 감사할 것 같습니다. 정말 프레젠테이션은 '한번 해 볼까' 하는, 그 두근거리는 마음이 반이라고 생각하거든요. 그 뒤는 자신이 고민하는 깊이와 무대에 서보는 경험에 달려있으니, 언제든지 어려운 부분이 있다면 연락주시길 바랍니다. 정답을 말해 드릴 순 없더라도 함께 고민하는 시간을 가질 수 있다면 저 역시 깊어질 수 있는 시간이니까요. 제 마지막 대학 생활을 이 책과 함께 마무리 지을 수 있어 행복했습니다. 앞으로 여러분의 프레젠테이션을 기대합니다. 파이아 :-)

닉네임 : 약파는 속눈썹
이름 : 최윤정
소속 : 이화여자대학교 경제학과 3학년
연락처 : pomme0607@gmail.com

안녕하세요! 약파는 속눈썹 최윤정입니다. 혹시 '어떻게 속눈썹이 약을 팔지?'라며 궁금하셨나요? 하하. 사실 그런 속눈썹은 없지요. 제가 예전에 '속눈썹'을 파는 마케팅 PT를 했었습니다. 그때 두 손을 가지런히 모으고 하던 기존의 PT스타일에서 벗어나 재미있고 친근하게 발표를 했지요(반말로 추임새도 넣어가면서요 하하). 이때 발표를 본 청중들께서 제가 다른 사람이 되는 약을 먹고 와서 PT를 하는 것처럼 PT스타일이 바뀌었다고 말씀해주셨고 그 후에 저의 별명에는 '약'이라는 단어가 빠지지 않게 되었답니다. 하하하. 저에게 프레젠테이션은 처음부터 지금껏 도전입니다. 사람들 앞에 나가 말을 하는 것이 어색한 일이기만 했던 제게 PT공부를 하기 위해 첫걸음을 내딛는 것부터가 도전이었거든요, 스스로를 변화시키기 위해 용기를 낸 것이었죠. 그러나 용기를 냈음에도 많은 청중들 앞에서 하는 발표는 때때로 피하기도 했습니다. 그런데 그러던 제가 언젠가부터 발표를 하기 전 떨림을 좋아하게 되었습니다. 그리고 제 이야기를 전하고 청중들과 소통하는 것도 좋아하게 됐죠. 여러분 중 혹시 저처럼 사람들 앞에 서는 게 어색하신 분들, 또는 원래 성격이 외향적이지 않아서 많은 사람의 주목을 받는 것이 힘드신 분들이라면 이 책을 통해서, 그리고 앞으로 PT공부를 하시면서 극복할 수 있기를 바랍니다. 스스로를 가둔 틀을 깨고 계속해서 도전한다면 어느새 발표무대를 그리워하는 여러분을 발견하실 수 있으실 거예요. PT 앞에서 당당함을 잃지 않는 '약'을 제가 드릴게요! :) 파이팅!

닉네임 : 염스프레소
이름 : 염제명
소속 : 한양대학교 화학과 4학년
연락처 : yumspresso@hanmail.net

제대 후 우연히 안영일이라는 사람의 영상을 보고 발표가 하고 싶어졌다. 어디로 튀어나가 버릴지 모르는 상태에서 프레젠테이션을 만났고 처음엔 그것이 뭔 지도 잘 모르고 만나서 지금까지 함께하고 있다. 스프링과 유니브피티, 두 프레젠테이션 동아리에서 대학생들을 만나고 이야기를 나눴다. 함께 웃고 소리 지르고 논쟁하고 싸우고 또 상처를 주고 받았다. 분에 넘친 주목을 받기도 했다. 프레젠테이션을 좋아한 이유는 말을 할 수 있어서다. 우리 사회는 아직 나의 고민을, 나의 꿈을 당당하게 이야기 할 수 있는 자리가 별로 없다. 하지만 프레젠테이션을 하면서 나는 나의 이야기를 할 수 있었다. 나의 가치, 나의 꿈, 나의 사소한 이야기를 많은 사람들 앞에서 할 수 있었다. 그리고 조금씩 변화했다. 나는 말의 힘을 믿는다. 머릿속에서 담아왔던 생각을 내뱉고 내뱉은 말을 행동으로 옮김으로써 우리는 변화를 경험할 수 있다. 최대한 많은 대학생들이 프레젠테이션을 만났으면 좋겠다.

닉네임 : 동동이
이름 : 한동한
소속 : 한양대학교 응용미술교육과 4학년
연락처 : dhmotion@naver.com

안녕하세요! 동동이 한동한입니다!(캐릭터랑 많이 닮았나요? ㅎㅎ) 저의 많은 별명 중 하나인 동동이는 저에게 특별한 의미를 갖는 별명입니다. 지금껏 가져왔던 성격과 외모에 의한 별명이 아닌 프레젠테이션으로 인해 얻어진 별명이거든요. 동동이란 별명을 얻기 전, 프레젠테이션은 저에게 '집착'이었습니다. 남들 앞에서 더 멋있게 보이기 위해, 더 화려하게 보이기 위해 PPT 제작에 많이 집착을 했었죠. 집착이 더 심해질수록 저의 PPT는 더 멋있어지고 화려했지만 반면 저의 프레젠테이션 실력은 형편없어졌습니다. 마치 빛 좋은 개살구처럼 말이죠! 그러던 어느 날 저의 인식을 뒤바꿔놓는 사건이 있었습니다. 매우 중요한 프레젠테이션 경진대회를 출전하게 되었고 그 대회에서 메인 프레젠터로 서게 되었는데요. 중요한 경진대회라는 생각에 발표 전날 까지 PPT를 붙잡게 되었습니다. 결과는? 최악이었죠! (생각 만해도 끔찍해요 ㅎㅎ) 청중들에게 화려한 PPT는 그렇게 중요하지 않았습니다. 이야기하는 '발표자', 바로 제가 중요했던 것이죠. 그 뒤로 PPT 제작시간을 최소한으로 줄이고 발표연습을 하는 것에 많은 시간을 투자하였습니다. 그렇게 준비한 저의 첫 발표 때 동동이라는 이름의 가명으로 발표를 시작하였고 그 뒤로 저의 별명은 동동이라고 불리게 되었습니다. 지금의 저에게 프레젠테이션은 '연습'이라는 단어로 표현될 것 같습니다. 발표의 순간을 위한 수 십 번의 연습. 그 시간이 차곡차곡 쌓이는 것이 바로 프레젠테이션이 아닐까요? 여러분만의 시간이 차곡차곡 쌓이길 바랍니다.

ism # Thanks to.

UnivPT

허성만, 이희연, 배성우, 김아라, 김용민, 김용철, 박성용, 함미화, 김성용,
서형준, 차한얼, 민세희, 박민경, 백성찬, 장지현, 정양선, 송성덕, 유세준,
이지원, 이명헌, 조윤석, 최유나, 노창민, 정혜성, 김호영, 염수민, 홍현의

샌들코어 우석진 대표님, 대림산업 김정헌 차장님,
파워포인트전문가클럽 김지훈, 김봉정 MVP님,
차유빈 MVP님, 최영규 디자이너님, HRD 아트 컨설팅 백신영 대표님,
인키움 조재천 대표님, 숙명여대 이금희 교수님, 임주연님

이 책을 위해 자료 제공 및 영감을 주신 분들께 감사의 말씀을 드리며
이 외에 언제나 유피를 사랑해주시는 모든 분들께 진심으로 마음을 전합니다. 감사합니다.

나도, 프레젠테이션 잘 하고 싶다

1판 1쇄 인쇄 2014년 4월 1일
1판 1쇄 발행 2014년 4월 5일

지 은 이　이가은 최윤정 염제명 한동한
발 행 인　이미옥
발 행 처　디지털북스
정　　가　18,000원
등 록 일　1999년 9월 3일
동록번호　220-90-18139
주　　소　(143-849) 서울 광진구 능동로 32길 159
　　　　　(구 주소 : 서울 광진구 능동 253-21)
전화번호　(02) 447-3157~8
팩스번호　(02) 447-3159

ISBN　978-89-6088-136-5 (13000)
D-14-05

저자협의
인지생략